人·心理·生活丛书
丛书主编：李艺琳

心理学概述

情感三度说

【德】威廉·冯特◎著 谭越◎译

長江出版傳媒
湖北科学技术出版社

图书在版编目(CIP)数据

心理学概述 / (德) 威廉·冯特著 ; 谭越译. ——
武汉 : 湖北科学技术出版社, 2016.9
(心理学·人·生活)
ISBN 978-7-5352-8872-1

Ⅰ. ①心… Ⅱ. ①威… ②谭… Ⅲ. ①心理学 Ⅳ.
①B84

中国版本图书馆 CIP 数据核字(2016)第 128032 号

策　　划:石　彤　　　　责任校对:王　迪　陈　元
责任编辑:李大林　张波军　　　　封面设计:胡开福　王　梅

出版发行:湖北科学技术出版社　　　　电话:027-87679468
地　　址:武汉市雄楚大街 268 号　　　　邮编:430070
(湖北出版文化城 B 座 13-14 层)
网　　址:http://www.hbstp.com.cn

印　　刷:三河市华晨印务有限公司　　　　邮编:065200

700×960　1/16　　　　16 印张　220 千字
2016 年 9 月第 1 版　　　　2024 年 10 月第 2 次印刷
定价:38.00 元

如对本书有意见和建议或本书有印装问题,请致电 010-50976448

目录

导　言

§1. 心理学的问题

在心理学发展史上，两种定义最为突出。其一，心理学是“心理的科学”，把心理过程看作现象，通过这些现象可以推断基本的形而上学心理—实体的本质。其二，心理学是“内在经验的科学”；心理过程属于形式独特的经验，能够轻易地通过这种事实得以识别：它的内容因“内省”而得，或者称其为“内在感觉”，与之相对的是另外一种获取感觉的方式——外在感觉。

可是这两种定义都过时了。第一种形而上的定义适用的时间要比第二种长，但也落后于时代了，因为心理学已经成为一种经验论学科，有自己的运作方式；并且精神科学已经获得认可，成为科学研究的一个重要部分，同自然科学相比有着明显的区别，作为基础研究已经独立出来，从形而上学理论中脱离出来。

第二种经验论的定义把心理学看作“内在经验的科学”，同样不充分，容易引发这样的误解：心理学的对象同所谓的“外在经验”毫不搭界。实际上，一些经验内容属于心理研究范畴，却不在自然科学所研究的对象和过程里，如我们的情感、意识、决定等。另外，换一种角度，一些自然现象也会成为心理学对象。一石一木、音调光线，可以是自然现象，也可以是矿物学、植物学、物理学的对象。可它们同时也是“观念”，是心理学的对象，心理学力图探求它们的起源，探求它们同其他观念及心理过程的关系，如感情、意愿等，这些可不是什么外在之物。如此一来，视为内省机构的、异于外在感觉（客观知觉的机构）的“内在知觉”并不存在。心理学力图研究一些观念的属性，这些观念同样作为自然科学的基础；自然科学通常忽略感情、意识、意愿等主观行为，这些主观行为无法通过特殊器官获得，但它们同指向外部对象的观念密切相关。

自然而然地就形成这种印象：外部经验和内在经验都指向同一对象，但如何科学考量一个统一的经验，在这方面存在不同视角。人们很容易想起这两种视角，因为实实在在的经验划分为两种要素：呈现给我们的内容及我们对内容的理解。我们把前者称为经验客体，把后者称为经验主体。这种划分表明看待经验的两种方向。一种属于自然科学，关注经验客体，认为经验客体独立于主体；另一种属于心理学方向，通过经验内容同主体及属性的关系从总体上把握经验内容，经验内容直接从主体获得属性。相应地，自然科学的视角可以看作间接经验的视角，因为只有对主观因素进行抽象之后才能获知，主观因素存在于现实经验之中；另一方面，心理学视角可以看作直接经验的视角，因其刻意规避这种抽象及其后果。如此一来，心理学就成为一种概括性的经验主义的科学，同自然科学相辅相成，而且精神科学的方法也支持这种处理方式，要知道，心理学为全部的精神科学奠定了基础。心理学、哲学、历史、政治学、社会科学等都把间接经验作为主题，客体同认知和行为主体的交互决定着间接经验。精神科学都不使用自然科学的抽象和假想的附属的概念；恰恰相反，它们都把观念和伴随观念的主体行为看作直接现实，力图通过直接现实组成部分的相互作用加以解释。这一研究方法用于任一精神科学之中，同样成为心理学自身的一种过程范式。

自然科学从经验主体那里获得经验内容并对经验内容进行研究，这样就产生了一个问题，这一问题通常表述为获得“外部世界的知识”。从这一表述可以看出，外部世界意味着展现在经验中的客体整体。相应地，心理学的问题被定义为“主体的自身知识”。可是这一定义也是不完整的，因为主体要同外部世界及相似的其他主体发生作用，这种相互作用和单一主体的属性一样都构成心理学的问题。况且，这种表述很容易被理解为外部世界和主体是经验的相互分离的组成部分，或者外部世界和主体至少是互相独立的经验内容，但是，事实上，外部世界总是和主体的理解及认知功能联系在一起，内在经验总是包含来自于外部世界作为不可分割组成部分的观念。现实中，经验并非不同元素的单纯罗列，而是一个有组织的整体，理解内容的主体及呈现在内容中的客体是这种有组织的整体的组成部分；外部经验和内部经验的紧密联系就是这一事实的必然结果。基于此种原因，自然科学无法经由认知主体的抽象而得，需要通过主体的属性，当我们将主体从思想意识如情感中移除时，主体属性会完全消失；自然科学还会通过视作生理科学基础的属于主体的属性（如感觉的质量）而得。与之相反，心理学通过经验的直接特征把经验的总体内容作为研究主题。

由此可知，要想把自然科学与包括心理学在内的精神科学划分得泾渭分明，唯一的依据在于所有经验都包含两种要素——客观呈现的内容与经验主体。但需要指出的是，这两种要素的逻辑定义要优先于自然科学与精神科学的区分，可这种优先性并未得到确认，因为很明显，这种区分只有通过自然科学与心理学的研究才能行得通，否则根本无法优先于自然科学与心理学的研究而存在。即便自然科学与心理学是有区别的，它们也有一个共同点，就是伴随全部经验的意识，在经验过程中客体呈现给主体。这样的话，我们就找不到这种区别得以立足的条件，也找不到对内容与主体这两种元素加以分别的明显特征。甚至这两种术语的应用都要局限于经验的初始阶段，经过逻辑上的深思熟虑后加以区别，这时才能使用这两种术语。

自然科学与心理学的研究方式是相互补充的，前者的方式是主体尽可能抽象思考后再考虑客体，而后者需考量经验诞生时主体起作用的部分。另外，在处理经验单个内容的时候，两者采取各自不同的方式，这两种方式也是互相补充的。自然科学力图在不考虑主体的情况下发现客体本质。因而，自然科学产生的知识是间接的和概念性的。它不在乎经验的直接客体，而是通过对我们的理念中的主观成分进行抽象，从客体中获得概念，并加以处理。这种抽象需要不间断地用假想来补益现实。科学分析表明许多经验成分——比如感觉是客观进程的主观产物。这些客观进程有自己的客观属性，不依赖于主体，所以从未成为经验的组成部分。科学无法直接接触客观进程，为了弥补这一缺陷，就采取对物质的客观属性进行假设得到假设概念的方式。相反，心理学用完全的、切实的方式考察经验内容，涵盖关乎客体的理念及围绕着这些理念的主观进程。因而，心理学获得的知识是直接的和感知的——在宽泛的意义上说，不仅能感知，而且具体的现实同思想意识中所有抽象的、概念性的部分相分离。心理学能够展现经验内容的关联，因为这些关联只有完全绕开自然科学中的抽象及辅助性的概念，实实在在地呈现给主体。这样一来，自然科学与心理学都试图阐释经验内容，在这方面它们都是经验主义的，尽管视角不同，但我们明显发现，心理学有着自身独特的性质，所以经验主义色彩更加浓郁。

§ 2. 心理学的普遍形式

心理学是一种经验主义科学，不是研究有限的、特定的经验内容，而是研究全部经验的直接内容，这种看法是近年来才兴起的。当然存在不同的见解，这些见解总体上是早期阶段的遗留，而且在如何看待心理学同哲学等其他科学的关系上，它们也是不统一的。上文（§1）提及的两种心理学定义最为普及，以此为基础，可以得到心理学的两种主要形式：形而上学心理学和经验主义心理学。它们各自还可分出更多的流派。

一般而言，形而上学心理学不太重视心理过程的经验主义分析和因果解释。它把心理学视为形而上学哲学的一部分，走向了探索"心理本质"的路径，这一路径处于形而上学系统之中，而心理学不过属于其中的一种特殊形式。这样，心理作为一种形而上学概念确立了，于是人们就努力从中推导出心理经验的实际内容。形而上学心理学不是力图从心理过程中推导心理过程，而是从毫不相干的本源出发——要么基于特别的精神实质，要么基于物质的属性与过程——正是这种特征将形而上学心理学与经验主义心理学区别开来。心理过程的本源又有两种定义，且因而形而上学心理学产生两种分支。第一种是唯心论心理学，认为心理过程是特别的心理实体的表现，并且认为这一心理实体要么从根本上异于物质（二元论），要么本质上同物质相关联（一元论或单子论）。唯心论心理学假定精神的本质是超感觉的，由此体现其形而上学倾向，进而假定精神是不朽的；有时还掺杂更多的前世观念。第二种就是唯物论心理学。自然科学从物质本源出发进行假想来解释自然现象，唯物论心理学认为心理过程具有与之相同的物质本原。在唯物论心理学范畴内，心理进程类似于至关重要的物理进程，同一些物质粒子组织紧密相关，这些物质粒子形成于个体生命过程中，随生命消逝而分崩离析。唯心论心理学认为精神本质上是超感知的，并从中体现出形而上学倾向，唯物论对此持相反态度。唯物论心理学还借助以下两种手段来表明自己的立场。它引用大脑中的分子进程这一模棱两可的理论（机械唯物主义）来解释心理经验的内容；有时候它还认为感觉要么是物质粒子的必要属性，要是大脑分子的必要属性，用这些感觉的不同组合来解释所有复杂的心理过程，认为大脑物理过程的多种组合（心理生物理唯物主义）导致了心理过程的发生。变异了的唯物主义与变异了的唯心主义心理学达成一致，它们不再通过经验自身来阐述心理经验，而是试图假想出一些进程来得出经验，这些假想进程发生在形而上学本原里。

当形而上学心理学流派纷争之际，经验主义心理学应运而生。经验主义心理学内部分歧不大，直接从心理过程的相互关联中总结概念，并力图以之为依据来解释心理过程；要么采取另一种方式：先从一些简单的心理进程入手得到一定的规律，然后用这些较为简单的心理进程的相互作用来解释更加复杂的心理进程。这种经验主义的考察方式有多种基本原则，因而可以据此辨别经验主义心理学的不同派别。经验主义心理学总体上可以划分成两类。第一类研究内在与外在经验的关系，还研究经验主义两大分支即自然科学与心理学纠缠不休的态度。第二类注重事实本身，从中提取概念用于解释心理过程。经验主义心理学不外乎这两大类。

§1中提及的两种形式的心理学在心理经验这个一般问题上互不让步，因为它们在如何定义心理学的过程中起着决定意义，即内在感觉的心理学和直接经验的心理学。从外部感觉得到经验并用于自然科学，一种特殊的经验同外部经验相协调，内在感觉的心理学就把心理过程看作特殊经验即内在经验的内容，还认为这两个范围内的经验迥然而异。第二种心理学即直接经验的心理学认为内在经验与外在经验并无明显差异，唯一的区别在于内在经验与外在经验构成了统一经验，并衍生出两种研究视角。

第一类经验主义心理学的历史要比第二类久远。面对自然哲学的侵蚀，心理学力求独立，随之产生了内在感觉的心理学流派。在厘清自然科学与心理学边界的时候，它认为自然科学与心理学是平等的，两者具有全然不同的客体及考察客体的方式，在这一过程中它找到了依据。这一看法通过两种途径影响经验主义心理学，出现了两种需求。其一，内在感觉的心理学坚信心理学应该采纳经验主义方法，同时认为这些方法不同于自然科学所采用的经验主义方法。其二，它认为有必要在两种截然不同的内在经验与外部经验之间建立联系。为了满足第一种需求，它着眼于内在感觉，发展出纯粹内省的方式（§3）。为了解决第二种需求，它必须回归形而上学的基础，因为它假定经验的生理内容和心理内容是不同的。但人们发现这一立场是自相矛盾的，除非通过形而上的预设，不可能解释内在经验与外在经验的关联，即所谓的“身心交融”。反之，这些预设必然影响心理—逻辑的考察，导致不得不引入形而上假设。

与之相对，另外一种形式的心理学就被定义成“直接经验的科学”。在它看来，经验还是那个经验，是整体的，不能分成内在经验和外在经验，内在经验与外在经验不过是为了方便研究而人为划分出来的两种视角与方法；它也不承认自然科学与心理学的研究方法在根本上有什么差异。因而，实验方法是直接经验的心理学所首先考虑的，这些实验方法能够确切地分析心理过程，如同自然科学通过实验研究自然现象一样，唯一的差别在于视角有别而已。而且，直接经验的心理学还认为其他研究心理过程与创意的精神科学和它有着同样的基础，也就是都要研究经验的直接内容，都要研究内容与行为主体的关系。于是可以这样认为，对显而易见的精神作品如语言、神话思想、风俗等进行心理学分析，能够帮助理解所有其他的心理过程。相应地，这类心理学在方法论上与其他科学门类——向自然科学靠拢的实验心理学、向精神科学靠拢的社会心理学——关系密切。

总之，经过直接经验心理学的分析，心理客体与物理客体的关系根本就不是个问题。根本就没什么不同样的客体，只有一个内容统一的经验，如此而已。在自然科学这里，经验内容是经过主体抽象后进行研究的。而在心理学这个范畴里，经验内容通过其直接属性及其与主题密不可分的关系加以研究。如此看来，所有关于物理客体和心理客体的关系的形而上学假设都是徒劳的，都在企图解决并不存在的问题。由于心理过程属于经验的直接内容，在考察心理过程的相互作用时，心理学得抛开形而上学的辅助性的假设。还有一种更加开放的情况，把内在经验和外在经验看作不同的、互相补充的研究视角。心理过程互相纠缠的时候，会出现缺口中断，参照物理学方式是可行的，这样可以发现确实的连接是否补上。将这一方式调转方向也是行得通的，可以从心理—逻辑研究中得到元素来补充缺口，保证心理—逻辑知识的连续完整。发现这两种形式的知识的确切关系，只有以此为基础心理学方可成为完整意义上的经验主义科学；也只有通过这一方式，生理学才能真正成为心理学的补充，反之亦然。

前文提及第二类划分心理过程研究所入手的事实与概念作为基础的原理，这一大类的经验主义心理学也有两个分支且随着心理研究的发展，呈现不同的阶段：第一个阶段可称之为描述性的，第二个阶段是解释性的。要对不同的心理过程加以描述区分，就需要相应的分门别类。不同的过程集聚成群，产生了类概念；对特殊形式进行解释，就得把特定的复杂过程的组成成分纳入相应的类概念。这些概念涵盖感觉、知识、注意力、记忆、想象、理解和意志等。它们对应于物理学的一般概念，如重量、热量、声音和光等，这些物理学概念源于对自然现象的直接观察。和物理学概念一样，衍生出来的心理学概念在归纳事实的时候可以当作首要手段，但无助于解释这些事实。经验主义心理学经常混淆描述和阐释，这是它的缺陷所在。就这样，官能心理学把这些类概念看作心理力量或者心力，并把心理过程归因于单独或综合的行为。

解释性心理学的研究方式恰恰与描述性官能心理学的方式相反。要表现出经验主义的完整性，解释性心理学必须依靠确定的事实作为解释基础，这些事实自身属于心理经验。然而，这些事实来自不同领域的心理活动，那么解释性心理学就要演变出两个分支，分别对应不同的组成直接经验的两种因素：客体和主体。如果倚重直接经验的客体，那么就趋向唯智论心理学。这一形式的心理学试图从观念或者智力过程中得到所有的心理过程，尤其是主观情感、冲动和意愿等；智力过程体现了它们认识客观世界的重要性。反之，如果倚重直接经验从主体中的产生方式，那就属于解释性心理学，这种心理学转向与外部客体无关的主体行为，这一立场和对待观念的立场一样相互独立。这种心理学被称作唯意志论心理学，因为和其他主观进程相比，意志过程最为重要。

就内在经验的本质这一问题存在不同的立场，由此产生两种形式的心理学我们称之为内在感觉的心理学，这一形式往往趋向唯智论。原因在此：当内在感觉和外在感觉相作用的时候，首先进入研究视野的心理经验的内容是那些呈现给内在感觉的客体，呈现方式类似于自然客体呈现给外在感觉。由此可以如此假设：客体属性可以归根于独立于全部心理经验内容之外的观念，因为观念可以视为呈现给外在感觉的外在客体的映象。这样，映象就成为内在感觉唯一真实的客体，即便无关外在客体的所有进程（如情感）划归模糊的观念，要么是关系人的身体的观念，要么最后成为观念组合后产生的效果。

另一方面，直接经验的心理学趋向唯意志论。这是显而易见的：当心理学的主要精力放在全部经验的主观层面的时候，就要特别研究那些自然科学所抽象出来的因素。

唯智论心理学在演变过程中分出两种形式。在第一种形式里，判断和推理的逻辑过程被看作所有精神活动的典型形式；第二种形式也很典型，主要考察通过频率辨别出来的连续性记忆映象的组合，即所谓的观念联合。

不难发现，逻辑理论同心理研究的流行方法相关，因此起源更早。时至今日依然有人认同。联想理论源自18世纪的经验主义哲学。某种程度上两种理论互不让步，因为前者试图把心理进程的整体性简化为更高级的过程；而后者则把心理过程的整体性简化为更低级的过程，也就是形式更简单的智力行为。两者都是片面的，不仅无法解释情感、意志过程，也无法全面把握智力过程。

内在感觉和唯智论心理学的融合催生了一种特别的假设，这一假设在很多方面对心理学原理至关重要。这一假设可以简单定义为相对于观念的实在本质的错误的唯智论的属性。所谓的内在感觉的客体和外在感觉的客体之间建立类比，不仅如此，内在感觉的客体被看作外在感觉的客体的映象；由此，自然科学中为外在客体附加的属性就转化为“内在经验”的直接客体。相应地，观念自身就成为永恒的实在，如同我们用观念来指称的外在客体一样；这些观念在意识中可隐可现，保持原貌；实际上，观念可以或明或暗地察觉，无论内在感觉是否从外在感觉中激发出来，还可以根据倾注在感觉上面的关注程度察觉，但总体上观念会保持稳定的质量性状。

在所有层面，唯意志论心理学与唯智论都格格不入。唯智论构想了内在感觉及内在经验的特定客体，唯意志论则转而认为内在经验等同于直接经验。据此，心理经验并非由呈现给主体的客体总和组成，而是由经验过程的所有成分构成，即由拥有直接特征的全部的主体经验构成，这些主体经验不会经过抽象和思考的雕饰。随之就有必要将心理经验的内容看作过程的互连。心理事实是事件，而非客体；心理事实和所有的事件一样迟早会发生，但绝不会像预设的那样在某个特定的时间点上发生。在这个意义上，意志是理解所有心理经验的典型。唯意志论心理学并未确认意志是精神错乱的唯一真正的形式，仅仅认为意志和情感、情绪密切相关，和情感、观念一样都是心理经验的基本成分。唯意志论心理学还认为其他所有心理过程都跟意志类似，随着时间的流逝而不断变化，并非永恒客体的相加，在这点上不同于唯智论，唯智论由于错误地归因于具有特性的观念而笼统地认为过程是客体之和，而我们将这些特性归于外在客体。对心理经验的直接现实的确认不可能帮助我们从异于经验的过程中获得心理现象的特别成分。形而上学心理学采用类比手段，试图从假设的本原中的想象过程中获取所有的意识过程，无法解答心理学的实际问题，这同样是显而易见的。尽管心理学将自身同直接经验联系起来，但一开始它仍然假定所有的心理内容都包括客体因素及主体因素，只有通过刻意的抽象才能区分，并且从未表现为独立的过程。实际上，稍加观察我们就会发现，不存在无法激发情感和不同程度的冲动的观念，也没有无关乎观念化客体的情感和意志。

随后的章节将继续阐述处于主导地位的心理学原则，在此可以总结为三点：

(1)内在经验或者心理经验不是脱离于其他经验的特殊经验，而是自成一体的直接经验。

(2)这一直接经验不是由一成不变的内容组成的，而是由互相作用的事件体系构成的；不是由客体而是由过程构成的，而是由普遍的人类经验及其关系构成的，这种关系遵循特定的规律。

(3)每个过程都包含客观内容和主观过程，因而涵盖全部知识与全部人类实践活动的总体环境。

从这三条一般原则出发，心理学同其他科学的关系表现在三个方面。作为直接经验的科学，心理学是自然科学的补充；自然科学由于从主体那里得到抽象，必须考虑经验的、客观的、间接的内容。简而言之，任何特定的事实只有经过自然科学与心理学的分析之后才能被透彻理解。在这一层面上，物理学与生理学都是心理学的辅助，心理学又反过来补充自然科学。

心理学是关于人类直接经验的普遍形式的科学，这些经验形式依照特定规律互相作用，它成为精神科学的基石。这些精神科学都绕不开源自人类直接经验的活动及活动造成的后果。心理学研究这些活动的形式与规律，所以成为最宽泛的精神科学，并为其他所有的精神科学如心理学、哲学、历史、政治学、社会科学等奠定基础。

主体条件和客体条件不仅是理论知识的基础，还是实践活动的基础，心理学对主体条件和客体条件都同样重视；它还研究这些主体条件和客体条件的相互关系，鉴于此，心理学成为经验主义的学科，其成果用于研究知识理论和伦理学的一般问题可以起到立竿见影的效果，知识理论和伦理学构成哲学的两大基石。因此，就其同自然科学的关系而言，心理学是补充性的科学；就其同精神科学的关系而言，它是基础性的科学；就其同哲学的关系而言，它是预备性的经验主义科学。

图1下表总结了上文描述的心理学主要形式及其关系。

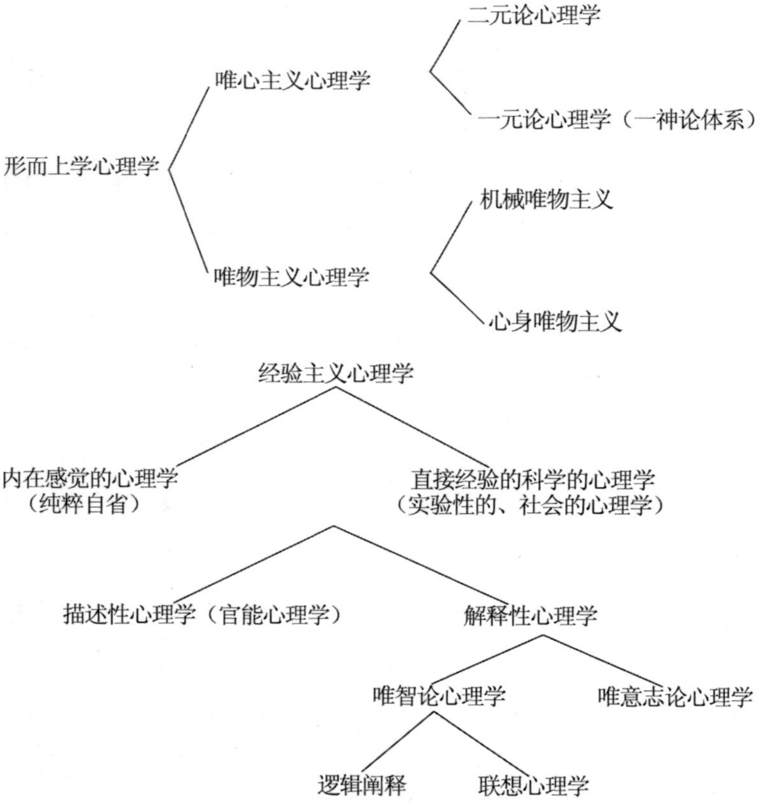

图1　心理学的主要形式及其关系

在发展过程中，许多不同形式的心理学融合在一起，但我们可以辨识总体轨迹。形而上学心理学先于经验主义心理学形式，描述性心理学形式早于解释性心理学形式，唯智论心理学形式先于唯意志论心理学形式。最早把心理学看作一门独立科学的作品是亚里士多德的《论灵魂》。这一著作在形而上学上划入二元论派别，由于它存在经验主义解释，就归入官能心理学阵营（灵魂是活在肉体里的原则。营养、感觉和思想是三种基本的官能。）现代唯心主义心理学始于笛卡儿的二元论，他认为存在两种不同的现实形式：其一，作为无法扩展的思考实体的灵魂；其二，作为可以扩展的无法思考的现实的物质。笛卡儿体系在人类大脑的特定区域也就是松果体那里发现了这两种形式的现实的冲突点。托马斯·霍布斯（1588—1679）是现代唯物主义之父（德谟克利特的古代唯物主义二元论并未将自身同唯心主义二元论区分开来）。18 世纪，霍布斯和拉美特利（1709—1751）、霍尔巴赫（1723—1789）一起推动了机械唯物主义的发展，而狄德罗（1713—1784）和爱尔维修（1715—1771）发展了心身唯物主义，时至今日依然不乏信徒。唯心主义一元论始于莱布尼茨（1646—1716）的单子论，现今已被赫尔巴特（1776—1841）及其所创立的学派、洛茨等替代。内在感觉的心理学的创立应该归功于约翰·洛克（1632—1704）。这一形式的心理学在今天依然颇多拥趸，比如康德在一定程度上捍卫这种心理学，还有投入更多精力的爱德华·贝内克（1798—1845）、*K.* 弗特拉奇等。现代官能心理学始自克里斯蒂安·沃尔夫（1679—1754），他在自己的作品里划分了两种主要官能：知识和欲望。从特腾斯（1736—1805）的时代开始，三种官能替代沃尔夫的两种官能，得到广泛认可。柏拉图命名了这三种官能，康德也是如此。它们分别是知识、情感和欲望。解释性心理学最早表现为逻辑主义，直接对应于心理过程的普通解释。早期的经验主义者有洛克和伯克利（1648—1753），这两人成为逻辑主义的代表人物；在《论一种关于想象的新理论》里，伯克利期待现代实验心理学的出现。即便在今天，在生理学学者的作品里依然能看到这种逻辑主义的观点，他们热衷于讨论生理学，把相关主题列为知觉范畴。今天我们要找出逻辑主义的先锋，那么非弗朗茨·布伦塔诺及其学派莫属。联想心理学最早出现在几乎同期的两位作者的作品里，他们是大卫·哈特利(1704—1757)和大卫·休谟(1711—1776)。可是他们代表两种不同的方向，这两种方向延续至今日。哈特利的联想心理学通过参考一些生理学条件来考察联想过程，而休谟则把联想过程视为心理过程。前者倾向于心身唯物主义，可以在当代作家赫伯特·斯宾塞(1820—1903)的作品里发现端倪。赫尔巴特的心理与学休谟的联想心理学更加亲密。赫尔巴特强调观念的静态与机械性，是彻头彻尾的唯智论教条(在此，感觉和意志仅仅属于观念的某些阶段)。联想心理学都认同精神生活的基础性的机械观点。赫尔巴特通过假设为他的心理学研究赋予精确的数学风格，不能单单因为这一点就忽视两种形式的联想心理学的相似性。在“纯粹内省”和联想学派的作品，可以发现很多唯意志论心理学的苗头。《心理学纲要》一书最早对唯意志论心理学进行了透彻的梳理。值得一提的是，至少通过本书目前为止的探讨，心理学上的唯意志论明显区别于叔本华(1788—1860)等人所研究的形而上学的唯意志论。形而上学唯意志论力图把一切化为原始的先验的意志，这种意志是现象世界的本原，是这个世界的本原。相反，心理学的唯意志论认为经验的意志过程连同其成分情感、感觉、观念等才是典型的意识过程。在它看来，意志是一种复杂现象，由于自身囊括不同类型的心理元素而具有不凡的意义。

§3. 心理学的方法

心理学的对象不是经验的特定内容，而是具有直接特征的一般经验，因而，除了笼统地采纳经验科学的方法用来判断、分析、解释事实之间的因果之外，它没什么方法可以借鉴。自然科学从主体中进行抽象，然而心理学不是这样，这是事实，这就没必要修改方法以通用于两种领域，虽然看上去这么做行得通。

自然科学远比心理学成熟，在方法论上可供心理学参考。自然科学主要采用两种方法，即实验和观察。实验人设置一定的条件，有目的地加以控制，观察现象的成因与过程，这就是实验。而观察的范围就窄很多，在研究现象的时候，观察者不施加任何控制，任事件自然发生，将其本来面貌呈现给观察者，成为经验过程。自然科学总是尽可能地使用实验这种手段；在任何环境中，即便现象自身能够完整呈现，供实验人精确观察，实验人仍然可以随意控制这些现象的发生和过程，还可以从复杂现象中分离出各种因素，这就体现出实验这种方法的优势。但是，即便在自然科学中，这两种方法针对不同的应用范围也有所区别。人们认为实验方法专门针对特定的问题，而单纯通过观察不能经常性地得到如意的结果。如果我们忽略一些由于特殊的相互作用而导致的例外，那么，根据这两类问题可以把自然现象总体上划分为过程和结果。

控制实验可以用于精确计算过程，分析成分，分析光震动、声震动、放电、肌肉收缩诸如此类的自然过程。只有当观察者能够决定过程何时开始，才能实现精确观察，所以原则上这种实验控制很有必要。同样，从复杂现象中分离出各种各样的成分，这时实验控制也是不可或缺的。此时，可以增加或减少一些条件，或者改变条件的变量。自然客体是另外一种情形。它们相对稳定，观察者可以随意处置并观察。在应对这些稳定的对象的过程中，只有当这些对象的制造和修改成为调查研究的主题的时候，实验研究才是真正需要的。相反，如果仅仅研究这些客体的实际本质，那么单纯的观察足矣。因此，只要不考虑物理、化学、生理学问题，矿物学、植物学、动物学、解剖学和地理学就是纯粹的观察性的科学；实际上这些学科也经常遇到物理、化学问题，但这些问题仅限于自然过程，与它们的客体无关。

如果我们将这些思考用于心理学，考虑到心理学的主题的本质，立马就能明白只有实验性的观察才行得通。心理学的内容只是过程，而非恒定的客体。为了精确研究这些过程的发生和进展，研究它们由哪些成分构成、这些成分之间有什么关系，我们首先就得控制这些过程的起始阶段，还得在必要的时候改变相应的条件。在所有情况下，只有实验才是可行的。除了这种一般性的原因，还有心理学所独有的原因，而心理学独有的原因根本无法用于自然现象。在自然科学中，我们得有目的地从观察主体中得到抽象；在自然环境中，尤其条件适宜的时候，比如天文学，单纯的观察完全有把握确定过程的客观内容。但心理学完全不同，它的基本原则不允许它进行抽象；只有直接经验的同样的客体成分有规律地频繁出现且伴随同样的主体状态的时候，适合机会观察的条件才会出现。但心理过程千变万化，这种观察条件不可能出现。况且作为精确研究的必需条件之一的观察意图总要改变心理过程的发生和进程，这种机缘巧合更是不可能存在的。可是心理学的首要问题就是确切研究主题过程的发生和变化，不难理解在这些研究过程中，观察者的意图就是要改变被观察的事实，或者干脆将事实抹消，至少普通的内省性质的观察可以这么做，无须任何形式的实验设备。我们再来看实验方法。如果我们要在心理学中使用实验方法，从过程的发生阶段就得使用，因为心理学在过程的发生阶段就得介入，还得像物理学和生理学那样使用研究过程的实验模式。在最适合观察的环境中，感觉受到外部刺激得以生发。各种刺激感觉生发的条件产生或复杂或简单的关系，就催生了客体观念。如果我们希望研究观念形成的方式，我们就只能模拟观念生发的自然方式。这么做的时候，我们还能够随意变换促使观念形成的印象组合，从而改变观念自身；还能够知道单个条件在观念形成中施加何种影响。显然，不用等到机会来临，用系统化的实验方式，通过紧挨在前面的印象就能精确掌握记忆映象的属性。情感和意志也是同理。情感和意志用精确研究所得心应手的形式呈现，当那些印象有目的地制造出来的时候（经验表明印象有规律地同情感和意志的反应建立关联）。不存在不能使用实验方法进行研究的基础的物理过程，也不存在逻辑上不需要实验方法的研究。

单纯的观察在很多自然科学学科中大行其道，但由于心理现象的特性，无法用于个体心理学。心理客体是永恒不变的，不受我们的注意力的束缚，类似于相对稳定的我们怎么观察都改变不了的自然界客体，满足这样的条件才有可能实施纯粹的观察。但心理学中有很多事实，它们并非实在的客体，但是具备心理客体的属性，相对恒定，不受观察者的控制，通过实验也很难认清。它们是历史长河中孕育出来的精神产品，如语言、神话观念、风俗习惯等。它们的起源和发展都依赖整体的心理条件，从它们的客体属性就能推断出来这些心理条件。这些精神产品都具备一种普遍特征，都以一个精神群落为先决条件，这一群落由许多个体组成，当然这些个体的最深层的根源就是个体的心理属性。出于对群落的依赖，尤其是对社会群落的依赖，此处所涉及的心理研究这一学科称为社会心理学，同个体心理学或者实验心理学有所区别（因为实验是这种心理学中占支配地位的研究方法，所以称之为实验心理学）。发展至今，这两个派别都形成了自己较为成熟的体系，泾渭分明，虽然研究方法不同，但并非毫不搭界。所谓的社会心理学对应着单纯的观察方法，精神产品是被观察的对象。这些精神产品同社群关系密切，社会心理学因此得名。个体的精神产品变幻莫测，难以成为观察对象，导致精神产品同社群的关系密切。只有个体集聚成社群的时候，心理现象才获得所需程度的稳定。

总之,心理学和自然科学一样,也有两种方法:用于分析简单的心理过程的实验方法与用于研究一般精神产品的、研究更高层次的心理过程和演变的观察方法。

参照生理学的过程范式,特别是生理学中感觉器官和神经系统的过程范式,心理学引入了实验方法。基于这种缘由,实验心理学又称作生理心理学。使用生理心理学这一术语的作品往往从生理学那里引用事实证据来印证自身,需要从心理学角度出发小心探讨这些事实,尽管它们自身确定无疑是生理学所独有的。不难看出,生理心理学是一门中间学科,从名称上就知道它首先是心理学,并且,除了那些起到支持作用的生理事实,它基本上就是前面提及的“实验心理学”。有人试图区分证明生理心理学不是正统心理学,认为正统心理学是内在经验的心理解释,而生理心理学从生理过程中获取内在经验,但大家都不接受这种观点。心理学里只有一种因果解释,就是从简单心理过程获取更加繁复的心理过程。在这种解释方法看来,由于存在前文说明的自然科学与心理学的关系,心理元素只能起到辅助作用。

§4. 主体的一般说明

经验的直接内容构成心理学的主题，在所有实例中过程是具备综合特征的经验的直接内容。对外在客体的感知，对这些感知的记忆、情感、情绪和意志行为，它们不停变化，持续融为一体，而且作为单独的过程本身，它们各自同样是混合程度不一的整体。比如，关于外在身体的观念由部分观念组成，这些部分观念分别针对身体的不同部分。声音听来简单，但我们可以控制它的方向，让它同外在空间的观念建立关联，而外在空间的观念是高度混合的。所有感情都指向激发感情的感觉，所有意志都指向意志附着的客体。在处理这类复杂事实的时候，科学研究要解决三个连续相接的问题：第一个是分析复合过程；第二个是经过分析发现元素是如何结合的，并展现出这种结合；第三个问题是研究这些结合形式的运作规律。

第二个关于结合的问题又分成几个更细的问题。首先，心理元素聚成复杂的心理复合物，这些复合物是分离的，互相相对独立，不停流动，形成心理过程。观念就是这种心理复合物的一组例子，要么直接指向外在印象或者客体，要么我们将其解释为印象的记忆与先前察知的客体的记忆。如此一来，这些心理复合物之间的相互关系就更加难以捉摸了。因此，观念聚成更大规模的并发性的观念综合体或者有规律的观念序列，同时，情感和意志过程互相组合，并同观念过程结合。心理复合物通过这一方式发生作用，成为第二种过程综合体；第一种或者更低层级的顺序形成更简单的组合，而第二种以第一种为基础，更高级，将这些简单组合构成更高层次的联合体，就这样把元素组合变成心理复合物。按照第二种顺序形成的复合物两两作用，形成更加复杂纷繁的组合，其中蕴含着一定的规律。继而，第三种结合方式就出现了，我们笼统称之为心理发展。它可分为不同范围的发展。细分性的发展关系到单相心理行为，如智力功能的发展、意志的发展、情感的发展，甚或这些功能再细分之后的发展（如审美或者道德情感）。这些片面的发展综合起来就形成心理人格的全面发展。最终，动物及更高层次的人类个体同他们的同类不断交往，就诞生了高于个体形式的整体的心理发展。关于心理发展的研究存在诸多流派，都为知识论、教育学、美学和伦理学等其他科学奠定了心理学基础，相应地，这些流派也分别同相关学科保持更为恰当的关系。从某种程度上，这些流派分支蔚为大观，形成不同的心理科学，如儿童心理学、动物心理学和社会心理学，不一而足。因此，在这一框架里我们应该只探讨这些对一般心理学最为重要的儿童心理学等学科的后果。

心理问题中最终极、最普遍的问题在于发现心理现象的原则和一般规律，这就需要研究不同形式的组合，也即元素组合成复合物，复合物与复合物再相互作用，然后继续发展演变。只有如此我们才能了解心理过程的实际构成，只有如此才能发现以心理过程为表现形式的心理因果关系，我们需要研究经验内容及其成分的各种组合，进而掌握个中规律。

因而，下文中我们必须探讨如下内容：

（1）心理元素；

（2）心理混合物；

（3）心理混合物的互连；

（4）心理发展；

（5）心理因果关系的原则和规律。

Ⅰ.心理元素

§5. 心理元素的主要形式与一般属性

心理经验的全部内容具有一种复合特征。因此，经过提取抽象分析后就得到心理元素或者心理现象的小得不能再小的成分。由于元素实际上以不同的方式聚合成整体，就有可能将它们剥离出来。如果元素 a 在一个地方同元素 b、c、d 等组合，在另外的地方同 b'、c'、d' 等组合，这就又可能把 a 同其他元素剥离，因为其他元素不可能仅同 a 这一种元素组合。以声音为例，这个时刻它是一种音调，而另一个时刻它成为别的音调，不同时刻各种声音混杂在一起。主音不断变化，而伴音没有变化，就可以将其从各种变量中提取出来，将单音作为心理元素。

经分析得知，心理元素有两种，对应于直接经验所涵盖的两种因素，即经验的客体内容和经验主体。如果对感觉元素进行单独分析，暂时不考虑同其他感觉的关系，也不考虑时空关系，我们可以把客体内容这种元素称为感觉元素，或者简单称为感觉，如音调，如对冷热、光明与黑暗的感觉等。另一方面，主体元素称为情感元素或者简单情感。另外，还要注意那些伴生感觉引发的情感，如随光线而来的次生情感，随声音、味觉、嗅觉、热、冷、痛苦等而来的感觉，看到令人愉悦的或者令人反感的物体后所产生的情感，还有意志行为中的情感。这些简单情感在现实中都和观念元素相联系，所以是具有两种意义的抽象产物；而且，随着情感自身不停地变动，心理过程得以发生，情感也就顺其自然地成为心理过程的成分。

心理经验的实际内容总是由感觉和情感因素按照多种形式组合而成的，因而一个特定心理过程的特性很大程度上不是源于元素的本质，而是源于这些元素形成心理混合物的整体性。关于身体、节奏、情感、意志的观念就成为心理经验的特定形式。然而，它们的特征不是由它们的感觉和情感元素决定的。在这一层面上，心理混合物同化学里的化合物相似。罗列化合物元素的属性无法得到化合物的属性。要知道，心理过程的具体属性和元素本质是截然不同的两个概念。每个心理元素都是经验的具体内容，但并不意味着经验的具体内容同时就是心理元素。因此，时空观念、情感、意志行为是特定的过程，而不是初级的过程。

感觉和简单情感有一些特征是共通的，有些特征是不同的。两者都具有两种决定因素，那就是品质和强度。任一简单感觉和情感都有确定的品质特征，这一品质又具有不同的强度。我们依据心理元素的品质进行相应的安排，因而能够区分蓝、灰、黄、冷、热、严肃、开心、沮丧、忧郁、悲伤等感知和情感。另一方面，我们一直通过量化的称谓表现心理元素的强度，如弱、中等强度、强、最强等。对于品质和强度这两种因素，这些表达方式都属于类概念，这些概念先对元素进行粗浅的处理，进而触及更广泛的深层元素。对于简单感知的品质尤其是色彩和音调，语言已经发展出一套相对完善的命名库。关于情感的品质和强度程度，这些方面的命名远远落后于数量和精度。另外还有清晰与模糊等属性，这些属性有时和品质及强度一样归于基础属性。后文§15中涉及的明晰、含混等源于心理化合物的相互作用，不能视为心理元素的决定因素。

每个心理元素都涉及品质和强度两种决定因素，都涵盖一定的强度范围，保持同样的品质，从一种强度到另一种强度，持续渐进。这种渐变只有两种方向，一种是强度增加；另一种是强度降低。这些不同的强度构成特定的范围，好比在一条直线上，任选一点，可以从两个不同的方向行进。可以如此总结：任一元素的强度构成一种持续的维度，存在最小化与最大化的两极，称为最小化的感觉和最大化的感觉，或者最小化的情感和最大化的情感。

相比强度的单调,品质具有更加多变的属性。相似的品质构成一个不间断的序列,实际上,每种品质在这个序列里都被安排在特定的点上,能够不受干扰地从一个点移至另外一个点。我们不妨将这个序列称为品质体系,品质体系不仅在多样化的渐进性上有差异,在渐进方向上也有差别。根据品质体系的两种变化形式,我们可以区分出两大类品质体系,一类是同质的复杂体系:另一类是一维的、二维的、多维的品质体系。压力感觉、寒冷感觉、痛感,这些只有一种品质,然而这些品质具备千变万化的强度。但并不能据此说明每种品质体系里仅仅存在一种品质。实际上,在这些品质体系里,不同的品质数量有限;还有,我们能够使用的术语有限,只能使用这些有限的术语来指称实际存在的差别。如果我们用几何方式表达这种体系,我们很可能无法将其简约成一个单独的点。例如,不同位置的皮肤承受压力,带来的感觉差别不大,但这些小小的差异足以帮助我们区分不同的皮肤位置。或锐利或迟钝,或粗糙或平滑,带来不同的感觉,但不能说它们的品质不同。依赖于大量同时发生的感觉才能体现出差异,如果没有这些感觉通过各种方式进行组合形成心理化合物,就无法产生那些印象。

品质的复合体系有别于前述体系,因为它们涉及诸多千差万别的元素,所有可能的中间形式存在于这些元素中,如音调体系、颜色体系、味觉及嗅觉体系,都包含在这类复杂的品质体系里。在情感复合体系中,我们发现一些主体补充物的体系形成感觉体系,如声音情感体系、色彩情感体系等。很可能还存在许多客观上同复合印象相关联的情感体系,但它们特征简单,比如,不同的音调组合产生相应的或和谐或不协调的情感。只有两三种感觉体系明确了维度数量上的差异。因此,音调体系是一维的;普通的色彩体系包含色彩及其趋向白色的过渡品质,是二维的;光线相关的感觉是比较晚辈的体系,包含暗色调与趋向黑色的过渡品质,是三维的。

讨论至此,感觉元素和情感元素在关系层面上总体相通。它们也有不同,主要表现在一些同事实相关联的基本属性上:感觉直接指向客体,而情感直接指向主体。

感觉的强度变化而品质丝毫不动，可以呈现为一系列的纯粹强度的变化。这个强度系列持续变化，沿着单方向，从强度为零直至最高强度 E($0E$，图 1.1)。另一方面，情感总是从毫无情感的零开始变化，沿着两个方向：一个方向是愉悦令人愉悦的；另一个方向是令人不快的。在图 1.1 中标记为 $G'G''$，是相互对立的情感。当感觉的品质开始变化，但仍然保持同样的品质维度，这时感觉进入纯粹的品质变化，这些变化总是沿着同一个方向进行，直到差异最大化。以色彩为例，在一个纯粹的品质序列里，红、绿、蓝、黄是最大差异。在音调感觉中，最低音和最高音时最大的品质区别($E'E''$，图 1)。每个情感元素的品质变化从零或者无差异点(0)开始，向着相反的情感进行(如图 1.1 中下面的箭头所示，$G'G''$)。情感规律性地同某些感觉发生关联，如声音情感和色彩情感，这时情感特征的变化最为鲜明。比如音调感觉，接近最大差别的时候，高音和低音的感觉明显不同；相应地，声音情感趋向两极。总之，感觉品质的系列由于差异最大化而趋向极端，情感品质的系列趋向最大化的相反。情感两极之间的无差异区域经常无法展现，因为，一些情感消失，另外的情感留存，甚或产生新的情感。感觉发生变化，情感滑入无差异区域，此时最容易发生无差异区域隐伏的情况。比如在音阶的中间，对应高音和低音的情感消失，但中音的情感品质不受影响，高音低音消失后中音情感更加分明。原因在于，对应于某个特定感觉品质的特定情感无一例外地是一个复合情感体系的成分，在这个体系中，这一特定情感又属于多种维度。一种特定音高的情感品质不仅属于音高情感维度，还属于强度情感维度，另外叮当作响的声音的组合又是一种维度。只要音符和强度情感牵涉其中，并且拥有分明的声音情感，中音和中等强度的音调就位于无差异区域。只要无视其他相伴而生的情感元素，穿越无差异区域的情感元素立马就能发现。

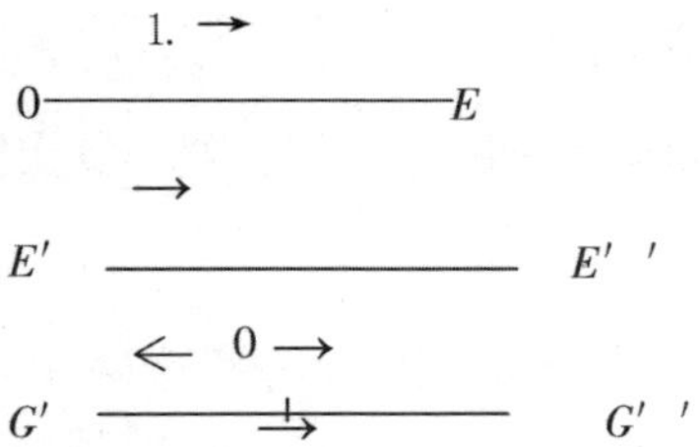

图 1.1　强度和品质持续变化所导致的感觉和情感的关系

品质特定同时简单且不能再简化的情感看上去不仅是简单感觉的主体补充物，还是复合观念乃至复合观念进程的显眼的附属物。不仅存在简单的随音符和强度而变化的声音情感，还有一种和声情感，它作为一种情感不仅是无法进一步细化的声音情感，还随着声音成分的特征而变化。从旋律中还会诞生更多的其他情感。在此需要再次强调，每一种情感在特定时刻都是不能简化的单元。基于这一原因，简单情感要比简单感觉更加丰富。

多种多样的纯粹感觉位于众多独立体系中，位于品质上不搭界的各种元素中间。属于不同体系的感觉称为异类感觉。比如，声音和色彩、热量和压力，都是完全不同的异类感觉。基于这一标准，四种特殊的感觉（嗅觉、味觉、听觉和视觉）每一种都是一个封闭的、复杂的感觉体系，互为不同；一般感觉（触觉）包含四种同质的感觉体系（压力、热、冷和痛苦）。另一方面，全部的简单情感组成一个单独的互相关联的集合，因为没有一种情感形式能够通过中间形式或者无差异区域过渡到其他形式。但是我们可以区分一些体系，它们的元素练习更加紧密，如伴随色彩、音调、和声、节奏的情感。可是这些情感并非绝对封闭的体系，因为它们同其他体系的关系随处可见，或相近或对立。比如从适宜的温度、和声、希望实现中引发的情感，无论它们的品质差异有多大，它们都有共性，属于“令人愉悦的情感”这一大类。一些单个的情感体系之间关系甚至更加紧密，如声音和色彩情感，暗色情感让人想起低音情感，亮色情感让人想起高音情感。这种关系归因于感觉自身，同样可归因于感觉及其相伴而生的情感的混淆。

这是第三个鲜明特征，总结出了情感源泉的统一性，但感觉的根源依赖

于众多不同的、相互区隔的条件,并非统一的。情感同整体性的主题紧密相连,感觉同变化万端的客体紧密相连,或许这一事实能够解释情感与感觉源泉的差异。

只有在现代心理学中,“感觉”和“情感”这两个术语通过上述定义才获得指配给它们的意义。在更早的心理学著作中,这两个术语时而没有差别,时而可以互换使用。触觉和来自内脏的感觉也被称作情感,甚至触觉本身也被视为“情感感觉”。事实上,这反映了词语最初的意义,起初情感等同于触觉,可是一旦有了区分,就能避免二者的混淆。同理,心理学研究人员甚至使用“感觉”这个词语来表达意义,不仅表达简单品质,还表达复杂品质,如复杂的声音、时空观念等。一旦我们拥有足够丰富的针对这些复杂品质的“观念”,我们就能从容地将感觉这个词语锁定在感觉品质上,这些品质在心理学上是简单的。最终,“感觉”这一术语缩小范围,用来表达直接源于外部感觉刺激的印象。然而,对于一种感觉的心理特征而言,这种变迁无关紧要,因而对术语的定义也是可有可无的。

很多时候,感觉元素和情感元素的区分由于情感无差异区域的存在而变得格外容易。原因在于这一事实:情感在两极之间变动而不仅仅是有所差异,且情感属于我们直接经验的更加多样化的元素。这种可变性决定着情感不可能在品质和强度上维持稳定状态,这也说明了为什么精确研究情感如此之难。

所有直接经验中都有感觉的踪影,但在某些特例中,情感在无差异区域中时隐时现。很明显,在感觉实例中,我们可以对伴生的情感进行提取抽象。在此,很容易产生两种错误的观点,一种认为感觉是情感的起因;另一种认为情感是感觉的特殊种类。前者的谬误在于,情感因素从来不会来自感觉,仅仅来自主体态度,因此在不同的主体环境中,不同的情感会伴随同一感觉。后者也无法立足,因为情感和感觉两大类元素泾渭分明,感觉与客体、情感与主体的直接关系可以区分,另外,感觉在差异范围内变动,而情感则在两个极端之间摆动。由于客体和主体因素隶属于所有的心理经验，感觉和情感视为心理现象的真正的、同样基本的、无处不在的、互相关联的元素。在两大类元素相互作用中，感觉元素表现得更加稳定，它们指向外在客体，可以剥离出来。因此，在研究两种元素的属性的时候，需要先从感觉着手。从同时发生的情感元素中分离出来的简单感觉也称为纯粹感觉。

§6. 纯粹感觉

§5中的“纯粹感觉”这一观念是双重抽象的产物：一是来自感觉观念；二是来自同感觉相结合的简单情感。我们发现如此定义的纯粹感觉构成许多全然不同的品质体系。每种体系，如痛感、听力、视觉体系等，要么是同质的，要么就是复杂的连续体（§5），且不会向其他体系过渡。

生理学告诉我们，感觉的诞生通常依赖于一些物理过程，这些过程一部分源于我们周围的外在世界，一部分来源于一些身体器官。我们从生理学中借用一个术语来命名这些制约过程，即感觉刺激或者知觉刺激。如果刺激是外部世界的过程，我们称之为物理刺激；如果刺激过程来自于我们的身体，那就是生理刺激。根据心理刺激来自大脑之外的器官还是大脑本身，心理刺激又分成边外围刺激和中心刺激。很多时候感觉都具备三种刺激。比如，光线的外部印象作为物理刺激是作用于眼睛；在眼睛和视觉神经这里产生外围生理刺激；最后，在四叠体和大脑皮层的枕部发生中央心理刺激，视觉神经的终点在大脑皮层。有时候不需要物理刺激，但两种形式的生理刺激不可或缺，比如，随着剧烈的视觉运动我们观察到光线闪烁的时候。另外一些时候，仅仅存在中央刺激，比如，当我们回忆起先前经历的光线闪烁的时候。因此，始终伴随感觉的只有中央刺激。当一种外围刺激催生感觉的时候，外围刺激必须携手中央刺激，而当物理刺激催生感觉的时候，物理刺激必须联合外围刺激和中央刺激。

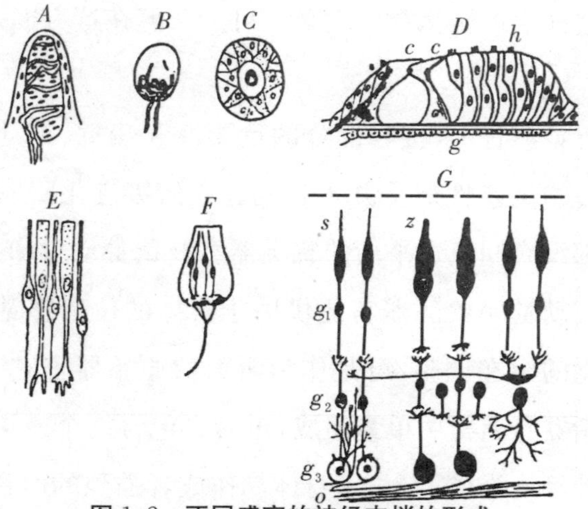

图 1.2　不同感官的神经末梢的形式

A、B 为触觉小体；C 为原始耳囊；D 为高级听觉器官耳蜗中的螺旋器图解，其中 cc 为螺旋器本身的拱门，h 为毛细胞，g 为神经末梢基底膜；E 为嗅觉神经末梢；F 为舌头中的味蕾；G 为分层的含有不同器官的视网膜，其中 s、z 为前室和晶体（构成视网膜内层），g_1、g_2 为小细胞神经，g_3 为细胞大神经，o 为视觉神经的神经末梢（视网膜外层）。

经过对人类进化的心理研究，我们断定不同感觉体系分化的部分原因来自综合进化过程中。最初的感觉器官是包裹内在感觉器官的皮肤。后来，味觉、嗅觉、听觉和视觉器官从皮肤结构分化出来。因此，可以如此总结：同这些特定感官相对应的感觉体系通过分化逐渐从综合感觉的感觉体系中形成，也就是说，从压力、冷热的感觉中形成。可以这样推断：许多在人类中明显分化的体系在低级动物那里是模糊不分的。根据心理学立场，综合感觉的原始特征格外明显，因为综合感觉中负责把感觉刺激向神经传输的器官要么非常简单，要么根本就没有这样的器官。压力刺激、冷热刺激、痛感刺激能够在皮肤上制造感觉，可无论怎么研究，就是找不到专门的末梢器官。相应位置的确存在对压力最为敏感的专门的接收器官（图 1.2 中的触觉小体、突触末梢、环层小体），但这些器官的结构决定着它们只向神经末梢进行机械传输。专门传输冷热、痛苦的末梢器官依然还没被找到。

在进化到高级层次的专门的感觉器官中，我们发现了精密结构，不仅能够恰当地把刺激向感觉神经传送，而且能够造成刺激的生理转化，要产生特别的感觉品质这种生理转化看上去必不可少。但在这方面那些特别的感觉并不相同。

尤其是在听觉器官中，接收部分的重要性和嗅觉、味觉、视觉器官中的接收部分所具备的重要性似乎并不相同。在低级进化阶段中，听觉器官在结构和功能上都没有同负责平衡的感觉器官及负责动觉印象的感觉器官分离开来。平衡及动觉印象的器官提供关于身体的位置感觉和运动感觉，可以看作一般触觉的内在调整，可是作为听力的原始器官它不能接收声波的印象。这种原始器官通常由单囊组成，单囊又包含一个或更多的耳石，囊壁上延展着一束神经纤维(C)。由于身体动作或者强烈的声音波动，这些耳石开始振荡，此时我们假定，在神经束的纤维上，一系微弱的压力刺激列转瞬即逝。脊椎动物的动觉感官同听觉器官相分离。但两种器官在空间上密切关联。在更高级的动物及人类中，听觉器官在结构上极其复杂，可是它的基本结构仍然类似于形式最简单的器官。在耳蜗中，听觉神经首先通过轴线，大量精细管道穿过轴线，然后听觉神经穿过毛孔，毛孔连通耳蜗腔室。薄膜上密布枝杈，这些枝杈扩展成耳蜗的螺旋绕组，且附有沉甸甸的、坚硬的特别拱门(螺旋器拱门)。这种薄膜称为基底膜，当声波激荡耳朵的时候，它必须依照听觉规律进行相应的振荡。因此，它在此时起到的作用等同于最低级的、未分化的听觉器官中的耳石。但是，随着薄膜的进化又出现了其他变化，使得薄膜更容易理解多样化的语调感觉。耳蜗基底膜的不同部分有不同维度，耳蜗底部的基底膜要比最顶端的要窄。基底膜就像一个长短不一的线缆构成的系统，在这一系统里，其他条件都没变化，长线适合低音、短线适合高音，因而我们认为耳蜗基底膜的不同部分有着不同的调频。我们相信带有耳石的最简单听觉器官的感觉系统是同质系统，并未明显有别于压力感觉，但我们知道，更高级动物耳蜗中基底膜及其附属器官的进化源自一系列原始同质感觉，这一系列感觉组成一个高度复杂的多样化系统。不论原始还是高级，两者的器官在形式都是一样的，都能向感觉神经完整传送物理刺激，而且对刺激进行变换。

嗅觉、味觉和视觉器官从根本上异于听觉器官。这些器官的生理结构决定了刺激不可能直接作用于感觉神经。这些器官介于直接刺激和具有专门调整外部刺激的结构的神经细胞之间。能量被调整后形成刺激作用于感觉神经。此处讨论的嗅觉、味觉和视觉三种器官具备专门进化而成的细胞，这些细胞来自身体外层，称为感觉细胞。这些感觉细胞的末端接触刺激，另一端和神经纤维相连。鼻子里的这些感觉细胞具有窄细的纤维状末端，分布在更宽的非感觉细胞中（*E*）。舌头上的感觉细胞组成球状器官，这种器官叫作味蕾（*F*）。眼睛里的感觉细胞分成两类：一类是较大的球状物，主要分布在视网膜中部；另一类是细长的舱室，在视网膜的边缘分布最广。球状物和舱室通过纤维连接，纤维又通向神经纤维，就这样组成独特的视网膜（*G*）。这一切都表明，这些接收结构不仅仅用于传输，而且用于转换，可以变换刺激的特征。味觉、嗅觉和视觉器官的转换过程具有化学特性。在嗅觉和味觉器官中，真实的化学反应物造成神经细胞的变化，继而成为真实的感觉刺激。在眼睛这一视觉器官中，化学过程由光线行为造成。

这三种感觉可以看作化学感觉，有别于压力和声音的机械感觉。不好确定冷热感觉属于化学类还是机械类。机械感觉和刺激之间是直接关系，而化学感觉和刺激之间是间接关系；机械感觉比外部刺激延续时间稍长，而化学感觉要比刺激的延续时间长很多。因而，在快速的压力系列和快速的声音系列中，能够轻易区分单个的刺激；速率适宜的时候，光线、嗅觉、味道就聚集在一起。皮肤接收的温度刺激在这方面类似于化学刺激。基于此，我们确信行为模式是间接的。

因为刺激在物理层面上有规律地和感觉过程同时发生，那么很自然地就要试图确立刺激和感官之间的关系。此时，生理学一般将感官看作生理刺激的结果，同时又认为不可能确切解释这一成因，并且认为全部用来确定特殊刺激与所导致的感觉之间的关系的稳定性。现在我们发现，在很多情况下，不同的刺激作用于同样的末端器官会产生同样的感觉，比如，眼睛受到机械刺激和电刺激都会产生光知觉。这一结果可以用以下原则解释：感觉器官和附带中央中断的、简单的感觉神经纤维中的任一接收元素只能获得混合品质的单一感觉，感觉的多种品质因此归因于具有不同的特殊能量的生理元素。

这一原则总体上称为“特殊神经能量法则”，是站不住脚的，即便我们暂时忽略这一事实：这一法则简单地从神秘莫测的感觉和神经元素中寻求感觉多样性的原因。可从下面三种原因说明这一法则的谬误。

它背离了感觉进化的生理学原则。即便我们遵从这一原则，认可复杂感觉系统来自于更简单、更同质的系统，生理感觉元素也必须经受变化。可是这一变化发生的唯一条件就是器官可以在刺激作用后发生改变。也就是说，感觉器官对于感觉品质的作用是次要的；刺激过程在感觉器官中发生，感觉器官从刺激过程中获取一种特性，这种特性的后果才是感觉器官对感觉品质的作用。如果这些感觉器官经受长年累月的刺激发生根本性改变，这些根本性改变只有在这种条件得到满足后才能发生：器官中的生理刺激很大程度上随刺激的品质而变化。

在许多感觉中，没有对应不同感觉品质的、明确的感觉元素，特别能量这一概念与这个事实相矛盾。因而，在视网膜的一个单独的点上我们能够接收所有可能的关于光线和色彩的感觉；在嗅觉和味觉器官里，我们找不到特征分明的感觉元素，尽管在它们的感觉表层有部分区域可以接收多种感觉，尤其是在嗅觉器官里，这个区域面积不小。我们十分确信品质有异的感觉源于不同的感觉元素，比如听觉器官中，但器官结构证明这种差异不是来自神经纤维或者其他感觉元素的特征，而是最初来自这些元素的组合方式。当然，听觉神经的不同纤维可以接收不同声波的刺激，因为基底膜的不同成分对应于不同的音调，但这同单个听觉神经纤维的原始的、难以解释的特征无关。它源于单个神经纤维同末端器官相结合的方式。

最后，感觉神经和中心元素没有原始的特别能量，因为外围感官必须通过充分的间歇暴露给合适的刺激，或者至少在中心器官变得兴奋从而产生相应的感觉之前暴露一段时间。就目前所知，即使天生的聋哑人一开始就拥有感觉神经和中枢，他们也感知不到任何光线或声音。

一切都表明，感觉品质的差异受到感官中刺激过程差异的制约。这些过程首先依赖于物理刺激的特征，其次依赖于接收器官的特性。而且感觉器官的特性是感觉器官适应物理刺激的产物。然而，我们得弄清楚，感官特性是适应同化的结果，一些刺激并不影响感觉元素的原始适应。也就是说，当不恰当的刺激起作用的时候，会诞生对应于恰当的刺激的感觉。可这并非适用于所有的刺激元素和所有的感觉元素。因而，冷热刺激并不能造成同压力相关的感觉，也不能在具体的感官中带来相应的感觉。只有当化学和电刺激作用于视网膜的时候，它们才带来光线的感觉，而它们刺激视觉神经就没有这种作用。机械和电刺激无法引发嗅觉和味觉。当电流造成化学分解，确实能产生嗅觉和味觉，但这是通过恰当的化学刺激造成的。

由于案例本质的限制，不可能根据物理和生理刺激的特征来解释感觉特征。刺激和感觉根本就没有可比性，因为刺激属于自然科学的间接经验，而感觉属于心理学的直接经验。不同类型的刺激总是对应于不同的感觉，在这个意义上，感觉和生理刺激的互动才能得以存在。在心理学和生理学里，感觉和生理刺激平行变化的原则是重要的辅助原则。在心理学里，通过刺激的刻意变化，这一原则造成感觉的明确变化。在生理学里，通过明确或模糊的感觉利用这一原则来推断明确或模糊的生理刺激。更进一步地，这一原则成为我们实践生活的基础，也成为我们理论上认识外部世界的基础。

在早期心理学研究中，“特别能量”原则是无须阐明的假设，直到约翰·穆勒（1806—1873）才给出确切定义。后来很多学者借助这一理论进行研究，尤其是赫尔姆霍兹（1821—1894）用它来阐述听力和视觉原理。再后来这一原则有点脱离它的本义，通常认为神经纤维不再包含特别能量，它们被

看作中立的导体。包含特别能量的是外围感觉元素(视网膜舱室和晶体、耳蜗听觉纤维末端等),有时是中央感觉中枢的神经细胞,要么两者同时包含特别能量。但这些观点全是假设。我们对外围神经细胞、中枢神经细胞的认识很不充分,通过解剖这些细胞得到的大部分知识也不透彻,以至于我们无法基于这些知识得出任何结论。不同的刺激引发相似的感觉,这些现象成为这一原则的唯一根据,而且这些现象不能提供牢固的基础协助这一原则进行一般应用。无论这一原则用于何处,通过感觉元素适应刺激这一一般原则进行解释都会得到比较好的成果。

A. 一般意义的感觉

“一般意义”的含义包括空间和时间因素。在时间上,一般意义指优先于其他并且因而属于所有赋予思想的实在。在空间上,一般意义指暴露向刺激敞开的、最宽泛的感觉表面,这一表面不仅包括整个外部皮肤和毗邻黏膜的区域,还包括大量拥有感觉神经的内部器官,比如关节、肌肉、筋骨,它们周期性地接收刺激,或者至少在某个时刻在特定条件下接收刺激,比如骨头就是如此。

一般意义的感觉包含四种特定的互相区分的感觉系统,即压力、热、冷和痛苦的感觉。有时单独一个刺激会引发多种感觉。不同系统的成分混合起来构成这种感觉并且立即得以呈现。以相似的方式,感觉器官延伸,同一系统的不同品质混合,比如,范围更广的皮肤被触摸的时候,我们会体验到压力的不同品质的感觉。

一般意义的四种感觉体系都是同质系统(§5)。这表明感觉在基因上早于其他复合系统。来自外部皮肤的压力感觉,还有那些来自肌肉、关节和肌腱运动与扩展的感觉,这些统统纳入触摸系统,且异于普通感觉,普通感觉包括热、冷、痛苦的感觉,还包括偶尔来自其他内部器官(胃、肠、肺等)的压力感觉。反之,触摸系统又分为外部触摸感觉和内部触摸感觉。前者包

含外部皮肤的压力印象，后者是来自关节、肌肉和肌腱运动的印象。内部触摸感觉又继续细分，根据感觉诞生的生理器官可分为关节感觉和肌肉感觉等，根据感觉产生的条件可分为运动或收缩感觉及伸展或者作用力感觉等。

一般感觉器官的不同部分具有接收刺激产生感觉的能力，仅仅通过外部皮肤上的精确性就能验证。对于内在部分，我们只是知道关节对于压力高度敏感，而肌肉筋骨对压力的敏感性就低很多；内部器官不便感知冷热痛苦，只有在极其强烈的例外情况下才能感知。另一方面，外部皮肤和紧邻黏膜的部位都能感知压力、热、冷和痛苦这些刺激。实际上，不同的部位具有不通过的敏感度，一般而言，对压力、热、冷最敏感的部位极为类似。所有部位都能感知痛苦，区别在于在一些部位痛苦刺激作用于表面，而在其他部位刺激需要穿透得更深才能被感知。另外，皮肤上的一些部位最适宜压力、热、冷的刺激。这些点各有所称，即压力点、热点和冷点。它们数量不一，分布于皮肤的不同部位。方式不同的点不会重合，但是，温度点总能接收压力感觉和痛苦感觉。通常，适度的温热刺激能够在冷点上产生温热感觉，但过于强烈的热刺激在这些冷点上会产生所谓的截然相反的热感觉。热点遇冷不常冷，但不会遇冷反热。最后一点，热点和冷点以其各自相宜的感觉品质应对相当有限的机械和电刺激。

在上述提及的四种品质中，压力感觉和痛苦感觉形成封闭系统，其中两者毫无关系，并且不跟温度感觉的两个系统打交道。温度品质具有相对立的关系。我们知道热和冷不仅是不同的，还是相互对立的感觉，部分原因在于感觉诞生的环境，部分原因在于随之而生的情感。因而，尽管其他品质可以毫无束缚地集聚起来形成混合感觉（如遭受压力的痛和受冷的痛等），热和冷倾向于相互排斥；考虑到它们的诞生环境，一个特定的皮肤部位要么感觉到热，要么感觉到冷，要么感觉不到冷也感觉不到热。那么，迥然而异的初级情感就同热和冷相联系，在无差异区域就感觉不到冷和热。

在其他层面上，温度感觉的这两种系统也很特异。在很大程度上，它们依赖千变万化的环境，在这些环境里各种各样的刺激作用于感觉器官。高于体表温度就感觉到热，低于体表温度就感觉到冷。体表温度自身是位于两种感觉形式之间的无差异区域，在相对广泛的范围内能够快速调整适应外界温度。在这个意义上，两种感觉都是相似的，相互作用又相互对立。

B. 声音感觉

我们拥有两种各自独立的简单听觉系统，可它们作为两种印象的混合结果又相互作用。它们是噪音感觉和乐音感觉。

只有在乐音感觉不可能同时发生的情形下简单噪音感觉才能产生，例如声波作用于耳朵，时间延续如此之短，以至于乐音感觉来不及产生。这种方式产生的简单噪音感觉在强度有很大的不同，但在品质上总是相对一致。由于产生条件的差异，或许在品质上小有不同，但这种不同实在不起眼，甚至不值得用专门术语来标识。我们平时常说的噪音就是由这种简单噪音和很不规律的乐音感觉（§9）构成的复合经验。很有可能，简单噪音感觉的同质体系是首先进化的。低级动物的耳囊带有简单耳石，只能造成简单噪音感觉。许多这样的囊状物要么辅助自身其他功能，要么只发挥内部触觉和肌肉运动知觉的功能，产生随着身体位置和运动而变化的感觉。在高级脊椎动物和人类这里，肌肉运动知觉的功能从听力功能中分化出来。前庭和内耳半规管只发挥肌肉运动知觉器官（§10）的功能，同时耳蜗专注于听力功能。这些事实清楚地说明了听觉与触觉的关系。

简单乐音感觉系统是一个维度上的连续体。我们把一个单独的简单音调的品质叫作音高。从一个特定的点开始，我们只能在两个相反的方向上改变品质：要么提高音高，要么降低音高。这种现象说明了简单乐音感觉的一维属性。在实际经验中，简单乐音感觉从不来会单独现身，总是和其他乐音感觉相联系，并且伴随简单噪音感觉。根据前文述及的体系，这些伴生元素可以不确定地改变，许多场合中这些元素同音调相比相对弱势，因此，音乐艺术中，简单音调的抽象先是通过乐音感觉的实践应用得以实现。我们用 c、$c\#$、$d\#$ 代表简单音调，乐器和人声的变化可以产生不同的音高，但是始终伴随其他较弱的音高，通常还伴有噪音。但这些伴音的发生条件如此多变，以至于这些伴音非常弱，所以有可能带来近乎纯粹的、真正的简单乐音。最简单的方式就是使用音叉和共振器同基本音调相协调。由于共振器仅仅提升基音的强度，当音叉作响的时候，伴音非常微弱，人们就从总体上认为感觉是简单和不可分解的。如果研究对应于这种乐音感觉的声音震动，就会发现它们复合形式最为简单的振动，也就是所谓的钟摆振动。之所以采用这一名称，是因为空气粒子的振动和振幅微弱的钟摆遵守同样的规律①。可以把耳蜗比作共振规律的应用，通过分析耳蜗器官结构，不难发现这样的事实：这些相对简单的声音振动对应于简单乐音感觉，我们能够在复合物中区分不同的音调。基底膜遍布整个耳蜗，之于听觉神经纤维，从上到下不断变化自身宽度，以此我们可以认为基底膜的不同部件可以适应不同音高的乐音。这就是赫尔姆霍兹首先提出的“共振假想”。根据这一观点，当一种简单的声音振动冲击耳朵的时候，只有适应特定音高的部位才能与之共振。如果同一频率的振动来自复合声音振动，同理只有和特定频率的振动同频的基底膜的部位才受影响，声波的其他成分会影响其他与之同频的基底膜的相关部位。

通过感觉的持续变化，乐音感觉系统总是从一个给定的点向另外一个点变动，比如从 c 到 c^1，这展示了乐音感觉系统的连续性（图 1.3）。从这个连续体里，选择被精心设置的间歇所隔离开来的单个感觉，然后构成音阶（c、d、e、f、g、a、h），进而形成音调线，这就是音乐。但是这种选择基于乐音感觉自身的关系。下文中我们会回来讨论这些关系，它们以从这些感觉中产生的复合观念为表现形式。

---

① 钟摆可由正弦曲线表示，因为同剩余位置的距离总是同摆至相应点所需时间的正弦成比例。

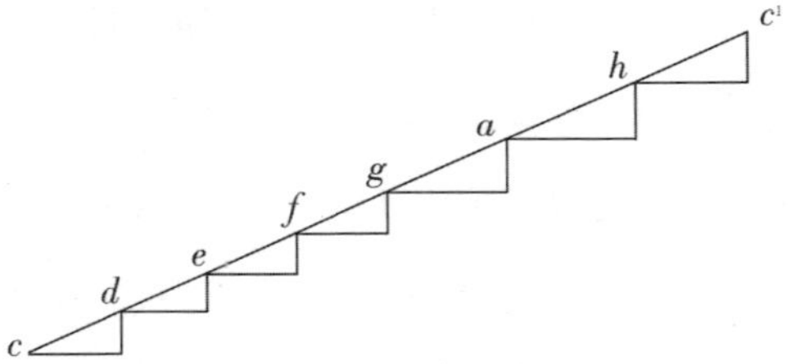

图 1.3　**音调线和音阶**

音乐系统存在不同音阶，单一音阶中音调间歇对应于线性乐音感觉上不同的点。把乐器的音符设置为固定的音调，比如钢琴，可以调出悦耳的音阶。八度音阶有五个半音，能够从一个音阶滑向另一个音阶，虽然并不是十分准确，比如从 C 大调变为 B 小调或者 B 大调。音阶线有两极，由耳朵的生理敏感度制约。它们是最低音和最高音，前者是每秒钟 12～16 次往复振动，后者是每秒 4 万～5 万次。但最高音的极限并不可靠，因为面对这些音高，主体要识别间歇期，再加上客观上确认发声体(音叉和管乐器)的振动速率，这些都很难实现。对于中音(200～1000 次振动)，我们能够区分连续性的音高差别，即便只有五分之一的振动速率的差异；在这部分音阶中，需要辨识出来的差异在数量上保持绝对不变，即便音高发生变化也不妨碍。与上述完全相应的是，如果全靠我们对音调间歇的识别，就会把一个音调间歇二等分，也就是说，把 B 调放在一个位置，让它看上去和 A、C 调的间隔相等，就会发现，不论什么情况，即便间歇乱成一团，B 调在其客观振动的数量上也会居于 A 调和 C 调正中。和其他感觉形式一样，仅当感觉间隔不会过大的时候，这种音调对比是可行的。这样的话间隔就不会超出八度音范畴。进行低音实验的时候，辨别力度迅速减弱，高音实验更甚。乐音和噪音强度的辨别力也很差。它根据品质的辨别力而有所变化，因为仅仅对于强度上的相对差异来说它是恒定的，而非针对强度上的绝对差异。连续声音印象中的可以识别的差异比率是原始印象客体强度的三分之一。

C. 嗅觉和味觉

嗅觉是一种复杂体系，其构造至今未知。存在大量不同的嗅觉品质，期间还有许多过渡形式，这就是我们现在所掌握的全部知识。而且，毋庸置疑，这一系统是多维度的连续体。

嗅觉品质分成许多类，每类都包含或多或少相互关联的感觉。这一事实没准可以解释这些感觉是如何分解成少数基本品质的。比如，来自醚、香膏、麝香、石油挥发油、香料等的感觉都是嗅觉品质的分类。有时候，源自特定物质的特定嗅觉也可以通过混合其他物体而获得。但是，依然无法将包含在这些嗅觉类别中的大量简单品质简化成数量有限的基本品质及其混合。最终，我们发现很多气味相互中和，等混合到强度适宜的时候，感觉就出现了。能够产生化合作用的物质如醋酸和氨等是这样的，而且在嗅觉细胞之外无法化合的物质如天然橡胶、腊和吐鲁香脂等也是如此。两种刺激在全然不同的鼻子表面发生，一种在鼻黏膜右侧，另一种在左侧，只有这时候才产生中和，因而我们要解决的很可能不是类似于补充色彩所展现出来的现象，而是感觉的双向中心抑制。还有一种事实也不支持中和品质是相互补充的这一观念。一种嗅觉品质能够中和几种迥异的品质，有时被中和的品质反过来相互中和，但是在色彩里只有两种固定品质，它们任何时候都是相互补益的。

人们对味觉的研究要比嗅觉透彻得多，能够区分四种不同的基本品质。其间还有各种各样的又名混合感觉的过渡味觉。基本品质是酸、甜、苦、咸。除此之外，碱性和金属有时也被视为独立品质。但碱性品质同咸相关，而金属品质同酸相关，因此，它们就是混合感觉（碱由咸和甜构成，金属由酸和咸构成）。甜和咸品质相左。当这两种感觉以合适的强度融合的时候，就产生中和感觉（通称“乏味”），即便相互中和的刺激物不会产生化合作用。相应地，在所有可能的二维连续体里，味觉系统在几何学上可以表现为矩形表面，四种基本品质置于四角，不同的混合品质位于四边及内里。

在味觉品质的属性中，我们可以发现化学感觉的基础类型。在这方面味觉没准就是视觉的祖先。很可能如此，因为它同刺激物的化学本质紧密相连，即使感觉之间相互中和也不受影响。通过感觉中和，感觉体系的二维特征相互联系，二维特征不依赖于感觉自身，而在于生理刺激之间的关系，如同热冷那样。众所周知，一些物质的化学效果可以通过其他物质的作用进行中和，这是非常普遍的。我们还不明了哪些化学反应来自味觉细胞的味觉刺激、哪些来自甜和咸的中和。依据感觉和刺激的平行变化原理，我们可以这样总结：甜和咸在味觉细胞中制造的化学反应同样相互作用。考虑到味觉刺激的生理条件，我们只能从中得出这一理论，即对应于相互中和的感觉的刺激化学过程可能在同样的细胞中发生。当然，不排除这种可能性：几种通过相反的反应进行中和的不同过程在同样的细胞中发生。在这方面，通过解剖得到的知识和分别刺激乳突的生理实验没有定论。我们研究的现象是否类似于补充色彩的现象还没有答案。

D. 光线感觉

光线感觉系统由两个子系统组成：非彩色光感系统和彩色光感系统。在这两个系统的品质之间，存在无数过渡形式。

独立地看，非彩色光感系统构成一维系统，和色调线一样在两个品质之间延展。一个品质相邻区域有很多感觉，我们称之为白，另一端称为黑，中间为灰且灰度有别(深灰、灰、浅灰)。非彩色感觉的一维系统不同于作为品质和强度系统的音调，因为每一次从黑到白的品质变化同时也是强度的增强，从白到黑是强度的削减。在这一系列的变化中，每一个点都有确定的品质和强度，这个点称为亮度。相应地，整个系统就成为纯粹亮度感觉的系统。此处使用纯粹这一字眼儿，说明全部色彩感觉都不存在。纯粹亮度系统绝对是一维的，品质和强度的改变都是同一维度。在这一方面，这一系统同色调线的基本差异在于，每个点仅仅是品质的度，每个点本身在强度上存在一系列的渐变。只要我们考虑品质和强度这两个决定因素，简单的乐感就成为二维连续体，然而纯粹亮度系统始终是一维的，即便我们将两个决定因素都纳入其中。因此，整个系统就可以视为亮度系列，如果考虑品质，低度就可以看作黑，在强度上很弱；相反地，高度就是白与强烈。我们对亮度的差别是很敏感的，尤其对于中等强度的差异。亮度比率从百分之一到一百五十分之一，我们用它们来比较两种强度。和声音强度比率一样，亮度比率在相对量级上是恒定的。

如果只考虑品质，色彩感觉也是一维系统。和纯粹亮度系统不一样，这一系统无论从哪一个点出发都会回到这个起点；从一个给定的品质出发，逐渐过渡到一个差异巨大的品质，然后继续前进，品质特征逐渐类似于起点，最终个返回起点。无论是阳光透过棱镜形成的光谱还是彩虹中的光谱，都表明这一特征，虽然并不完整。沿着光谱(图 1.4)，以橙色为起点，相继到达黄色、黄一绿、绿一蓝、蓝、靛蓝，最终到达紫色；在所有颜色中，紫色同红色最像，其次是同红色相邻的橙色。色谱中的颜色线不会回归起点，因为它不包含感觉中的全部色彩。红和蓝紫射线混合成紫，而光谱里没有紫。只有用紫填充光谱，色彩感觉系统才是完整的，这个系统就构成一条回归自身起点的线。用一个圆可以形象地说明，如同图 1.4 中的色环那样。

在这个系统里，当感觉逐渐变化的时候，我们从一个给定的点出发，首先走向相似的感觉然后走向那些极度不同的感觉，最后走向那些同最初品质相似的感觉，但最后的感觉位于相反的一端。相应地，任一色彩必然同其他色彩相关，这些其他色彩构成差异极大的另一端(图 1.1 中的$E'E''$)。这种成对的色彩可以称为对立色彩，在色环中，两种对立色彩位于直径两端。例如紫和绿、黄和蓝、浅绿和靛蓝，都是对立色彩，展示出最大的品质差异。在强度上，不论绝对的还是相对的色彩差异都可以用振动数目表示，它们是毫无规律的，沿着颜色线从一个点到另一个店不停变化。通常强度最大的是黄和蓝，最小的是红和紫。黄和蓝之间还有一个相对低的点就是绿。音调品质及亮度中的规律性在这里并不存在。

色环中感觉位置决定着品质，对品质进行区分的是色调，从乐音感觉那里借用的一个术语。除了色调，每个色彩感觉都有两个属性，一个是彩色特征或者色彩的饱和属性，另一个是亮度。饱和单独针对彩色或者色彩感觉，而亮度属于彩色和非彩色感觉。

我们用饱和来表示色彩感觉的属性，在向纯粹亮度的过渡中，色彩感觉无处不在，因而是连续变化的。饱和这一术语引自过渡颜色客观制造的普通方式，也就是说，无色同有色相融合。任一颜色品质都是一个系列，饱和度逐渐降低，降至终点就是非彩色感觉，因此，饱和度可以看作所有色彩感觉的一个属性，与此同时，通过这一属性，色彩感觉系统同纯粹亮度感觉系统相结合。现在假设我们用色环的中点表示白、灰和黑这样的特殊的色彩感觉，那么，从特定颜色向这种纯粹亮度的特定感觉过渡中产生出各种各样的饱和度数，很明显，这些饱和度全部都可以用通向圆心的半径来表示。所有颜色通向一种纯粹亮度的感觉，这是一种持续的过渡，不同的过渡阶段对应不同的色彩饱和度，这些色彩饱和度用几何方式表现就是圆，圆周是简单色调系统，圆心是纯粹亮度感觉（图 1.4）。在这个饱和度系统的圆形上，可以任选纯粹亮度感觉系列中的一个点，只要白别太亮或者黑不太暗，因为两个极端中饱和和颜色都不存在了。当所有可能的点形成这样的系统时，亮度系统就会补充饱和系统。

亮度是色彩感觉的属性，也是非彩色感觉的属性，对两者都是必需的。在色彩感觉这里，亮度既有品质又有强度。从一个给定的级别出发，如果亮度增加，每种色彩在品质上都会趋向白色，同时强度增加；如果亮度降低，色彩就趋向黑色，强度降低。由此，任一色彩的亮度构成一个有强度的品质系统，类似于单纯亮度系统，只有在黑白之间的非彩色渐变区，存在相应度数的饱和。一个点上存在最大饱和，分出两种相反的方向：正向趋于白色，感觉的强度提升;反向趋于黑色,感觉的强度变弱。两种方向都有在各自的极限,一端是白色,另一端是黑色;前者是最大强度,后者强度最小。很明显,每种颜色都有中等亮度,此时饱和度最大。在这个点上也有两个方向,正向上饱和度降低,就是说亮度增加的时候趋向白色;而反向上亮度降低,趋向黑色。每种颜色中饱和度最适宜的亮度并不相同,但都是从红色趋向蓝色,因此,红色强度最大,蓝色强度最小。这就解释了这种现象:微光中,亮度较小,蓝色调比如优化依然清晰可见,而红色调看起来有点黑。

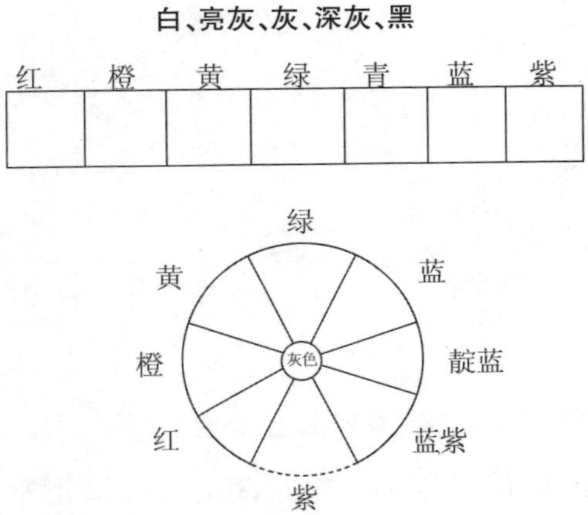

图 1.4　色谱和色环(红、橙、黄、绿、蓝、靛蓝、蓝紫、紫)

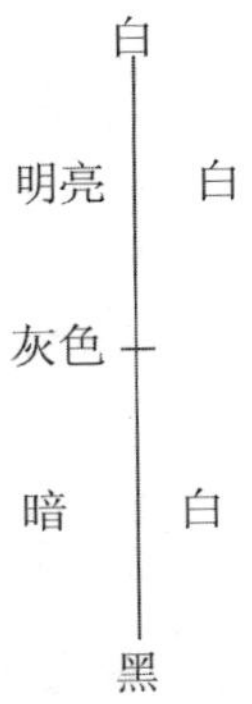

图 1.5　纯粹亮度感觉系统

如果我们暂时忽略不同颜色的最大饱和度与亮度线条的略微不同的关系,考虑到色彩趋向黑与白的渐变性,我们可以用图 1.5 中最简单的形式来表现饱和度与亮度的总体关系,也即彩色亮度感觉和纯粹或者非彩色亮度之间的总体关系。我们先画一个圆,用它来表示纯粹色调系统也就是饱和度最大的色彩系统(图 1.4)。接着我们垂直画一条直线穿过圆心,用来表示纯粹亮度(图 1.5),这样就把这个圆平面一分为二,表示色彩饱和度最小的纯粹亮度感觉。同理,另外的色环代表亮度的增加和降低,位于表示最大饱和度的圆形的上方和下方,沿着这一直线呈现合适的角度。必须呈现出这些圆中色彩饱和度的降低,可以通过缩短其半径;和在第一个圆中一样,距离圆心越短,饱和度越低。圆连续相继,半径越来越短,直至亮度线条的两个终端,在那里圆形完全消失。这就印证了这一事实:对于任何颜色,最大亮度对应白色感觉,而最小亮度对应黑色感觉。但必须意识到这些感觉的实际并存只有通过最小亮度才能得到实证。亮度越接近最大越对人的眼睛有害,以至于趋向白色的时候往往适可而止。

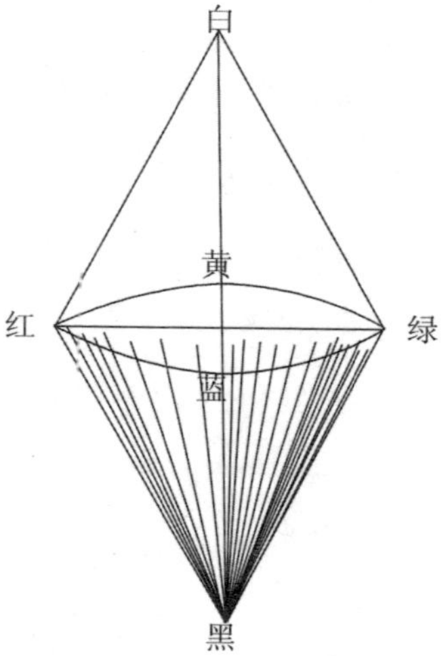

图 1.6　色调(白色、黑色、红色、黄色、绿色、蓝色)

整个色彩感觉和亮度感觉的系统可以用一个封闭的立体图形来表示,两个锥体底面重合(图 1.6),一个顶点对应最暗的黑色,另一个表示最亮的白色。光感系统是三维的封闭的连续统一体,在这些几何图形中得到充分表现。任何光感都有三种决定性特征,即色调、饱和度和亮度,这就决定了光感系统的三维特征。在色彩变化的完整系列中,有两个受限案例,就是纯粹无色亮度感觉和最大饱和的色彩感觉。色彩感觉可以单独用一个圆表示,无色亮度品质周边是和饱和度相同的纯粹亮度感觉,这两个事实说明光感系统是封闭的。纯粹的品质变化只有色调和饱和度的二维变化,而第三维度即亮度感觉直线上的变化同时属于品质和强度两个层面的变化,这是光感系统的独特之处。由此来看,有必要通过整个三维系统来展现完整的光感品质特征。但是这个系统不仅包含品质特征,还包含感觉强度。

在这个系统中需要强调几个基本感觉,因为我们用它们作为参照来处理其他部分。这就是非彩色系列中的白与黑，彩色系列中有四个基本色彩：红、黄、绿、蓝。达·芬奇最先指出彩色系列四种色彩的重要性。在语言进化的早期阶段，只有这六种感觉有着清晰的称谓。其他感觉要么以它们为参照，要么干脆对它们稍加修改进行使用。就这样，灰色在非彩色系列中介于白与黑之间。我们参考亮度来表示不同的饱和度，如白和黑、明和暗、色调等；对于这些基本色彩之间的色彩我们一般用复合名称，如紫红、橙黄、黄绿等。通过它们的组成就能知道它们是后来才出现的。

从上述六种品质的名称起源可以得出这样的结论：它们是视觉的基础品质，其他品质源于这些基础品质：灰是黑与白的混合、靛蓝和紫是蓝和红的混合等，不一而足。在心理学上，没有必要通过比较来命名派生光感。灰和黑白一样都是简单感觉，橙和紫这些色彩和红、黄一样也是简单颜色，因此，纯色和白色之间的任一饱和度绝对不是混合感觉。这个系统是封闭的连续统一体，在语言上有必要参考其他成熟的感觉表示明显差异，原因很简单——不可能发明无数个称谓。黑白表示最大差异，很自然地，可以用它们作为参考来表示非色彩系列。一旦确定黑白，其他非色彩感觉就可以看作两者之间的过渡感觉，因为黑白之间的差异可以通过一系列亮度来连接。色彩感觉与此相类，只是存在一个区别：因为色彩序列以色环表示，所以无法直接选取差异极端的两个点。除了品质差异，在选择基础色彩的时候还要考虑其他决定性因素。这些因素有频率和光感的情感强度，我们可以将其归因于人类经验的自然环境。鲜血的红色、蔬菜的绿色、天空的蔚蓝、同天蓝形成鲜明对比的身体的黄色，都说明很有必要一开始就确定基础颜色。语言命名并非源自制造感觉的客体，恰恰相反，而是源自感觉。此处也是如此，一旦确定基础品质，在这个连续统一的感觉系列中的其他部分就成为居间色调。假设不是这样设立条件而是通过其他方式，那么红色就成了紫和橙之间的过渡色，如同现在橙是黄和红的过渡一样。①

光感系统的属性格外特别，基于此，我们甚至想当然地以为刺激的客观过程与心理属性之间的关系根本上有别于我们先前探讨的感觉系统中的关系，尤其是一般感觉和听觉。在这方面最显著的是色彩系统和乐音系统的差异。在乐音系统中，感觉和刺激之间的平行性原则不仅适用于刺激的心理进程，还在很大程度上同样适用于物理进程。简单感觉对应简单形式的声音振动，一束简单感觉对应复合形式的振动。况且，感觉强度随着振幅成比例地变化，感觉品质随着形式变化而变化，因此，在两个方向上感觉之间的主体差异随着客体物理刺激之间差异的增加而增加。和声音一样，光线也由一定介质的振动构成。的确还不明白这些振动的实际形式，但通过物理实验我们知道它们由短且快速的波浪组成。光波波长为393～688纳米，频率为每秒4500亿至7900亿次。光线和声音类似，简单感觉对应简单振动，也就是相似波长的振动；感觉皮质随着波长和频率而持续变化。由此，红对应最长且最慢的声波，紫对应最短且最快的声波，两者之间是其他一系列色调，随着波长而变化。然而这里要注意红与紫的基本区别，两者在波长方面差异最大，但在感觉上相似度要高于两者之间大多数的色彩②。形色感觉与非形色感觉还有其他区别。其一，如同我们研究亮度感觉时所指出的那样，物理振幅的任何变化都对应强度和品质上的主体变化。其二，尽管由不同的振动构成，所有光线都是简单感觉，都类似于只有一种波浪组成的光线。如果我们对彩色感觉和非彩色感觉进行主体对比，立马就能发现这一

① 从感觉的命名进行推断也存在同样的错误，基于这种错误产生这样的论断：蓝色的感觉的出现要晚于其他色感，因为蓝这个术语和暗这个术语在语言上是一样的，仅仅指示不同而已，即便荷马也是如此认为。荷马时代，野蛮人的语言还没那么丰富，对颜色的命名远逊于希腊人，野蛮人的色彩感觉赋予我们充分依据来推翻这一论断。

② 很多物理学家认为不同音高的乐音之间存在类比关系，因为所有乐音在八度音上都相似。这种相似性我们会在§9中进一步探讨，但它在简单乐音之间不存在，而是依赖所有复合乐音中八度音的实际同频振动。色彩序列中的间隔对应不同的乐音间隔，企图用这种发现证明乐音的类比关系，还有其他企图都是徒然的。

点。由此得出:物理简单的光线不仅能产生彩色感觉,还能产生非彩色感觉,因为当振幅增加的时候,来自简单光线的感觉趋向白,振幅降低则趋向黑。因此,非彩色感觉的品质不会千篇一律地确定其根源;这种感觉可以通过改变光线振幅获得,还可以通过混合不同波长的简单振动获得。但是,如果改变振幅,这就离不开亮度的变化,而混合振动不会导致亮度的变化。

即便亮度保持稳定,一种非彩色感觉也可能拥有多种根源。一种纯粹亮度拥有特定强度,这种纯粹亮度的感觉不仅源自阳光中不同频率的振动的混合,比如大白天的光线,而且源自两种光波根据适当比例进行混合。纯粹亮度的感觉需要这些光线,这些光线对应截然不同的主观感觉,比如对立的颜色,或者至少在品质接近对立的颜色。只要两种颜色混合后产生白色,它们就称为互补色,如红与绿蓝、橙与天蓝、黄与靛蓝等(图 1.4)。

和非彩色感觉一样,每一种色彩感觉都有一种根源,虽然程度受限。两种颜色在色环上临近而非对立,当它们混合的时候,不会出现白色,而是以一种品质简单的颜色,在这两种颜色之间,当混合成分接近互补色的时候,混合后产生的颜色的饱和度剧烈降低;但当混合色彩相互接近的时候,就不再观察到饱和度的降低,混合后的色彩和相应的简单色彩看起来没什么大的变化。因而,橙跟红与黄的混合相差无几。如此一来,混合红与绿可以得到两者之间的所有色彩,混合绿与紫可以得到两者之间的所有色彩,甚至可以混合红与蓝紫来获得不在光谱中的紫。从红、绿、蓝紫这三种客观颜色可以获得感觉中可能存在的全部色彩。同样地,我们也能获得白色。红与蓝紫的混合得到紫,这是绿的互补色,将紫与绿进行混合,再通过不同比例、不同饱和度跟其他颜色混合,就能得到白。

通过这种方式,三种客观颜色可以产生整个光感系统,这三种颜色称为基础颜色。可以通过一个表示饱和度系统的三角形而不是一个仅仅表达生理学关系的圆形来说明它们的重要性。三个角表示三种基础颜色。三个边表示饱和度最大的色调,三角形的表面是不同的饱和度,向白色过渡,白色

是三角形中心(图 1.7)。理论上,任何三种颜色都能作为基础颜色,如果它们三者等距的话。但实际上,红、绿、蓝紫作为基础色彩更加理想,因为随着振动,光谱感觉两端变化最为缓慢,所以当光谱的极端颜色用作基础色彩的时候,混合两种相邻的颜色得到的颜色更为调和,更加单纯。①

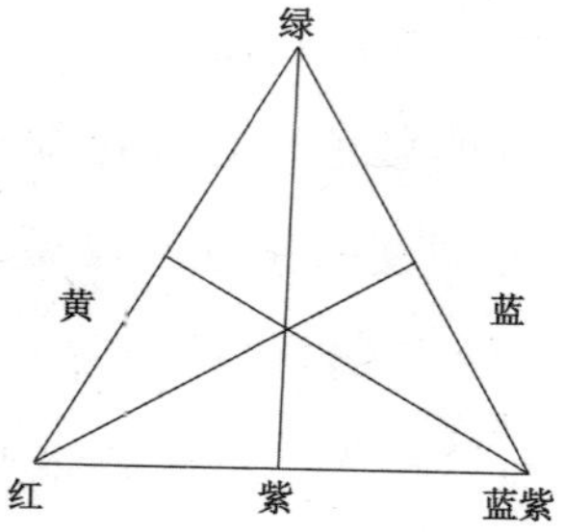

图 1.7　**颜色三角形**

这些现象说明,在光感系统中,物理刺激和感觉之间没有简单关系。这不难理解,前文讨论过生理刺激的特征。视觉归于化学感觉,我们期望的简单关系只存在于视网膜光化学进程和感觉之间。现在,我们通过经验知道不同的物理光线能够产生化学分离,这从总体上解释上述的可能性:从不同光线中获得同样的感觉。根据生理刺激和感觉变化之间的平行理论,不妨做出如下假设:造成同样感觉的不同物理刺激都能在视网膜上造成同样的光化学刺激;光化学进程的类别、变化与感觉的类别、变化同样繁多。光感需要物理条件,实际上,我们现在所掌握的有关这些生理条件的知识都是基于假设的。对光刺激生理进程的研究并未带来进一步的成果,如同化学过程中的刺激存在无限可能一样。

光感的产生需要较长时间,刺激消退后光感的后续效应也较长,这些都基于此种假设:光刺激是在视网膜里的化学过程。光刺激需要持续作用,才能产生尽可能明显的感觉,对于无色光来说这个时间平均是0.268秒,有色

① 在绿色周围的区域,不存在这一优势,混合后的颜色的饱和度要比中间简单色低。这清楚说明了选择红、绿、蓝紫作为基础色彩是最实用的,而不是武断的,这也符合几何学原理:在同一平面上,对有限数目的点进行闭合,最简单的图形就是三角形。

光需要 0.530 秒，不同的波长差异很小或者没有差异。对于强度不同的光来说，这些间隔都是一样的。要刺激出无色感觉需要时间较短，而有色感觉时间较长，这就正确地说明无色刺激过程与有色刺激过程之间存在基本差异，同时，针对所有颜色的时间间隔是整齐划一的，表明这些过程之间关系密切。刺激的后续效应与此类似，由于客体是刺激的源泉，后续效应通常体现为后像。首先，后像的亮度和颜色同客体一样：客体颜色是白色的时候它也是白色，客体是黑色它也是黑色；如果客体是彩色，那么它也是同样的彩色。这些都是正向的色彩相同的后像。在非彩色感觉中，后像消逝一小段时间后，亮度趋向相反，比如白变为黑，或者黑变为白；在彩色感觉中，变为互补色的对立面。这些是负向的互补后像。黑暗中，光线短暂地刺激眼睛，正向后像变为负向后像会反复数次。第二波正向后像紧随负向后像，如此反复，就这样来回振荡。正向后像可以由此得到解释：任何光线都会导致光化学裂变，这一裂变在作用之后会短暂延续。负向补充后像可以如此解释：特定方向上的裂变造成关联性最强的光化学物质被部分消耗，进一步造成视网膜持续受到刺激的时候光化学过程相应改变。这一观点已经确认，因为后像在视网膜上持续变化，突然出现的光线不断刺激视网膜，出现的效果始终是新刺激与后像之和，也就是说，新刺激加上后像的残余在不知疲倦的视网膜上造成效果（费克纳—赫尔姆霍兹，负向补充后像法则）。彩色后像沉淀物频率与非彩色后像沉淀物频率不一样。不管何种颜色，所有彩色后像的频率都一样。

颜色感应与光感应这些现象同正向、负向后像密切相关。在这些现象里，亮度对立的感觉和光印象邻近区域的颜色感觉同时出现。其中，正向光感应相对少见。视网膜的一部分遭受强烈刺激，而其余部分全然不受影响，此时正向光感应最为明显。此时，正向光刺激或者色彩刺激似乎朝着未受刺激的区域进行蔓延。剩下的就是与此相对的感应形式了，也就是负向感应。由于负向感应的缘故，白色平面看起来有一圈暗边，黑色平面边缘是明亮的，彩色平面的边缘是互补色。而且这些现象还伴随心理对比现象，心理对比现象从属于我们后面会探讨的一般原则，即对立强调原则。实际上，“对比”这一术语作为以一种规则适用于生理影响和心理影响相融合的综合效果。生理影响和心理影响无法割裂，所以一定程度上有必要使用“对比”这一字眼儿，但对于生理因素使用“感应”激发更合适，心理因素可以保留对比术语。心理因素完全契合对立面的心理强化，对立面在对方范围内得以体现，尤其是时空观念及情感。在纯粹的生理学意义上，光感应和色彩感应可能在于一种刺激的负向光渗，其中刺激不是以适宜的品质直接迈向相邻区域，如同正向感应那样，而是在相邻区域激发特征相反的刺激过程。这种负向光渗可能归因于此：其他类似的物质从周围区域流入，用于刺激视网膜某一区域的光化学物质某种程度上被替代。周围区域被淘空，如果这些区域发生光印象，那么后果就跟最初受刺激区域上的后像带来的效果一样。光印象强度增加能够强化效果，这种情况可以解释感应与后像的关系。但正是在这一点上，光感应的生理过程和归类不当的心理对比过程出现了基本差别。后面我们还会涉及这一基本差别。

如果我们将感觉与生理刺激的平行原则作为在视网膜中发生的过程的假设基础，我们可能会做出这样的总结：对应彩色感觉和非彩色感觉的光化学进程相对独立，类似于相关感觉之间的相对独立性。以此为基础，需要解释两种情况：一种属于主观感觉系统；另一种属于颜色混合的客观现象。前者是这样的：当亮度显著降低或增加的时候，所有的色彩感觉都趋向纯粹亮度的色彩感觉（图 1.6）。这很容易理解，只要了解这一点：所有的色彩刺激都有两种生理成分，一种是彩色刺激；另一种是非彩色刺激。对这一假设还得附加更多的条件：对于中等强度的刺激，彩色成分最强大；而对于过强或过弱的刺激，非彩色成分随着强度的增加或者降低会越来越强大。第二种情况是互补色。这也很容易理解，因为相反的颜色在感觉上差别最大（图 1.4），它们依靠客观的光化学进程相互中和。中和作用促生非彩色刺激，这同

样容易理解，因为我们可以这样假设：这种非彩色刺激从一开始就伴随所有的彩色刺激，因此，截然相反的彩色刺激相互抵消后就产生了中和。彩色光化学进程和非彩色光化学进程之间相对独立，视力异常支持这种假说——视力异常有些是天生的，有些是视网膜病理变化，即完全色盲。所有的刺激无论是作用于视网膜的全部还是视网膜的部分，都被看作非彩色亮度。这就印证了这一事实：彩色和非彩色刺激是各自独立的生理进程。

如果我们将将平行原则用于彩色刺激，两个事实就会自动现身。第一，两种颜色之间距离很短，混合之后就产生一种类似中间简单颜色的颜色。这说明颜色刺激是一种物理过程，但不是和乐音刺激那样是持续的，而是短暂的；相近的颜色混合后体现出互补行为的鲜明效果，此时红与紫的阶段要比绿的长。第二，一些颜色的刺激存在很大差异，这些颜色就是互补色，明显依赖相互的中和过程。现在，需要强调的是，只有当化学过程相互对立的时候，它们才能中和；任何一种在感觉中能够识别的颜色都具备对立品质，在颜色刺激的光化学过程中，必然存在互补行为的时间段。整个系列的彩色刺激从红开始，到蓝紫，再穿过混合紫回归原点，同时光线波长持续变化，形成光化学裂变的无限序列。所有和谐进程构成一个闭环，在任何阶段上都有对立中和，并且存在两种中和方向。

这个闭环中有多少光化学阶段，我们一无所知。人们做过很多尝试，力图将所有的感觉化解成最小的阶段，但都没有找到充分依据。有时试图不加区分地将物理的色彩混合效果转化成生理过程，好比红、绿、蓝紫三种基础颜色的假设那样；通过对基础色彩各种各样的混合，就能产生全部光感，连非彩色感觉也不例外（杨格赫尔姆霍兹的假设）。有时从并不可靠的心理学假设（这种假设认为色彩的命名并非受到一些外部客体的影响，而是感觉自身的真实意义）出发，进而认为四种基础颜色构成所有色彩感觉的源泉。这四种颜色分成两组，一组是红和绿，另一组是黄和蓝，附加其上的是一组纯粹亮度的黑白感觉。其余全部光感比如灰、橙、蓝紫在主观和客观上都被

看作混合颜色(赫林的假设)。论据大部分来自不常见的部分色盲。认可三种基础颜色的人们确信所有实例都可以这样解释:要么红、绿和蓝紫的感觉统统缺失,要么部分缺失。那些认可四种基础颜色的人坚信部分色盲始终包括两种相对的基础颜色;因而,色盲要么是红绿色盲,要么是红蓝色盲。对色盲进行毫无偏见的考察后,发现这些论调都站不住脚。三色论无法解释整体色盲,而四色论同单纯的红色盲和绿色盲相矛盾。最后,两种理论都被确实存在的事实推翻了:不符合三种颜色或者四种颜色的其他颜色看上去是无色的。倾尽所知,我们唯一能确认的就是:非彩色光化学过程和彩色光化学过程的合并会造成任一简单光感。当光线更强,非彩色光化学过程主要是裂变过程;光线变弱就是补偿过程。所有的光化学颜色裂变系列共同构成过程闭环,在这个环中相距最远的阶段中的裂变产物互相中和,就这样,彩色过程在不同阶段不断变化。[①]

在视网膜中发现各种各样的变化,它们是光作用的产物,这些变化都支持光化学过程的假说。这些变化逐渐进入无色状态,首先是物质的变化,在视网膜中,这种物质没有暴露在光线之中,成为紫色(比视觉上的紫色要淡);其次,感觉元素(视杆细胞和视锥细胞)间的有色原生质进行微妙运动;最后,视杆细胞和视锥细胞的形状改变。将这些现象用于光刺激的生理学原理,不论方式如何都是欠成熟的。我们现在能得到的最可靠的结论就是:视杆细胞与视锥细胞的形式差异同功能差异相关。人的视网膜的中心是直接视觉区域,只有视锥细胞,周围区域则是视杆细胞。因此,在看不见紫色的中心区域,颜色分辨能力要比周围区域更加完整;且越到边缘,就失去了颜色分辨能力,但是对亮度的感知能力远大于中心区域。与此类似,黑暗之中,视网膜对亮度变化的感知增加了,但随颜色的感知降低了,导致色彩强

① 四色论的捍卫者进一步假设:两种对立色接收明暗的非色彩刺激后发生关联,也就是说,其中一种颜色来自光化学裂变(异化作用);另一种来自补偿(同化作用)。这同实际情况相矛盾。互补色的混合主观上造成色彩感觉的压制,而另一方面,黑与白的混合造成中间感觉——灰。

度格外微弱;黑暗中视物都是没有颜色的,物体根据自身亮度通过同周围环境的对比而显现,非黑即白。这就是视网膜的黑暗适应。黑暗的程度不同、眼睛暴露在黑暗中的时间不一样,这些都会带来不同程度的黑暗适应。在黑暗适应过程中,对色谱底端颜色即红黄的感知力迅速降低,远远快于对色谱上端颜色即蓝与蓝紫的感知力的降低,20～30 分钟就完全适应黑暗了;对颜色的感知降低,但同时,对亮度的感知平稳提升。其原因可能在于视杆细胞和视锥细胞的光化学过程直接关系到这些现象,视锥细胞是色彩感知的基本器官,视杆细胞是亮度感知的基本器官。然而,很明显,这种功能区分并不绝对。

§7. 简单情感

简单情感的起源远比简单感觉复杂。除非通过或复杂或简单的观念过程，我们几乎不曾察觉到这些情感，在主观上往往无法分析。比如，和声情感与单一音调的情感一样简单。两者唯一的基本区别在于符合简单感觉的情感可以轻易地从相互作用中区分出来；简单情感相互作用，构成一部分经验，抽象方式跟研究简单感觉时所用的方式一样。另外，这些情感同一些复合观念相关联，从来不能与这种情感割裂：这种情感作为感觉因素的主体补充进入复合物。比如，*C*、*E*、*G* 和弦的和声情感不能同单独的 *C*、*E* 或 *G* 和弦的简单情感割裂。实际上，后者称为背景，我们在后面会详细探讨，它们一直同和声情感融合，构成一种统一的整体情感，但它们从来无法消除。

与简单感觉相关的情感通常被看作感觉情感，或者感觉的情调。这两种表达都有两种截然不同的误解。通过“感觉情感”，有人不仅从中看到可以经过抽象而独立出来的直接经验的成分，而且更重要的是，从中发现独立于其他元素的组成部分。另一方面，“情感状态”可以说明一些情感品质是感觉的固定属性，和“色调”一样是色彩感觉所必需的决定因素。然而实际上，和离开乐音感觉就无法生存的和声情感一样，感觉情感也不能离开感觉。有些情况中情感伴随痛苦、压力、热冷的感觉，有些情况中情感伴随肌肉感觉，它们都称为独立的感觉情感，这源于感觉与情感概念的混淆，这种混淆屡见不鲜，在生理学中表现得格外明显。因而，诸如触摸这类感觉也和“情感”混作一团；而且，在有些伴随强烈情感的感觉如痛苦的感觉中，感觉与情感的区分干脆忽略不计。把一种特定感觉归于一种有着鲜明品质和强度的情感并作为这种情感的属性，这种忽视并不妥当。事实真相在于：任何情况下，感觉只是在特定时刻出现何种情感的决定因素之一。除了感觉，感觉发生之前还有其他过程，还有一些其他的固有条件起着特殊的片面的作用，它们都发挥基础作用。因此，无论是“感觉情感”还是“情感状态”，这两种概念都具有双重含义，都是分析和抽象的产物：首先，我们必须考虑到与之相伴相随的、纯粹感觉隔离开来的简单情感；其次，我们必须从不断变化的情感元素（在不同的状况中同一种特定感觉相关）中挑选出最稳定的元素，挑选出影响最微弱甚至没有影响（扰乱或者复杂化感觉的简单效果）的元素。

如果我们牢记感觉与情感概念的心理学意义，简单情感就能较为轻易地遇到。但第二种元素就很难了，尤其在高度进化的感觉系统中，也就是在听觉和视觉系统中，不可能全然消除那些间接影响。例如，一想起绿色植物就不可避免地产生绿色感觉，而且伴随绿色植物这一感念还有复杂情感，这些情感的特征根颜色本身的情感状态毫无干系，因而当绿色印象出现的时候，无法直接确定情感到底是纯粹的情感状态还是观念产生的情感，抑或二者皆有。

由于很难确定这些元素，很多心理学家就否认任何形式的纯粹情感状态的存在。他们认为任一感觉都会催生观念，任何情况下都是这些观念催生感觉的情感活动。但针对光线感觉发生条件所进行的对比实验的结果都不支持这一观点。如果相伴而生的观念是唯一的情感源泉，那么，当印象的感觉内容和观念内容最相似的时候，情感必然最为强烈。事实绝非如此。当饱和度达到最大的时候，一种颜色的情感状态最浓郁。在漆黑一片中观察到的纯色具备最强烈的情感状态。然而，这些颜色一般不同于观念所指向的自然客体的颜色。从观念中获得乐音情感同样证据不充分。不能否认从单独的音调中产生熟悉的音乐观念，然而，一些音调品质通过一定的持续性表达特别的情感，比如，深沉的音调表达肃穆与哀伤的情感，只有这样才

能理解这种持续性:相应的情感品质属于简单的音调感觉,而不是属于相应的观念。就这样,争论进入了一个怪圈,当味觉、嗅觉和一般感觉的情感状态指向相伴而生的观念时,这一怪圈更加明显。例如,以前经历过一种味觉,留下或愉悦或不快的印象,一旦再次经历就会唤起同样的印象,愉悦或者不快的状态就会得到加强。

简单情感的变化多姿多彩。复合特别的感觉系统的情感组成一种情感系统,因为总体上情感状态在品质和强度上的变化同感觉的品质或强度变化平行进行。同时,情感系统的这些变化与同期发生的感觉系统的变化有着根本上的不同。因而,一旦感觉强度有变,情感状态不仅在强度上有所变化,品质也会发生变化;如果感觉品质变化了,那么情感状态在品质和强度上都会发生变化。例如,甜的感觉提高了强度,从愉悦逐渐转向不快。要么,甜的感觉缓慢地变成酸或者苦,强度保持不变,那么在同等强度下就会发现,酸产生的情感要强于甜,而苦产生的情感更强烈。总之,感觉上的任一变化通常伴随情感的双重变化。情感状态在品质和强度上的变化互相作用,相互作用的方式遵从这一原则:一维的情感变化序列在对立的两极之间进行。这跟相对应的感觉变化不一样,感觉的变化程度不同,在最大和最小的差异之间进行。

依据这一原则,情感品质的最大极端和最强烈的情感强度都要符合感觉品质的最大差异。两极距离中央是均等的,要么至少是大约均等的,对应相反品质的特殊性。如果两个对立端属于一维,那么中间点就没有任何强度。仅当相应的感觉系统是绝对的一维的时候,才能发现这种强度的缺失。在所有其他情况下,存在差异的感觉序列的中间点同时还隶属于其他的感觉维度,或者同时隶属于其他多个维度,其中它具有明确的情感价值。例如,黄和蓝是对立色,情感状态也相反。沿着色条缓慢变化,绿就是黄和蓝的中间色。但绿自身在情感上和红相对,而且,绿和所有的饱和色彩一样,是一个色系的极端,这个白色系由一系列过渡阶段构成。再者,简单音调感觉系统构成只有一个维度的连续统一体，但相比其他情况，这种情况下更加不可能通过抽象将相应的情感状态分离出来，就像我们对纯粹感觉所做的那样，因为在实际经验中，我们不仅要应付音调系列，还有一系列简单音调向噪音的过渡需要处理，噪音由多得不能再多的简单音调构成。产生的后果是这样的：任一多维感觉系统都有相应的复杂的情感状态系统，其中任一点一般都同时属于几个维度，因而要想在经验中发现对立情感之间的中间点，需要在这些特殊情形中寻找：特殊感觉的情感状态符合所有维度的中间点，中间点属于这些维度。只有在这种情况（这一特殊条件具有特别的实际价值，协助情感过程不受干扰地完成）中，对于多维感觉系统，尤其是视觉和听觉系统，这一特殊条件完全可以满足，至少大部分能够满足。视觉是中等亮度的感觉，彩色饱和度较低的感觉构成情感品质的中立区，并且接近视觉；听觉是对我们日常环境的听觉印象，在特征上介于乐音和噪音之间（如人声）。在这些区域的两侧诞生感觉品质更明显的、强度更大的情感状态。

情感品质和强度与不同程度的感觉强度同步，它们的变化更简单。它们在一般感觉的多种感觉系统中最为清晰。每种系统从头到尾品质都是统一的，可以很明白地用一个点这种几何方式表现出来，因而唯一可能的感觉变化就是强度上的变化，且仅表现为对立面之间的一维系列的情感变化。相应地，在这些情况中总是能轻易地识别中立区。中立区属于压力、热和冷的中等感觉，中等感觉同普通感觉刺激的正常和中等强度相关联。这一区域两侧的简单情感表现出鲜明的对立特征，一侧归于愉悦情感；另一侧归于不快情感。唯一能够通过提高感觉强度而产生的情感是不快情感。一般感觉系统的中立区适应中等刺激之后，开始扩展，当刺激变弱，原则上只有一系列强度和品质明显不同的感觉才能产生显著的情感。在这些情况中，愉悦情感总是符合中等强度的感觉。

在嗅觉和味觉方面，无须对比就可以很好地观察到感觉强度和情感状态的有规律的关系。首先，伴随微弱的感觉产生了愉悦情感，随着感觉强度的提升情感趋于最大化，然后进入中等感觉强度，此时情感降至零，最后，强度依然增加，等到情感强度最大化变成不快情感。

简单情感品质的变化看起来是无限的，至少要比感觉的变化广泛。其原因有二：其一，任何多维系统的感觉同时属于多个情感系列；其二，也是主要原因，多种形式的感觉融合造成不同的混合物，如强度、时空观念等，并且在情感和意愿的发展过程中还存在不同的阶段，这些混合物及不同阶段都有相应的情感，这些情感都是不可简化的，因而必须归于简单情感。

令人分外遗憾的是，简单情感的命名要比感觉的命名更加模糊不清。情感的正确命名完全局限于一些一般对立物的表达，如令人愉快的和令人反感的、严肃的和活泼的、兴奋的和安静的等。这些名称通常建立在情感基础上，情感进入感情成为其元素，而且这些名称如此宽泛，每个名称都包含大量具有不同特征的简单情感。在其他情况下，特征类似情感的复杂观念的命名用来描述同简单印象相关的情感，如歌德对色彩的情感状态的说明，很多作家都探讨过音乐同情感的关系。语言很匮乏，无法为一些情感提供特别的命名，这是情感主观本质在心理学上带来的后果。实践生活的动机带来对客体及其属性的命名，这些动机十分匮乏。根据语言的匮乏而断定情感品质的匮乏，这是心理学的致命失误，因为从一开始就没法深入研究综合情感过程。

这些困难导致根本不可能列出简单情感品质的完全目录，也不可能提供完全的简单感觉的目录。另外，为什么无法形成这种情感清单还存在其他缘由。情感自身的本性决定了情感不是独立系统，和乐音、光线、味道等感觉不同，情感是一个多样化的独立体，各个组成部分相互维系。然而，在这个情感独立体中，无法区分不同的主要的情感系列和维度，两个终端相互对立，具有各自的鲜明特征。这些系列和维度的命名表明它们的对立性。每个名称都是集合名称，包含各种各样互补相同的情感，这些情感各自都有着并不的分明的个体特征。

这些主要维度可以分成三类(图 1.8)。我们称之为愉悦和不快情感(a、b)、激发和抑制情感(c、d),还有紧张和放松情感(e、f)。所有实际存在的存在的情感要么属于三个系列,要么属于其中两个,要么仅仅属于其中一个。如果仅仅属于其中一个维度,那么就有可能区分不同的趋向。图 1.8 中的 N 为无差别中立点,代表基础情感品质。三条线代表穿过这一中立点的情感的三个维度。一种给定的情感就位于其中一个或者多个维度上。

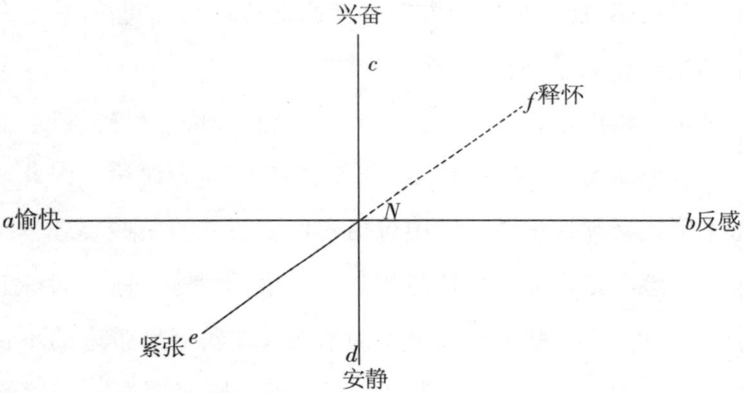

图 1.8　三维系统表示的情感

同一般感觉、气味和味道印象相联系的情感可以视为纯粹愉悦和反感形式的优秀实例。例如,痛苦的感觉通常伴随不掺杂其他情感形式的负面情感。和纯粹感觉相关的激发与抑制情感在颜色与音乐印象中表现得最为明显。因此,红色是激发情感,而蓝色是抑制情感。紧张与放松情感一般与注意力过程相关。因而,当我们期待一种感觉印象,我们就体会到紧张情感;一旦所期待的事件发生了,我们就如释重负。期待与满足同时伴随兴奋和特别情况中的或快乐或不快的情感。但其他情感可能不存在,并且紧张与放松被认为是无法简化分解的特别形式,而其他形式是不同的、分离的。非常多的情感中存在不止一种情感倾向,然而这些情感和前面提及的情感一样在品质上是简单的。因而,严肃与愉快的情感有着音调或高或低的感觉印象、有着色彩或明或暗的感觉印象,被看作独特的品质,这些品质无论在愉悦和不快维度还是兴奋与压抑维度都是在中立区之外的。这里我们千万不要忘记愉悦和反感、兴奋和压抑并非某个情感的品质的命名，而是维度或者系列的命名，因此，严肃的不快品质不仅有别于痛苦触摸、音调不一致等品质，而且不同的严肃情况中品质也是不同的。另外，在音乐节奏的情感状态方面，愉快与不快的情感系列同压力与放松的情感系列结为一体。在这些情形中，连续的、有规律的紧张和放松造成愉悦，一旦打破这种规律性就趋向对立的情感，比如当我们失望或者惊讶的时候。同样，在一些环境中节奏带来的情感要么是兴奋，要么是压抑。

在三种情感维度中，总体上得以确认的只有愉快与反感维度，其他往往被当作情感。但感情是情感的融合，我们将在§13中讨论。因此，很显然，感情的基本形式必须在情感元素中包括它们的祖先。一些心理学家认为愉快和不快的情感不是涵盖大量情感的集合术语，而是一种具体状态的统一，比如，牙痛带来的厌烦、智力衰竭带来的憎恶及痛苦经历带来的不快在情感内容上都是相等的。另一方面，其他心理学家力图辨明同特别感觉相关的情感，尤其是同皮肤感觉和肌肉感觉相关的情感。这种理论一旦遇到复杂感情中的问题就束手无策了，如贯穿美学和伦理学的复杂感情，另外，如果从反科学主义的心理学中借鉴阐释学的唯智论模式，同样会遇到这些问题。在后者中，美学效果完全被逻辑思考掩盖，进而确信这些逻辑思考自身就是美学效果。更有理由相信列入主要情感倾向分类或者维度分类（快乐和不快、兴奋和压抑、紧张和放松）中的六类情感本身就是简单的具体的品质，能够通过不同比例和强度的融合甚至融合本身导致感情的品质差异。这种观点被下面的实验验证：当一些人进入部分催眠状态，随后为了对情感进行主体分析而设置特定条件让他们集中意识。麻醉状态中意识集中可以帮助区分主要的情感倾向，但是毕竟妨碍了完整分析。在所有场合中，六种统一的基础品质这一假设同简单色彩情感和乐音情感的特征属性相冲突。例如，一个人将他正在观看的天蓝色换成靛蓝，无论是天蓝还是靛蓝他都能感受到特别的沉静，但两者程度有别，很难将其归因于掺杂了其他情感。基于三对简单情感的假说，充分阐述同复杂印象相关的情感更加困难。同样，要想透彻地说明同乐音相关的情感也格外困难，如音调有多次间隔令人愉悦，这种愉悦不仅随间隔次数的变化而变化，而且在品质上也不一样。显然，对这些细微差别在术语上进行精确区分缺乏适宜的命名，因而难上加难；况且，不能因为缺乏术语就确定没有对应的情感，在这种情况下更要谨慎：好多证据表明即便缺乏术语也能充分理解。不妨借助感觉案例来理解理解这一观点。感觉的术语比情感的术语多得很，因为频繁使用这些术语来指代客体。但即便这是真的，感觉术语还远远不够，无法指代主观上区分开来的不同品质，尤其是乐音、光线和颜色。

特殊的生理过程是否符合简单情感，这一问题要比感觉方面相似的问题更难回答。为了寻找这些过程，需要从情感的主题本质出发，别指望在有机体中从外因直接产生的过程中找到它们，就像感觉中所做的那样，我们必须多加重视从初始过程中间接产生的反应。对情感元素组成的物理化合物进行研究，也就是对感情和意志加以研究，它们的生理伴生物一直是外部动力，从中得到的证据也佐证了重视反应这一方向。

可以将印象方法直接用来分析感觉及从中形成的心理混合物，但研究情感及情感融合过程的时候，只能间接使用印象方法。另一方面，表达方法即生理过程的心理反应的研究方法特别适用情感及情感组成的过程的研究。有机体的内部状态在外部表现出来的现象都可用作表达方法的辅助，比如，除了外部肌肉的运动，其他一些运动，尤其是呼吸、心脏运动、特殊器官中血管的收缩和扩张、瞳孔的收缩和扩张等，最精细的当属心脏跳动，都能引起神经末梢动脉的脉动。除了脉搏的变化，还有小动脉肌肉的张力（所谓的血管舒缩动感）和呼吸节奏的变化，它们都有或多或少的征兆。只有情感转为情绪的时候模仿运动才清晰可见。

上文提及主要的情感维度，其中愉悦—不快维度同脉搏的关系最具规律。愉快的时候,脉搏缓慢而强烈;不快的时候,脉搏则加速又微弱。在其他的情感形式中,兴奋的时候脉搏迅猛,平息的时候脉搏变弱,如果没有混杂其他情感的话,两种情况中的脉搏频率没有明显差异:紧张的时候,脉搏缓慢又微弱,放松时脉搏快速又微弱。

脉搏变化伴随同样特征鲜明的呼吸动感的变化。紧张产生的时候会呼吸困难,以至于完全窒息。紧张结束的时候,会猛然呼吸。感到快乐的时候,呼吸较弱但是更快;而不快的时候,呼吸深沉而缓慢。大多数情感同时属于不止一个维度,呼吸的运动感觉在很多时候具备复杂特征,因而通过生理过程可以清楚地推断情感状态。

图 1.9 总结了这些表现。

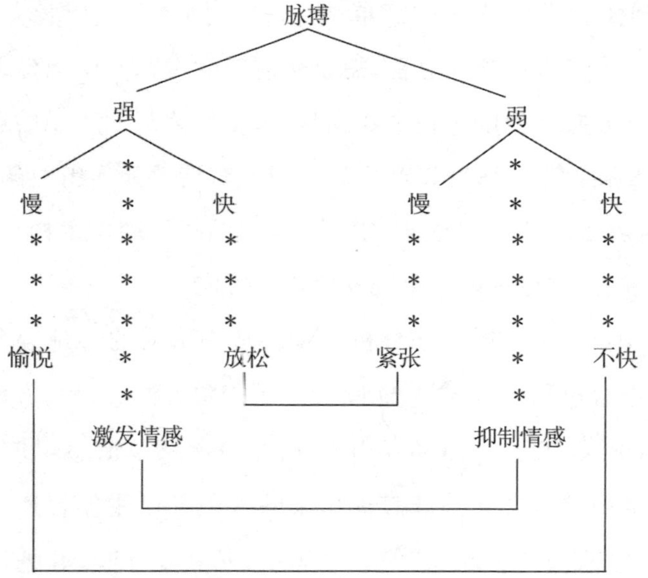

图 1.9　脉搏与情感的关系

对于心脏、血管舒缩和呼吸系统的生理状况,我们知之甚少。研究最充分的就是心脏动感。生理学表明心脏通过两种神经和中央器官相连:一是刺激神经,在交感神经系统中运转,间接生发于脊髓;另一种是压制神经,属于第十头盖神经(迷走神经),源头同样在于脊髓。刺激和压制影响的平衡决定脉搏的规律。这些影响不仅来自大脑，还来自心脏自身的中央部位。因而，可以用两种不同的方式来解释心脏能量的增减。刺激性的血管舒缩提高，或者压制性的血管舒缩减少，都会增加心脏能量；刺激性的血管舒缩降低，或者压制性的血管舒缩增加，会减少心脏能量，两种情形中两种影响方式可以并存融合。我们还没有放之四海而皆准的方法来证实这些猜测，但是，压制神经的刺激产生效果要快于刺激神经的刺激，很多时候可以据此推测存在的是压制神经还是刺激神经。脉搏变化往往紧随催生脉搏变化的感觉。因此，在情感和情绪中，变化主要来自压制性血管舒缩，源于大脑，沿着迷走神经传导。还可以这样设想：一些中枢部位同心脏压制神经的源头相连，一种刺激从传感中枢向这些中枢部位扩展，在生理学层面感觉的情感状态符合这种扩展。我们还不知道这些中枢部位是什么，但有这样一个事实：大脑皮层绝对是所有构成心理经验元素的生理基础。基于这一事实，可以很自然地得出这种假设：压制神经的运动感觉的中枢同样是生理基础。而且，根据情感属性和感觉属性的基本差异，可以发现这种中枢跟传感中枢不一样。如果假设一种特别的皮质区域是这些压制效果的媒介，那么，就没必要认为每一个传感中枢都有一个特别的压制区域。实际上，生理症状的统一性表明这种区域只有一个，它同时必然是连通多个传感中枢的中枢器官（§15 会继续讨论这一中枢区域的意义及其解剖方位）。

Ⅱ. 心理混合物

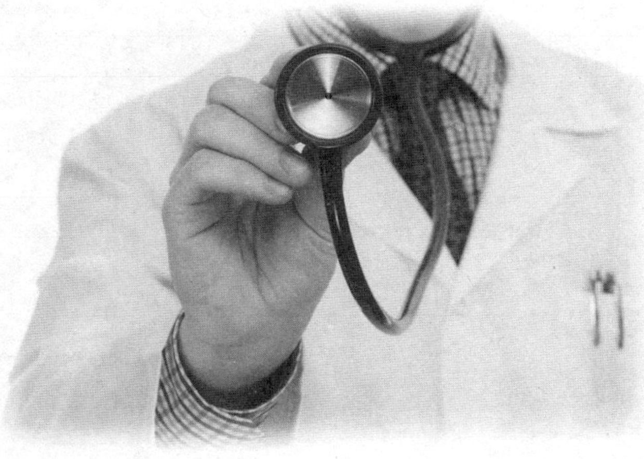

§8. 心理混合物的定义与分类

“心理混合物”指我们直接经验的复合成分，有自己的独特性，区别于直接经验的其他内容，因而被看作相对独立的统一体，出于实践需要，取了“心理混合物”这样一个名字。语言遵守这种一般原则：只有类和最重要的以群组为单位涵盖现象的种属才拥有特别命名。观念、情绪、意志行为等术语表示心理混合物的一般类别，视觉观念、喜悦、愤怒、希望等术语表示这些类别中的特别种属。这些称谓以实际的鲜明特征为依据，在心理分析中具有重要价值。但在使用这些术语的时候，我们首先要避免两种容易将我们引入歧途的假想：第一，心理混合物是直接经验的绝对独立的内容；第二，观念这样的混合物具有实在本质。实际上，混合物只不过是相对独立的单位。如同它们由多种元素组成一样，这些混合物又联合起来组成更完整的网络，采取如下方式：相对简单的混合物不断融合，组成更加复杂的混合物。因而，混合物如同涵盖在内的心理元素一样，从来就不是实在而是时刻变化的过程，因此，只有通过在很多情形中不可或缺的、深思熟虑的抽象，在特定时刻，这些混合物才被看作稳定的。

所有的心理混合物都能分解成心理元素，也就是说，解析成纯粹感觉和简单情感。然而，两种元素的运转方式迥然而异，保持§7中探讨过的简单情感的特性。分解出来的感觉元素始终属于一种感觉系统。情感元素不仅包含对应混合物中纯粹感觉的元素，还包含相互作用形成混合物的元素。相应地，无论简单情感品质系统如何膨胀并产生数不清的混合物，感觉品质系统总是保持不变的。心理混合物的属性从来不会被其中元素的属性束缚，这是适用所有心理混合物的一般原则，不论心理混合物仅仅由感觉或者情感组成，还是由感觉和情感共同组成。元素组合后产生新属性，这种情况对于混合物来说十分罕见。因此，一个视觉观念不仅拥有光感、眼位感觉、它所包含的运动感觉的属性，还拥有不会在元素中出现的空间属性。意志的组成不仅包括单个意志行为分解出的观念和情感，还包括新的情感元素，新的情感元素是这些单个意志行为组合后的结果，是意志过程的特征。需要再次提醒的是，感觉元素和情感元素的组合是不一样的。对于感觉元素的组合，由于感觉系统的稳定性，不会产生新感觉，只会产生独特的安排形式。这些形式具备强度、空间和时间层次。当情感元素组合的时候，会产生新的简单情感，新的简单情感融合固有的简单情感形成具有复合特征的强烈的情感单位。

自然而然地，心理混合物的划分依据是形成混合物的元素的特征。全部或者大部分由感觉构成的混合物叫作观念，主要由情感元素构成的叫作情感过程。和相应的元素一样，此处也存在同样的限制。相比元素，混合物更多的是对实际心理过程进行直接区分的产物，尽管如此，言之确凿的是，没有纯粹的观念过程，也没有纯粹的情感过程；在这两种情形中，只能一定程度上抽取出一种成分。和讨论两种元素的时候一样，研究观念的时候我们需要忽略伴随的主观状态，但说明情感过程的时候我们必须假定一些观念。

相应地，观念主要分为三种形式：①内涵观念；②空间观念；③时间观念。情感过程也有三种：①内涵情感组合；②感情；③意志。时间观念在两种混合物中起到连接作用，因为一些情感在构成过程中起到重要作用。

§ 9. 内涵观念

观念中的元素相互联系，观念与观念以同样的方式相互联系，组成内涵观念。比如，d 调、f 调和 a 调构成的复合音就是一种内涵观念。为了便于理解，暂且用 df、da、fd、fa、ad、af 来表示这种音调组合，不论按照何种顺序加以安排，它们都是相等的。因而，我们可以将内涵观念定义为有着无限种组合方式的感觉元素的组合。

内涵观念的本质决定了其特征与元素的组合方式无关，通过特征内涵观念可以分解出各个独立的部分，只有通过元素的差异才能实现。比如，我们能够区分复合音调 dfa 中的元素，是因为我们从中听出品质不同的单一音调 d、f、a。当然，复合观念中的成分还是不如单独的成分明晰。成分在复合物中相对弱势，这在观察过程中相当重要，我们笼统地称之为感觉融合，对于内涵观念来说则专门称之为内涵融合。如果一个元素同其他元素结合得极其紧密，只有通过非同一般的研究通过改变实验条件才能将它分辨出来，那么我们就称之为完全融合。另一方面，如果马上就能发现元素的确切品质，在整体印象的映衬下才稍微隐入背景，那么我们就称之为不完全融合。如果一些特征明显的特殊元素比其他元素更加突出，我们就把这些元素叫作支配元素。这里定义的融合概念纯粹是心理学意义上的概念，在我们下文谈及的综合过程（§ 16）中必须占据一席之地。

实际上，任一内涵观念始终参与时空组合。比如，复合音调一直就是一种延续一定时间的过程，同时被我们设定某一方向，虽然这一方向经常是不确定的。尽管观念的内涵特征可以保持不变，但是由于时空属性可以无限变化，我们可以将不变的特征从千变万化的时空中抽取出来。

一般感觉观念的内涵融合有不同组合形式，要么压力感觉与热冷感觉组合，要么痛苦感觉与压力或者温度的感觉融合。所有这些融合都是不完整的，并且往往缺乏支配元素。嗅觉与味觉的组合更加紧密。感觉器官是相邻的，因而在生理学方面嗅觉与味觉的亲密组合很明显，两种感觉受到的刺激之间的关系是一致的，因而在物理学方面它们的紧密联系也是显而易见的。强度更大的感觉一般都是支配元素，当支配元素为味觉时，综合印象往往只有味觉品质。因而，日常生活中熟知的大多数称为"味道"的印象，实际上是味觉和嗅觉的组合。

听觉堪称变数最大的内涵观念，有着无以复加的复杂性。其中相对最简单的观念及最接近简单音调的观念是单音。复合音是更复杂的形式。当复合音同简单噪音相结合，再加上其他条件，就产生了完全噪音。

单音是一种内涵观念，由一系列品质上有规律变化的乐音感觉组成。这些元素称为单音的部分音调，组成完全融合，其中支配元素是最低音感觉。单音的音高由其主要音调决定。其他高音元素相应地称为泛音。泛音集聚起来，总称为单音色，单音色是支配音调之下的第二个决定因素。所有决定单音色的部分音调都沿着音线排列，和主要音调的间隔形成一定的规律。主要音调的第一个八度音阶及其第五个、主要音调的第二个八度音及其第三、第五等构成完整的泛音系列。客观的声波数字之间按照一定的比例，泛音系列就符合这一比例，表示如下：

(主音)，2，3，4，5，6，7，8，……(泛音)。

当主音音高保持不变的时候，只有音质的次要决定因素及单音色根据数字、位置和泛音的相对强度进行变化。我们据此可以解释乐器单音色的丰富变化，也能明白为何乐器的单音色随着音高略微变化；在低音中的泛音一般相对强烈，在高音中的泛音相对微弱，当高得不能再高的时候泛音就完全消失了。

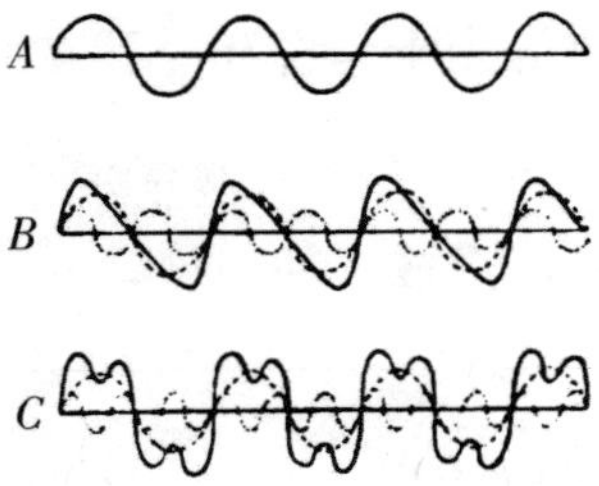

图 2.1　不同的振动形式

A 为简单振动；B 和 C 为复杂振动；B 是基础的第一泛音；C 是基础的第二泛音。

在心理学看来，产生单音的主要条件是集中乐音感觉与唯一存在的支配元素的完全或者近乎完全的融合。因此，如果耳朵没有特别辅助，就无法识别单音中的泛音。将共鸣器调成与泛音同频，进一步强化泛音，如此方能识别泛音。通过这种实验方法分离出泛音之后，即便没有共鸣器，只要特别留心就能不断地听到这些泛音。单音有着复杂的心理学特征，制造单音的振动有着复杂的物理学特征，两类特征之间存在直接关联。图 2.1 中 A 类的简单的有规律的振动产生简单音调的感觉。单音还有一些附加泛音，使得单音的音质格外分明，并且可以通过图 2.1 中 B 和 C 的形式复杂的振动来实现。任何一种复杂形式的振动都可以分解成多个简单形式的振动，其中强烈的振动对应主音，而微弱的振动对应泛音。单音带来的经验是统一且复杂的，在主观上同步于客观的振动形式。简单的经验对应物理过程的单元，而多种乐音元素的区别意味着有可能通过几何学分析将合成振动简化成更简单的元素振动。

如果一个元素要成为音调融合的支配元素，那就必须满足三个条件：第一，一个音调的强度必须相对高；第二，音质方面，主音必须在和谐共处的音调系列中起到基础作用；第三，所有的局部音调必须同时发声。源头统一的单音（也就是说，通过一弦一管的振动产生单音）客观上保证了这种时间上的一致性。第一个条件满足不了，就依然是单音，无法实现音调融合。第二个条件不满足，要么成了缺乏起基础作用的音调的混合单音，要么音调系列不和谐成了噪音，要么就成为介于单音和噪音之间的模棱两可的混合形式。如果第三个条件不符合，单音就又成了混合单音。一些相互独立的音叉可以在强度和品质上协调一致，形成一种单音，而一系列这种单音往往给人混合单音的印象。

混合单音是单个单音的强化组合，也就是几个支配元素的不完全融合。因而，混合单音的融合度是无穷的，尤其是当不同品质的单音进行融合的时候。任一单音不仅自身就是一种完全融合，而且会同其他单音进行完全融合，主音越相近融合度越高。可以这么说，泛音丰富的单音构成的混合单音中，基音同混合单音中其他单音的泛音相符合的那些成分与相关联的单音能够更加完全地融合。反之，其他单音同泛音系列中初始成分的关系越紧密，融合得就越充分。比如，混合单音 $cegc'$ 中单音 c 和 c' 构成相对完整的融合，而 c 和 g、c 和 e 的融合都是不完整的。c 和 eb 的融合也是不完整的。观察者在间隔很短的情况下听一种混合单音，然后确定他听到的是一种单音还是集中单音，这样可以发现融合程度的决定因素。这一实验重复数次，倾向于单音完整性的判断次数可以测量融合度。

除了混合单音中的单音所包含的元素，还有听觉器官的振动合并后产生的附加元素，这些附加元素造成新的乐音感觉，造成特征各不相同的混合单音。它们多少同起始单音进行完整融合。它们是差音感觉，如名所示，它们对应着两种基音振荡次数的差异。其中一些差音源于耳朵外面的声波在空气中受到干扰（客观差音）。在耳朵里放置开口管作为共鸣器，调成同频，可以放大这种差音。其他差音在耳朵内部发生，可以通过干扰外耳的声波，尤其是鼓膜和听小骨链的声波干扰，还可以通过内耳的干扰来实现。第二类差音（主观差音）不能用共鸣器加强。由于这些差音的存在，混合单音成为非常复杂的心理混合物，因为这些差音不仅来自复杂单音的基音受到的干扰，还来自泛音的干扰。差音互相干扰，或者受到基音的干扰，这些也造成了混合单音的高度复杂。为了区分不同类别的差音，将它们分级，如第一级、第二级、第三级等。来自基音干扰，跟随音高低于基音的乐音，这样的差音最强大。① 差音越弱，它同混合单音基音的融合越完整；差音越符合与单音初始元素和谐共存的乐音，融合越完整。对于作为一个整体的混合单音，差音是重要的，而泛音对于简单单音也是重要的，两种重要性相比后，就会发现，差音是属性的产物。在一些间隔中(八度音阶，第五和第四)，差音时而消失时而汇合，这说明了统一性，这种统一性是协和的复杂的单音的重要特征。

一种混合单音可以度过全部中间阶段进入第三种形式的内涵听觉经验，即噪音经验。两种乐音不再隶属于一系列和谐乐音，同时它们的振荡次数的差异还未超出限制(高音约为六十次振荡，低音为三十次甚至更少)，这时候混合单音中会发生中断，在数量上这种中断与基音振荡次数的差异相一致。这些中断源自振荡相似(图 2.2 中的 a 和 b)与相反阶段(图 2.2 中的 m)的交替重合。振荡位于相似阶段就相互加强，位于相反阶段则相互削弱。单音感觉的中断在数量上等同于基音振荡频率的差异，并且当中断仅由单音持续性的减弱和强化组成的时候，它称为拍子。当单音中出现完整的中断时，低音中最经常出现一种后果，我们称之为音乐节拍。如果振荡次数的差异超出限制，那么由于中断不存在，乐音听起来是连续的，但是尖利无比。随后尖利的声音消失，变成纯粹的杂音。因此，差音干扰带来的拍子听起来混杂着刺耳和杂音。拍子、混音中的刺耳还有纯粹的杂音以非常复杂的方式形成普通杂音。在如此复杂的形势中，由于乐音激发的扩散形式，多种音高的分别相当不明晰。如果拍子、节拍和刺耳声音组成的杂音的元素通过大量同时出现的乐音得以充分组合，那么整个混合体就完全变成了噪音。在心理学上这意味着乐音支配元素全然消失，或者在整个经验中沦为协调

① 除了差音，如同赫尔姆霍兹指出的那样，在类似的干扰条件下，还会产生总和音，其中的振动次数对应于两种基音的振荡次数的总和。合并音这个一般术语表示差音和总和音。总体上总和音非常弱，绝大多数时候与泛音同时发生。因此，对于观察，变化它们没什么太大的意义。

性元素。噪音中的间隔很短，此时，强度最大的元素的音高起决定性作用，且易于捕捉。噪音中的间隔较长的时候，拍子迅疾造成干扰，相伴而生的音乐节拍也会干扰，这些都有影响。

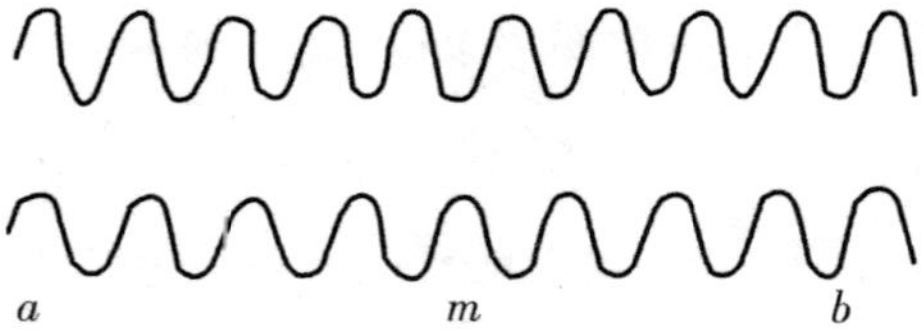

图 2.2　产生节拍的两种乐音的关系

人的发音是典型的噪音形式。元音介于单音和有着支配单音的噪音之间；共鸣音是时间较长的噪音，合适的共鸣音是延续较短的噪音。耳语的时候，元音就是简单噪音。耳语中元音的差异极其明显，这进一步证实元音的属性基本上依靠它们的噪音元素。

在内涵乐音融合中，融合过程在最简单的条件下发生。碰到时空观念的时候，我们就会碰到不同形式的融合。在乐音融合中，来自融合过程的混合物同其自身元素的简单相加之和的区别要小于外延融合中的情况。单个乐音简单相加也是一种融合，即外延融合，而内涵融合同外延融合相区别的特征有三个：首先，一些或者全部（比如噪音）元素同整个混合物的总体印象相比毫无意义；其次，全部元素联合组成一个单一的统一观念，带有统一的情感价值，如和弦中的干脆利落；最后，一些支配元素“鹤立鸡群”，例如单音中的基调。第一和第二个特征是稳定的，第三个特征是可变的。复杂单音的第三个特征不如单音的第三个特征明显，噪音根本就没有这个特征。需要提及的是，所有这些特征都是心理学意义上的，因此，融合概念同样是心理学概念。只要心理元素相互组合，就会出现相似的现象，因而在这些特征中除了形式规律的心理活动的表达，别无他物。一些学者使用“乐音融合”这一概念的时候，忽视了显而易见的简单事实，认为元素的综合体是感觉元素相加的逻辑行为——就像一种针对统一体做出的判断。还有一些学者试图为一些融合的物理过程（在大脑的假想器官中发生）中的统一体判断寻找生理依据。与此截然相反的是，乐音融合是不包含任何判断的融合的初级心理过程，从而得以自我呈现。很明显，心理经验的逻辑思考与经验本身的混淆导致了这一错误的逻辑理论——即使在今天，从普通心理学到科学心理学依然流行。很明显，其手段就是假想出一种融合的神经器官。

赫尔姆霍兹完善的共振假设第一次试图解释在乐音融合中出现的现象的中心要点，即作为单音经验的构成成分的综合体，单音经验包含所有的基本乐音感觉，其中单音可以独立出来且保持自己的客观本质。可以这样假设：听觉器官的一些部件能够保持一致，只要相关部件同频，特定音频的乐音就能保持同频振动。这在总体上说明了听觉的分析能力。

这种假设遇到了一些难题，因为存在所谓的主观差音。基音在耳朵里产生附加振动，会带来主观差音。赫尔姆霍兹认为中耳(耳膜和听小骨链)能够振动，这说明耳膜和听小骨链不再接收差音，因为耳科医生发现一些病人的中耳遭到破坏，依然能够察觉差音(丹尼特)，另外有时差音强度会超过主音(赫尔曼)。共鸣假设如果加以修改，可以绕过这些反对因素；解释如何接收产生差音(还有拍子)的刺激的时候，重点是共鸣器官后面的器官(耳蜗)，而不是前面的器官(内耳管)。假设耳蜗轴心直接振动，或者受基膜影响而振动，这些振动传导至穿过骨头中的管束的听觉神经纤维。当然，只有另外两个假设存在的时候这一附加假设才起作用：其一，单个听觉神经纤维具有严格的特别能量；其二，自由通过基膜振动才能激发听觉纤维。如果不采用共鸣假设，任何理论都无法完整解释单音分析现象。共鸣假想已经证明自己是不可缺少的，已经确立自己不可动摇的地位，只能对其进行补充。

后文会讨论伴随复杂单音产生的复杂情感(和谐与不协调带来的情感)的特征，详见§12。

§10. 空间观念

空间和时间观念迥异于内涵观念，原因在于时空观念的组成部分的联合次序不是捉摸不定的，而是清晰固定的，因此，观念自身变化的时候，联合次序同样有变。有着固定安排的观念一般称之为外延观念。

空间观念仅仅涉及各个部分之间的关系，并且各个部分的安排方式也是固定的，由此可以把空间观念与其他形式的外延观念区分开来。至于组成部分与观念主体之间的关系就不是那么固定了，可以无穷变化。空间混合观念的客体独立于观念主体，可以这么说：空间混合物能够前后移动，能够围绕任一轴心旋转。运动和旋转方向是有限的。这些方向可以概括成三维，在每个维度上都可以沿着相仿方向运动。单个混合物的部分有几种运动方向、单个混合物同其他单个混合物相比也有几种运动方向、运动和旋转的运动方向最多是多少种，这些运动方向的数目都是等同的。这就是我们所称的空间的三维特征。因而，一个单独的空间观念可以定义为一种三维混合物，其中的组成部分相互参照且位置固定，但在观念主体眼里它们的位置可以变幻无穷。当然，这一定义忽略了现实中组成部分构成空间混合物时经常发生的变化。特殊情形中，这种三维安排必须包括一维和二维安排。这时候，只要涉及观念与观念主体的关系，缺少哪种维度就得补上这种维度。

空间观念中元素之间的位置关系是元素本身的原有属性，如同感觉的强度和品质是这些元素的原有属性一样，从一开始这在心理学上就是行不通的，因为所有空间观念中都存在同观念主体的关系。显而易见，这些元素混合成整体会产生位置关系，一些基于元素共存的新的心理条件也会产生这种位置关系。如果没有这种位置关系，不仅需要为任一种感觉赋予空间品质，还得假定任一种感觉都对应一种共时性的观念（三维整体空间同观念主体的关系），不管多么别扭。这就需要承认优先于所有实际感觉的先天的空间感，这种空间感不仅同所有关于心理混合物的产生条件相关的经验相矛盾，而且同我们对空间观念受到的所有影响的认识相矛盾。

所有空间观念的位置安排要么是触觉的，要么是视觉的。在触觉或者视觉观念中，空间感同其他感觉相关联，通过这一观念联合体，空间感从而间接地延伸至其他感觉之中（§16）。在触觉和视觉中，可以明显发现，外缘感官的扩展面及运动器官的配套使得观念主体产生千变万化的空间印象，两者都是感觉扩展空间配置的有利条件。对于空间感的形成，触觉早于视觉，因为触觉在器官进化过程中领先，结构更粗糙，但正是这种原因导致触觉在很多方面比起结构更精密的视觉器官更适合空间感。值得一提的是，只要视觉存在，触觉空间感就受到很大影响，因为视觉进化更高级。

A. 空间触摸观念

皮肤上的一个点形成单个印象，这是最简单的触摸观念。一旦形成这种印象，即便眼睛望向他处，还会产生被触摸位置的确定观念。内省说明这种称为刺激定位的观念在视觉存在的通常情况下并非直接的，和我们所期望的不同，空间品质并非感觉的原有品质，刺激定位观念依靠被触摸区域的次要的、非常模糊的视觉观念。因此，在触觉器官的边缘的定位要比在被触摸平面的定位更加精确，因为边缘更容易形成显著的视像。视觉观念来自触觉印象，即使眼睛转向别处，也是行得通的，因为触觉器官的每一个点都会赋予触觉特别的品色，这种品色跟外部印象的品质没什么关系，并且视觉观念来自皮肤结构的特征。每个点的品色都不一样，不同区域的品色绝不雷同。

这种局部标识称作感觉的局部符号。它以不同的速率在皮肤的不同位置上点到点地变化，在舌尖、指尖、嘴唇上变化很快，在四肢和躯干的更广泛的表面上较慢。在皮肤的任一位置并排地施加两种印象，可以衡量这种变化。只要印象范围小于局部符号的范围，两种印象就是一个整体，反之就是各自独立的。两种印象之间的可观察的最小的距离称为触觉空间临界值。这一临界值从 2mm(舌尖和指尖)到 68mm(后背、上肢和腿)。在压力点上，如果刺激适宜，就能观察到较短的距离。临界值依赖于触觉器官的条件，因此，儿童的临界值小于大人的临界值，因为结构差异限定局部标识，这些结构差异簇拥在一起。临界值依赖于具体情况，因此，盲人的临界值小于视力正常人的临界值。最经常出没的指尖尤其如此。

被触摸区域的视觉感觉所施加的影响说明，触觉印象的定位和诸多触觉印象的空间安排跟某处皮肤的原有空间品质无关，跟触觉器官的基本的空间形成功能关系也不大。相反，假定视觉的空间观念。触觉器官的不同部分有一定的皮质属性和局部标识，造成被触摸部分差生视觉图像，只有这时候才有把握使用。但没有理由认为局部符号自身存在直接的空间关系，很明显，局部符号作为品质符号产生相类的视觉图像。局部符号和视觉的关系依赖于二者的经常融合。全部影响因素要么提高视觉图像的清晰度，要么提高局部符号的品质差异，这些影响有助于精准定位。

在这里，我们可以把空间感觉的形成看作视觉图像中触觉印象的整理。整个过程是触觉印象的局部品质标识同视觉图像不断关联的结果。局部标识和相应位置的视觉图像的融合视为不完整的但是非常稳定的融合。因为视觉图像和触觉印象各自保持独立的特征，因而是不完整的融合；触觉器官保持同一状态，融合的状态就是稳定的。融合的稳定性说明定位的相对确定性。这种融合的支配性因素是触觉。对很多人来说，视觉图像被安排在背景中，无论怎么仔细研究，它们都无法清晰露面。在这些情形中，对于盲人来说，空间感或许是触觉和运动感觉的直接功能。但是，更加仔细的研究说明，只有试图将被触摸区域模糊的视觉图像变得更加清楚才有可能识别位置和印象范围。

视力正常人的空间感迥异于盲人，尤其是天生盲人和出生不久就失明的人。后来失明的人在长期记忆中会保持熟悉的印象，因此，在很大程度上他们的触觉空间感仍然是触觉与视觉图像的融合产物。但是这些视觉图像不能持续更新，因而这些人通过大量活动来获得空间感。当手体验到从一种触觉印象转向另外一种触觉印象的时候，关节和肌肉的触觉带来触觉，这种触觉能够衡量运动，同时能衡量两种印象的距离。对于后天失明的人来说，这种运动感觉可以辅助日益退化的视觉图像，甚至部分替代视觉图像；对于先天盲人来说，这种运动感觉从一开始就是唯一手段，这一手段形成相对位置和单一印象之间的距离的观念。我们发现先天盲人一直在使用触觉器官，尤其是手指来抚摸物体。除了这些动作，他们对触觉更关注，不断地锻炼分辨力。然而，和视觉相比，触觉的进化层次较低，有事实为证：盲人对持续的线条和平面的把握远逊于对以不同方式处理的很多点的把握。对凸点进行不同的排列组合，通过手指的触摸可以识别，这种盲文字母表就是明证。例如，在普通的布莱叶盲文字母表中，一个点代表 A、两个水平排列的点代表 B、两个垂直排列的点代表 C 等。最多六个点就能表示所有的字母，但点与点之间的距离必须足够大，方便食指指尖识别。这种字母表的识别方法清楚地表明盲人的空间观念是如何进化的。触摸识字的时候要使用双手食指，以右手手指为主，同时理解一组点（协同触摸），左手手指缓慢得多，一个点一个点地来理解（分析触摸）。协同和分析印象相结合，共同理解同一个对象。这种过程方式清晰地说明，触觉印象的空间辨别并不比视觉正常的时候更直接，但是在盲视中，手指触摸一个又一个点，视力正常的时候伴随视觉观念，这两种方式起着同样的作用。

每一个动作都伴随内在触觉，只有如此方能产生有关动作范围和方向的观念。这些内在触觉同贯穿动作的空间观念直接关联，这种假设很难立足，因为这不仅需要预先假定对周围空间的先天察觉和参照周围空间的主体位置，还离不开其他假设。可以这样假设：内在和外在触觉在品质和生理条件上虽然相差无几，但同样有所区别，因为内在感觉产生主体位置及切身环境的空间安排的意象。这就得回到柏拉图关于先天观念的记忆的主张，因为触觉被看作仅有的、偶然的能够激活鲜艳的空间观念的外部诱因。

除了在心理学上缺乏支持，这一假设也无法在区别逻辑符号和区别动作差异的时候自圆其说。以此，别无他法，只有和我们处理正常人的空间观念那样，将盲人的空间观念归因于呈现在经验中的感觉的组合。这些组合的起源在于：每一对如 a 和 b 这样的观念是不同的逻辑符号，始终对应一种内在触觉 β，伴随 a 和 b 之间的运动，同时两种感觉 a 和 c 是差别更大的逻辑符号，对应更加强烈的运动感觉 γ。对于盲人来说，内在触觉和外在触觉始终是有规律的组合。因此，无法确定哪种感觉系统造成空间配置的观念，我们只能这么说：空间配置规律性地来自内在触觉与外在触觉的组合。以此为基础，盲人的来自外部印象的空间观念可以定义为这种融合的产物：外在触觉及其品质有变的局部符号与随强度而变化的内在触觉的融合。外部感觉的属性由外部刺激决定，这些外部感觉在融合中是支配元素。它们将品质独特的内在触觉和强度属性明显的内在触觉推入背景，因而，如同单音的泛音那样，所有这些次要元素吸引特别注意的时候才能观察得到。相应地，触摸空间观念来自完全融合。它们同内涵乐音融合相对立，其独特性在于：从属性和辅助性的元素有着不同的特征，同时依据一定的规则相互作用。由于局部符号形成纯粹的品质系统，触摸空间观念各不相同，而内在触觉伴随触觉器官的动作构成强度系统。触摸空间观念又是相互关联的，因为从一个点到另一个点的动能随着中间间隔的增加而增加，因此，随着局部符号之间的品质差异加大，动作带来的感觉强度随之成比例地增加。

触觉印象的空间安置是双重融合的产物。首先，从属元素融合。也就是说，局部符号系统沿着两个维度展开，有着各种各样的品质，这些品质根据内在触觉的强度而相互关联。其次，外部刺激决定的触觉印象和第一种融合的产物相融合。当然，两种融合不是相继发生，而是在同一个进程中发生，因为局部符号和动作由外在刺激直接引发。然而，尽管外部刺激随着客观刺激的本质而有所变化，局部符号和内在触觉依然是主观元素，即使外部印象发生变化，两者之间的相互关系也保持不变。这就是属性稳定的心理学条件，与之相对的是空间中客体品质属性的千变万化。我们将属性稳定的原因归于空间本身，触觉的空间融合一旦发生，参与融合的任一元素本身就能够定位感觉，尽管受到一定限制。如此一来，无论视力正常的人，还是先天失明的人都拥有触摸空间观念，都能感知两种有着充分距离的印象，即便触觉器官完全用不上。当然，先天的盲人没有被触摸区域的视觉图像，但他们会通过触摸空间和物体的各个部分来形成观念，只要接收几种印象，他们就拥有从一个部分到另一个部分的观念。这些观念进行同样的融合，就跟运动真实存在的普通情况一样。二者的区别在于一个因素，那就是记忆图像，亦称内在触觉。

同样地，我们可以得到相反的过程。经验的实际内容是身体各部位活动产生的内在触觉的总和，无论外在触觉多么醒目、多么特定都忽略不计，而且这些伴随身体动作的内在感觉构成空间观念的基础，所以经常出现这样的状况，其中我们获得对我们自身动作的纯粹观念。比如，闭上眼伸出一条胳膊，随着胳膊的运动我们会形成关于胳膊位置的观念。的确，皮肤的扭转和折叠带来外在触觉，也起到一定作用，但它们与关节、肌腱和肌肉形成的内在感觉相比就微不足道了。

可以轻易发现，只要看得见，肢体在空间中的视觉图像很模糊，形成位置观念，即便闭上眼睛或者回头不看，这种视觉图像照样产生。内在触觉和相应的视觉图像的关系格外紧密，因而仅凭记忆图像就能产生内在触觉和视觉图像，以中风患者为例，有时仅凭运动欲望就能产生实实在在的运动观念。很明显，视力正常的情况下，一个人自身的运动观念依赖不完全融合，和触觉的外在空间观念一样。唯一的区别在于，内在感觉的作用和外在感觉在中风患者情况中起到的作用相同。这就引出了一种假设：内在触觉感觉同样具有局部标识，也就是说，各个关节、肌腱和肌肉的感觉表明一系列局部差异。内在可以证明这一观点。如果我们交替活动膝关节、臀部关节和肩关节，如果我们左右轮换地活动相应关节，每一次活动感觉品质都不一样，即便我们忽略这一事实：肢体的视觉图像绝不会全然抑制。

根据视力正常人的情况，我们可以理解先天失明的人如何形成自身运动的观念：不再是视觉图像的融合，而是运动感觉与局部标识的融合；外在触觉也起到辅助作用。实际上，外在触觉对于盲人的作用远比对于视力正常人的作用重要。如果不触摸外在物体，就盲人不可能形成自身运动的观念。盲人在这方面的优势很明显，他们经常触摸外物，经常锻炼外在触觉，更加敏感。所谓盲人的距离感就是明证。不用直接触及，他们就能隔空辨别身边的物体，比如周围的墙。现在，通过实验可以发现距离感由两个因素组成：其一为前额感受到的空气变化，这是相当微弱的触觉刺激；其二是脚步声响的变化。后者吸引注意力，进而觉察微弱的触觉刺激。相应地，如果额头用布裹起来或者脚步声听不见，那么距离感就没什么作用了。

我们不仅拥有对身体各个部位的位置和运动的感觉，还拥有对整个身体的位置与运动的感觉。身体各部位位置的观念只发挥辅助作用，仅当同身体观念相结合构成一个整体的时候，身体各部位位置的观念才是绝对的。头是定位这一整体观念的器官。我们对头部位置的观念一直格外清楚。相比头部，其他器官分布各处，相应的观念很模糊，依赖于内在和外在触觉形成的特殊的复杂的混合物。头部这种特殊的定位器官是一个半规管系统，头部肌肉运动产生的内在与外在触觉附加其上，起到辅助作用。这些半规管的定位功能很容易理解，不妨如此假设：半规管中充满流质，流质的压力不停变动，在半规管中带来内在触觉，这些内在触觉具有迥异的局部标识。头部快速旋动带来眩晕，原因就在于这种流质的剧烈运动所造成的感觉。

因而，半规管的部分失灵导致持续性的定位错觉，完全失灵就导致定位能力几乎全部消失。

针对空间观念的心理构成，还有一些相反的理论，统称先天论和经验论。先天论通过感觉器官和感觉中枢的先天特质来说明空间定位，而经验论通过经验影响来解释空间定位。这种对立并不能准确说明两者存在的实际差别，因为先天论无法否定那些从经验中产生的观念。比如，空间感知被认为是心理融合的产物，原因不仅在于感觉器官和运动器官的生理特质，还在于决定心理混合物的一般规律。在我们的经验环境中，融合过程及以其为基础的感觉印象无处不在，但正是由于这个原因，把融合过程称为经验是不妥当的。而且要注意到先天论和基因理论也有对立。基因理论可分为经验理论和融合理论。在基因理论看来，对于经验的初次形成，组合过程也是必需的，因此，我们可以将这些理论看作基因理论的前经验形式。需要指出的是，广泛接受的先天论包括经验元素，而经验论也包含先天成分，因此，两者的差别有时很小。先天论的拥护者认为空间印象的布置直接对应皮肤和视网膜里的感知点的布置。尤其是在距离和物体大小的观念中，以单个物体为参照来说明多个空间分离印象时，向外投射的特别方式在于“注意力”“意志”甚或“经验”。经验论的支持者一般假定空间是以某种方式固定的，继而认为单个的观念是在这个空间里的定位，由于一些经验主义的动机而产生特殊的定位。在视觉产生空间观念的理论中，触觉空间总体上就是这种最初固定的空间；在触觉观念理论里，内在触觉有时会催生最初的空间品质。因而，作为实际成型的理论来说，经验论和先天论的概念在定义上就是有问题的。它们都不经研究或分析就使用大众心理学的复杂概念，如“注意力”“意志”和“经验”。在这方面，它们与融合理论有所不同，融合理论试图通过观念的心理分析来发现产生观念的基础过程。

头脑对身体位置观念和身体运动观念施加特别影响，眩晕就是明证。当身体静止时，我们通过空间形成运动观念，这些观念也说明头脑的影响。

一开始这些特殊影响被归因于大脑的一些部位，如小脑。小脑要么直接参与发挥作用，要么作为中心间接参与，在定位过程中或者定位受到干扰时指挥外围定位器官，这些情况并非不可能。至于外围定位器官，最重要的当属半规管，部分切除或者全部切除半规管的实验已经说明了这一点，在鸟身上表现得尤为明显。另外，也不能忽视外在触觉和视觉感知的辅助作用，尤其是半规管失灵的时候，它们可以逐渐矫正定位甚至参与定位。聋哑人经常失去方向感，这一令人震惊的发现进一步证实了半规管的重要性。聋哑人往往在早年内耳出现病理混乱，造成失聪。这些早年残疾会影响到半规管和耳蜗，从而导致定位失常。

B. 空间视觉观念

触觉的一般性能在视觉中反复出现，但组织形式更高级。触觉的感知面是外部皮肤，而视觉的感知面是视网膜，视网膜带有视杆和视锥，镶嵌着无数密集、高度精密的感知点。

视神经纤维通过一个点进入眼球，在这个点上向各个方向发散，形成视网膜内层。这些纤维的末梢趋向眼球外表，同视网膜其他层相连。最外层是视杆和视锥，长而纤细，满是柱状物（图 1.2）。视锥和视杆由暗色涂层覆盖，也叫脉络膜（A）。脉络膜满布血管，吸收视网膜释放出来的废物。脉络膜之外是眼球的保护外层，即巩膜（S）。脉络膜再往前是虹膜（J），虹膜中间是瞳孔（P）。巩膜往前在眼睛的前部是透明的角膜（C）。角膜和晶状体（L）之间是充满流体的眼房（W）。充满眼球的玻璃体和角膜、眼房、晶状体构成眼睛的折射介质系统。光线进入眼睛，这个介质系统折射光线，因此，正常视觉情况下外物根据不同的距离在视网膜上投射出缩小的倒像。我们暂且采用眼睛的视觉中心（K）这个术语，以便简明扼要地说明这个倒像的位置与大小。这个点在晶状体里层前面 0.5mm 的位置。光从外部环境中的某个点出发透过这个点，继续前进，在视网膜上出现一个点，就这样形成一条直线，一端是外部环境中的那个点，另一端就在视网膜上的这个倒像中。如果物体触手可及，折射器官会进行调整适应外物，紧邻虹膜的肌肉纤维紧缩，使得晶状体外层严重凸起，围着晶状体形成一个小囊。晶状体的这一变化使得虹膜前推，如图 2.3 中的点状线所示。晶状体弯曲变化以适应近距离的物体，除此之外，眼睛还能通过虹膜肌肉纤维的活动来适应不同亮度的光线。光线冲击眼睛，这些纤维就活跃起来，如果亮度提升就缩小瞳孔，如果亮度降低就扩大瞳孔。视网膜上有两个点对于视觉特别重要：第一个是盲点(*b*)，这是视神经的入口，因为没有视杆和视锥所以对光线没有一点反应；第二个点是黄斑(*g*)，包括视网膜中央凸，这里只有紧密簇集的视锥。盲点直径约为 1.5mm。黄斑直径不到 1mm，朝向眼睛显侧，距离盲点 4mm。整个眼睛的直径大约 23mm。眼睛如此构造，使得它成为一个针孔照相机。它不光具有感光的视网膜和球面，还有两个特征，这两个特征是活生生的器官才具备的：其一，能够适应不同距离的光线进行调整；其二，通过调整虹膜的隔膜来适应不同亮度的光线。光线是一种能量，能够穿越空间，使得物体成像，无论远近，因而视觉器官要比听力或者距离感的器官进化程度更高。同时，视觉器官和触觉奇观一样，也是空间器官。

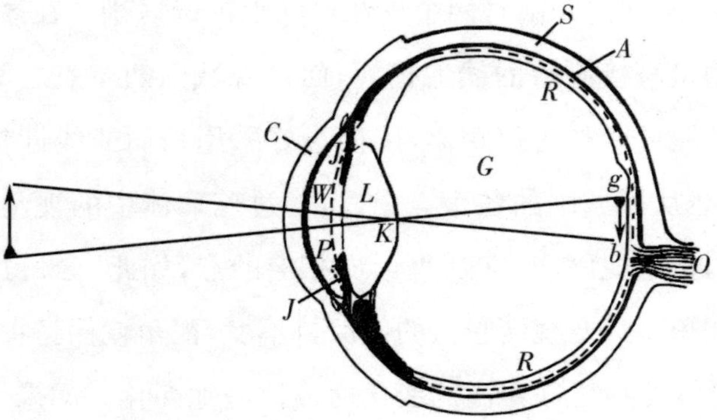

图 2.3　眼睛示意图

P 为瞳孔；*O* 为视神经；*S* 为巩膜；*C* 为角膜；*A* 为脉络膜；*J* 为虹膜；*R* 为视网膜；*W* 为眼房；*L* 为晶状体；*G* 为玻璃体；*K* 为视觉中心；*b* 为盲点；*g* 为黄斑(中央凹)

至于空间属性，任一视觉观念都能分解出两种因素：一是相互参照的单个元素的位置；二是元素参照观念主体的位置。即使单独的一个光点也包含这两个因素，因为我们只能在空间环境中指示一个点，还得以我们自身为参照物来测算方向和距离来确定这个点。至于经过刻意的抽象这两个因素才能孤立，但现实中它们绝不会分开，因为任何一个点与周围空间环境的关系往往决定着它同观念主体的关系。由于这种相互依赖性，对视觉观念的分析最好从元素相互参照的位置入手，其次是这些元素形成的整体相对于主体的位置。

a. 相互参照的视觉观念元素的位置

视觉观念的元素是相互作为参照物的，通过触觉形成的空间感知反复进行，这是更加精密的生命结构所独有的，还有一些调整对于视觉的特性格外重要。因而，视觉和触觉一样，一个点形成最简单的印象，有自己的空间位置观念，我们立即就能把它的空间位置同它的印象联系起来；也就是说，参照空间中的其他部分，我们赋予这个点特定的位置。但这种定位不会受影响，跟触觉不同，不会将印象与感觉器官相对应的点联系起来——我们将印象置于视域之中，位于观念主体之外同等距离。和触觉空间一样，我们通过距离精确定位，通过距离将两个点在空间上加以区别。在这里，距离不是感觉表面上的可直接测量的线性扩展，而是视域内两个点之间的可感知的最短距离。视域可以是任何距离，因而最好采用角而非线性扩展来测量定位的精度；光线从视域中的各个点出发，穿过玻璃体中的视觉中心（所有直线的交叉点），抵达视网膜，在那里形成相应的点，如此一来，这些直线的交集就构成一个角。只要视网膜上的像保持不变，视角就保持恒定，但视域中点的距离随着同主体之间距离的变化而成比例地变化。如果视角中有均等的直线距离，那么，其就是视网膜倒像的直径，根据角度和视网膜与眼睛视觉中心之间的距离可以直接算出。

依照这一原则测试视觉定位的敏锐度，可以发现视域中不同的点有着很大的差异，对应视觉器官不同区域之间的差异。在这方面，只有视网膜上的一个点是明显的例外，这就是盲点——视觉神经的入口，由于缺乏感知元素，视杆和视锥无法接受光线刺激。在图 2.4 中盲点清晰可见。观察者闭上左眼，右眼稳定地注视页面左侧的小十字，前后移动这本书，将其放在面前一英尺的适当位置，黑环就会落在眼睛的盲点上。黑环随即消失，替换为白底，蔓延至整个区域。这个实验以发现者的名字命名，叫作马略特实验，在所有其他地方能观察的距离很小。在视网膜上，这些距离要比在皮肤上隐约可见的距离更小。尽管触觉器官上有很多地方可以明显辨别，但只有一个地方区别最分明，就是在视域中。这就是对应于视网膜中心的视域中心。这个中心向周围散发，定位的精确性迅速丧失。因而，整个视域或者整个视网膜表面类似单个的触觉区域，比如食指，但视域定位比触觉更精准，尤其是在中心位置，视角为 60″～90″的一定距离的两种印象容易分辨；中心向着外缘偏离 2.5°，可以观察到的范围是 3′3″；向着外缘偏出 8°就增至 1°。

图 2.4 盲点

正常情况下，我们的眼睛望向物体，使其位于视域正中，正好在视网膜正中成像，从而希望获得更精确的空间观念。这样的物体是直接看到的，而位于视域其他地方的物体是间接看到的。直接视域的中心叫作视线落点，或者凝视点。连接视网膜中心和凝视点的直线就是视线。在视网膜正中区域，印象最清晰，我们可以阅读用于印刷的一般大小的字母，放大率大约 4.5°，这个区域面向眼睛显侧，距离盲点 15°，放大率大约 6°（图 2.3 中的 g 和 b。）

视域中心的两个点通过一定视角看上去是分开的，同这种最小视角相对应的视网膜上的距离是 0.004～0.006mm。这个距离约等于视网膜视锥的直径，视网膜中心只有视锥，视锥直接紧紧挨在一起，因而有把握做出这种结论：如果两种印象在空间上看起来是分开的，那么它们必须落在不同的视网膜元素上面。这一观点被以下事实证实：视网膜边缘有视锥和视杆这两种感光元素，两者之间间隔较大。因而可以认为，视觉敏锐度直接依赖于视网膜元素之间的距离。

视网膜元素配置和视觉敏锐度之间关系密切，因而可以据此总结：任一视网膜元素一开始就拥有通过视域中的光线投射来定位刺激的能力。这种方式可以解释这一事实：通过视网膜元素或者视网膜元素连通大脑视觉中心的与生俱来的能力，视觉将主体之外视域中一定距离的客体呈现出来。一些视觉的病理问题印证了这种假设：底层炎症导致视网膜部分脱位，会导致视像扭曲或者变形。脱位的视网膜元素继续和平常一样对印象进行定位，这可以透彻说明变形的程度和方向。但明显的是，在大多数情形中随着分泌物的逐渐形成和消失，这些视像变形继续改变物体，同一个人通过棱镜看到的视像扭曲相比，两者提供的能证明先天定位能量的证据差不多。还有，如果进入静止状态，变形就会消失，不仅在视网膜元素恢复初始位置的时候如此，而且就算是在视网膜元素由于影响过大而无法恢复的时候同样如此。这一结论得到了下面实验的支持：外部光学设备制造视像变形，视力正常的眼睛逐渐适应这种变形。给一个人戴上一副棱镜，视像的显著的干扰变化造成的后果很有规律。物体的边线看上去是弯曲的，物体形状被扭曲。戴过棱镜一段时间之后，这种干扰逐渐减弱直至全然消失。摘下眼镜的时候，变形会以相反的方向呈现。

除了视网膜感觉，还有其他心理元素参与光线印象的空间配置。眼睛的生理属性决定它先天具有伴随眼睛运动而产生的感觉。显然，这些运动在估算视域距离的时候起到的作用和触觉运动估量触觉印象的作用一样。眼睛可以全方位旋转，同头部的关系是固定不变的，因此，眼睛可以灵活捕捉物体的边线，或者以最短的直线距离从一个凝视点到另外一个凝视点。

另外，两只眼睛的神经分布可以很好地协同，两只眼睛的运动完美搭配，因此，两条视线总是落在同一个凝视点上。通过两只眼睛的完美协调，不仅能够完美察觉物体之间的相互位置，还能确定物体与主体之间的空间关系。

视觉现象告诉我们，两点之间的相对距离这一观念有赖于跨越这一距离的动能，如同分辨视域中的两个点要依靠视网膜元素的配置一样。动能与可感知的紧张感觉相关，尤其是剧烈运动和光线四射的时候，通过这种方式，动能成为观念的组成成分。

单个视觉肌肉受损、定位失灵，导致眼睛转动所需的能量出现了变化，此时这些内在触觉所受的影响最为明显。两个点和加倍困难的运动同一方向的时候，其间的距离增大，这是导致混乱的一般原理。运动越困难，紧张感越强烈，通常情况下紧张感伴随幅度更大的运动。因此，经过的距离看起来增加了很多。况且，在运动困难的情况下和运动同一方向的距离也会出现同样的错觉，但实际上运动并未完成这种距离，因为运动衡量标准决定着眼睛的运动刺激，即便眼睛不为所动。

视力正常的人同样要接受类似的变化。眼部肌肉配置精当，在各个方向的运动需要近乎相同的力量，但并非均衡。造成这一差异的原因同眼睛对自身功能的适应有关。视线必须在身边的物体上会合，而这些物体是我们最经常看到的。因而，眼部肌肉很好地适应这种功能，眼睛能够极其容易地转动完成视线的会合，比如，向下运动就比其他可能的会合运动容易得多。肌肉推动眼睛上下运动，这种特别方式简化了会合运动。上直肌和下直肌就是这些肌肉（图 2.5 中的 *Rsi*），它们没有横在眼睛的垂直面的中间，如果在这个位置上它们可以帮助眼睛进行简单的上下垂直的运动；它们距离这个平面中央有一定角度，会朝里轻微收缩，同时可以上下运动。另外，每一块上下直肌都有一块斜肌为辅助，上斜肌辅助上直肌，下斜肌辅助下直肌（图 2.5 中的 *Osi*）。这些斜肌辅助上下运动，同时保持旋转运动的平衡，直肌的不对称使得眼睛旋转。肌肉的上下运动更加复杂，沿着上下方向进行直线运动所需要的力量比沿着水平线看东西需要的力量大。水平视物只需内外直肌参与。还有,向下会合运动比起向上运动相对容易,这是导致向下运动时感觉强度不同的一部分原因,还是这一事实的部分原因:向下会合很强势,而向上会合很微弱。

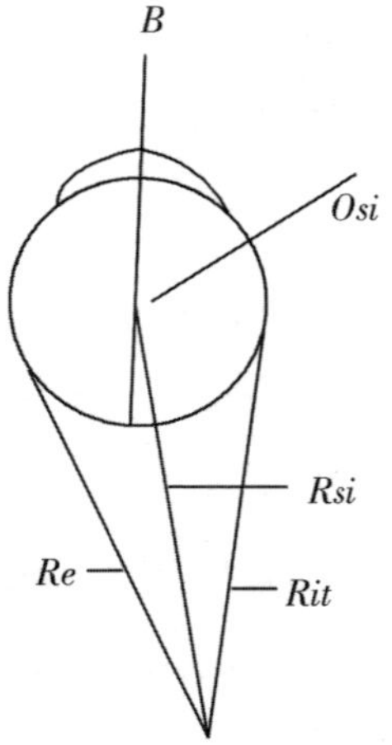

图 2.5　左眼肌肉示意图

Re **为外直肌;** *Rit* **为内直肌;** *Rsi* **为上下直肌平面;**

Osi **为附属点及上下斜肌的第一个方向;** *B* **为视线**

视域中给定一个物体,基于其位置存在一些稳定的视觉错觉,这些错觉同驱动原理上的差异相对应。它们有两种形式,即方向错觉和长度错觉。

对于视域之中垂直线条的方向,两只眼睛各自都有错觉。这条线的上端向外倾斜 1°～3°,看起来是垂直的,但真正垂直的线条看上去是向里倾斜的。对于两只眼睛来说,错觉方向相反,因而双目并用的时候,错觉就消失了。原因在于:眼睛向下运动会自然而然地增加会合力度,向上运动减少会合力度。如果没有参照物,这种垂直运动的偏差就不会被察觉;如果有参照物,就形成方向相反的偏差。

当视域中的线段垂直相交的时候就出现同样有规律的长度错觉,原因也在于肌肉配置的差异,推动眼睛上下运动和推断眼睛里外运动的肌肉不一样。垂直线段和水平线段长度相同,但垂直线段看起来要比水平直线长出十分之一至七分之一，这就导致了错觉的出现。因而，正方形看上去好像底比边短的长方形，眼睛里看到的正方形在垂直维度上要短。视力正常的眼睛和部分瘫痪的眼睛一样，沿着运动更困难的方向的距离更长。

垂直距离和水平距离的差异较大，很明显，除此之外，上下运动之间和里外运动之间还存在并不显眼的差距。垂直线段的上半部分要比实际长度平均多出十六分之一，比水平线段的外面半部分要长出四十分之一。前一种错觉同向下运动的简化相对应，而后一种错觉对应于会合运动的简化。

为了实现视觉目的，出现了结构特别的眼部肌肉，由此产生了两种稳定的错觉，除此之外，还有其他一些可变的类似于触觉器官运动的视觉错觉，其原因在于我们所有自发运动的常见属性。同样地，可变错觉也分为方向错觉和长度错觉。前者表现为锐角高估、钝角低估，形成角度的直线的方向也相应变化。长度错觉则表现为：比起自由和持续的运动，被迫的或者被打断的运动更费劲。两点之间画出一条线段，其长度要大于亮点之间没有画出线段的空白距离；如果一条线段同几条线段相交，这种线段要比单独一条线段看起来更长。

视角错觉类似触觉的地方在于高估幅度小的关节运动与低估幅度大的运动这种倾向。其一般表现为：短距离的运动所耗费的能力相对大于幅度更大的运动，因为运动开始的时候相对困难，而一旦启动后就相对容易。触觉现象同被中断线段的高估相似之处在于，因为一气呵成的运动的距离比起多次中断的运动的距离显得短。同理，多次中断的运动要比一次完成的运动更费劲。一条线段被中断的时候，只要眼睛的运动没有受到阻挠，眼睛就会高估中断线段，这一点不难理解。如果受到阻挠，比如这条线段仅仅中断了一次，那么这个断点就成为固定点。将其同不曾中断过的平滑线段作比较，我们倾向于认为前者没有运动，断点就是固定点，而后者会通过眼睛的运动得以察觉。因此，平滑线段要比中断线段看起来更长。这种解释还可用于说明图 2.6 中的错觉：这种错觉表现为上边的水平线段看起来更长，这条线沿着斜角向外扩展。这些斜线有一种动感，似乎比同样长度的线段要长。另外，向内倾斜的线段受到低估，如图 2.6 中下半部分所示。如图 2.7 所示，如果高估锐角的错觉反复出现，会产生非同一般的效果。图 2.7 中的斜长线实际上彼此平行，但长线与短线相交致使锐角明显扩大，平行线看起来要么相背要么相近。

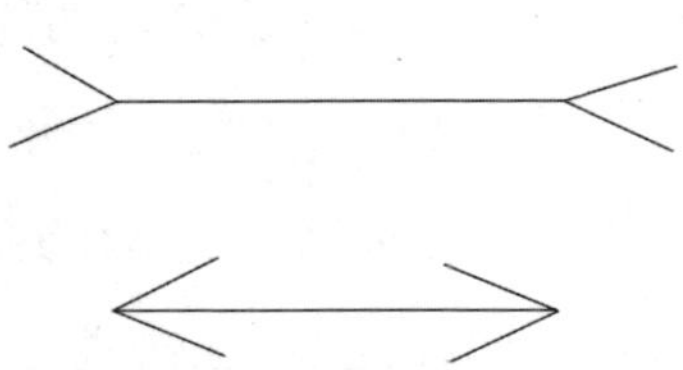

图 2.6　**穆勒—利耶尔错觉图**

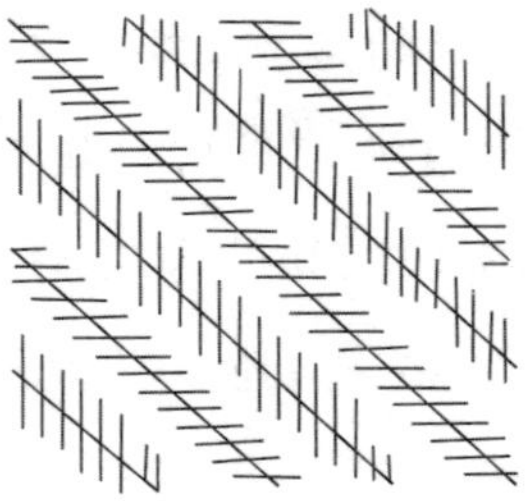

图 2.7　**佐尔纳错觉**

所有方向与长度错觉，无论变与不变，统统划分为“几何学视觉错觉”，与其他源自纯粹视觉异常的视觉错觉相区别。之所以采用几何学术语，是因为几何图形最容易表现这些错觉。这些术语继续扩展使用范围，不仅用于表示眼部运动造成的错觉，还用于其他由联想原则造成的视觉空间观察的异常形式，我们称之为“联想错觉”，有例为证：先把一条线放在一条短线旁边，这条线会看起来更长，然后把它放到比它更长的线旁边，它就变得更短了。一个角分别同比它大的角和比它小的角进行比较，也会出现类似的低估和高估（§17）。相似的联想同样出现这种情况下的方向与长度的可变错觉之中：运动能量的差异所导致的错觉有所变动，平面图像明显产生立体感，对图像的观察就会变得同视网膜图像相一致。比如，中断的线段要比同等长度的平滑线段看起来要长，不仅如此，中断的线段看起来要更远。后一种情况是一系列联想造成的，两个同样大小的物体在视网膜上成像，越远的物体其视网膜成像越大。眼睛专心注视的时候透视联想错觉要比眼睛自由转动的时候更加明显，因为很大程度上这些错觉来自视网膜成像的直接对比。透视联想错觉还能解释可变错觉与不变错觉之间的区别，因为不变错觉一般无须透视解释。我们在§16中会进一步讨论联想错觉，在§17中讨论空间对比。

可变与不变视觉错觉都直接源自对眼睛运动空间方向和距离的观察。顺着这一思路深入下去，就会碰到否定性事实：视网膜元素的安排方式，尤其是这些元素紧紧靠在一起，通常对于方向和大小观念没有什么明显影响。无论是直接看见还是间接看见，两点之间的距离都是一样的，这个事实最具颠覆性。直接看到的两个点是明显区分的，在视域中的异常部位看起来就是一个点，但只要它们是各自独立的，它们就位于不同的区域。在前文述及的有关情况中，物体成像落在盲点上就会消失，这说明对距离的感知并不依赖于视网膜元素的相互靠近。盲点大小约6°，因此，大型物体的成像可以落在这个区域，比如，6英尺外的人脸就会落在这里无法成像。然而，只要成像点在盲点上下左右是可见的，这些点的间距就和视域中点的间距一样。类似事实在部分视网膜出现病理损坏导致失明的情况下格外明显。①

这些现象都表明视觉敏锐度和视域方向与距离的感知是不同条件下的两种功能：第一种功能依赖视网膜元素的紧密相邻；第二种功能依赖眼睛的运动。由此可以直接得出：视觉空间观念不是初始观念或者光线印象自身产生的观念，顶多类似于触觉印象自身直接产生触觉空间观念。在这两种情况中，一些感觉成分的组合产生空间顺序，这些成分一旦各自独立，就不再具备任何空间属性。其他条件也说明视觉元素以同样的方式相互作用，如同触觉那样，并且只有触觉获得相似独立性的时候，视力正常情况下视觉空间观念的发展同先天失明情况下视觉空间观念的发展完全平行。视网膜完全对应触摸印象，眼睛运动对应触摸运动。触觉印象只有通过与空间品

① 这种关联有事实为证：盲点在视域中并非毫无感知内容的空白，而是延续整个视域的亮度和颜色。因此，当我们注视一个白色平面的时候，视域就是白色的；当我们注视黑色平面的时候，视域就是黑色的。只有通过再造感觉才可能对盲点之外的区域进行填充，我们在§16中会将它作为一种联想现象加以讨论。

质相联系的感觉的局部属性才能获得空间品质，即通过局部标识，同理，视网膜印象也是如此。

可以确定的是，视网膜上局部标识的品质色彩渐变的表现形式与皮肤上的不一样，但使用色彩可以统一说明随着逐渐远离视网膜中心感觉品质是如何渐变的。色彩饱和度跟间接视觉的不同，色调也有变化，比如，黄色看上去仿佛是橙色的。实际上在视网膜的反应中没有严格的证据表明感觉中存在纯粹的局部差异，至少在视网膜中心想象不出什么渐变现象。然而，感觉中的局部差异的确存在，这证实了差异没有明显表现形式的假设。这一假设更加可靠，因为视觉渐变要比触觉渐变更加精细，把感觉差异直接转化成局部差异，这一倾向在触觉情况下格外分明，但很可能毁坏这些局部差异的显著的品质属性。这一观点有事实为证：距离视网膜中心较远的地方感觉差异很明显，只有条件适宜的时候才能观察得到——有限印象存在的时候；当注视颜色统一的表面的时候，这些差异全都消失不见。品质差异消失的部分原因在于它们同局部差异的关系。

因而，我们不妨假设：局部品质标识对来自视觉敏锐度的数据进行判断，在视网膜中心最为精细、层次最分明，而在边缘部位就淡化了。视觉空间的形成可以描述为两个系统的组合，两个维度上的局部标识系统与内涵内在触觉系统的组合。对于任意两个局部标识 a 和 b，都对应张力感觉 α，这一感觉来自 ab 之间的运动，并且是 ab 之间距离的测量。a 和 c 之间距离更长，张力感觉 γ 更强烈。手指上某个点最敏感，可以作为参照中心，以此类推，视网膜中心就是眼睛的参照点。视域中任一亮点都能刺激视觉神经分布中心，试图将视线引向自身。将异常刺激引向视网膜中心可能是眼睛运动协同发展的基本条件，同时也能说明间接视物时的巨大困难。间接视物时，注意力集中在一个点上，视线引向这个点的冲动很强烈，就明显出现了困难。视网膜中心对眼睛运动极其重要，凝视点成为视域的参照中心，视域中的全部距离都具备参照凝视点的统一标准。外部印象的行为引发局部标识的兴奋，两者共同引发朝向视网膜中心的运动。因此，三种不同感觉元素的融合构成视觉空间安排的整个过程：首先是来自外部刺激特征的感觉品质；其次是来自受刺激的点的局部品质标识；最后是受刺激点与视网膜中心的关系所决定的强烈的运动感觉。第三种元素要么伴随切实的运动——这是最初的状况，要么眼睛不动的时候纯粹变成格外强烈的运动冲动。局部品质标识与伴随运动的强烈的张力感之间的联系很有规律，因此，两者可以合在一起看作一个单独系统，即复杂的局部标识系统。这两种元素与外部刺激引起的感觉与复杂局部标识系统完全融合，其产物就是简单视觉印象的空间定位。根据局部标识系统的元素，这些融合在品质和强度上逐渐变化，大量融合组合在一起，就构成简单印象的空间安排。这些融合的支配元素是外部刺激引发的感觉。与此相对，局部标识系统的元素默默无闻，因为直接感知客体的时候，局部标识完全被它们的空间阐释吞没掉了。

b. 视觉观念相对于观念主体的定位

视觉观念中印象与主体之间关系的最简单表现是印象向单点的扩展是有限的。如果光线的一个点出现在视域中，两只眼睛的两条视线落在这个点上，这是刺激产生的反射冲动的结果，同时两只眼睛的成像落在视网膜中心。器官会依照这个点的距离进行调节。这个点同观念主体相距一定距离，在两只眼睛的视网膜中心看上去成为单独的一个点，且方向固定。

主体通常由一个点表示，这个点位于两只眼球正中，我们称其为视域的定位点。以此为起点，向着两条视线的交叉点即外部凝视点画一条线，这条线称为定位线。如果空间中一个点是固定的，那么定位线的方向在观念里就是精确的。这一观念来自双眼位置所产生的内在触觉。这些感觉非常明显，因为眼睛沿着中心位置转动的时候感觉强度很明显。单独一只眼睛就拥有这些感觉，因此，单眼的方向定位和双眼的方向定位一样完美。但是，单眼视力中,定位线往往和视线重合。[1]

主客体之间的距离观念或者定位线的绝对长度观念比方向观念更模糊。我们总以为定位线比实际长度要短,比如,在视域中规规矩矩地放一根线,同定位线垂直,两相比较,定位线看起来要短。标准距离看上去比定位线的实际长度短。凝视点移往远处,即定位线变得更长,距离差别更大。产生这种距离观念的只有源于双眼位置的张力感觉。实际上,会合变化的时候就能体会到这些感觉:会合角度加大的时候从眼睛的内角能体会到,会合角度降低的时候从外角能体会到。对应于特定会合位置的感觉全部相加,就能将这个位置同其他位置完全分开。

只有通过经验才能产生关于定位线明确的绝对长度的观念,这个过程中出现大量联想附加于感觉元素。这就说明了为什么这些观念如此模糊、为什么视觉观念的其他成分时而补益时而干扰这些观念,尤其是熟悉物体的视网膜成像的大小。另外,会合感觉对物体距离的差异的测量相对精细。在视线近乎平行的地方,当会合变化对应 60″或 70″视角的时候,就能观察到这种会合变化。当会合增加,能察觉的会合变化的绝对数量同样显著增加,但是,尽管角度增加,相应的定位线的长度差异会越来越小。因此,伴随会合运动的纯粹内涵感觉直接转化成凝视点和主体定位点之间距离变化的观念。

将特别的综合感觉转变成距离观念,原因不在于先天能量,而在于特别的心理发展,大量经验证实了这一点。比如,对绝对距离和距离差异的感知在实践中大大提高。儿童一般倾向于在触手可及的地方定位远处的物体,比如,他们想摘下月亮、想抓住塔上的砖等,不一而足。同样地,先天性盲人做过手术后,根本就不知远近。

呈现的不仅仅是分离的点,而是扩展的三维物体,至少是大量凸凹有致

---

[1] 对于这个规律,双眼观察是个例外。闭上一只眼睛,定位线和双眼视野中一样,不会同视线重合。在这些情况中,闭上的眼睛往往带来朝向凝视点的会合运动,凝视点和眼睛睁开的时候一样。

的点，沿着各自的定位线有着相对不同的距离，这对于正常条件下的远近分辨意义重大。

我们先来看一种简单情况：两个点 a 和 b 得以呈现，深度不同，直线相连。注视 a 和 b 之间不同的点，始终伴有会合的变化，首先造成视网膜局部标识的持续变化，这些标志对应于直线 ab 上的点；其次造成内在触觉 α，对应于 a 和 b 之间的会合差异。我们从中得到空间融合的元素。但融合的产物相当特别，它的两个成分都有不同的表现，即局部标识的连续序列和伴生的运动触觉，这两个成分是融合的产物，当我们注视视域中的一条线时就产生这些融合，这条线不会扩展至第三维度，而是全部位于一个特定平面。在运动触觉中，在两只眼睛看来，局部标识的变化和运动感觉的变化是相似的，而在局部标识的连续序列中，也就是凝视点从远到近或者从近到远，两者眼睛的局部标识的变化恰好相反。比如，右眼左转，此时左眼右转，或者反之。视网膜成像的运动也是如此，成像在右眼中右转，在左眼中就是左转，或者反过来。当眼睛由近向远看，就发生前一种状况，反之就是后一种状况。会合运动产生这些融合，只是关系到它们的品质与强度成分。这些融合的构成类似于为视域元素相互安排构成基础的融合，但这些元素的整合方式十分特别，跟那两种情况全然不同。

因而，局部标识与内在触觉的融合构成复杂局部标识系统，这个系统有相似的地方，但构成方式独具一格。第二种局部标识系统中，不仅客体元素之间具有双向关系，还增加了观念主体与客体元素的关系。依据不同的感觉元素，主客体关系分成两种观念元素，即方向观念和长度观念。它们首先以观念主体脑中的定位点为参照，继而构成外部客体的相互关系。因而，我们为定位线上两个不同的点赋予方向和距离。所有这些空间距离的观念积累在一起，构成所谓的深度观念，另外，它们还可用于表现特别的单个物体，构成三维物体观念。

根据主客体条件的不同，深度观念也有所不同。确定视域中一个孤立的点的绝对距离总是很难的。两点成线，两只眼睛的凝视点沿着这条线运动，改变从此到彼的会合，只有在这种情况下才能确定深度不同的 a 和 b 两点之间的相对距离。我们将这些线称为注视线。基本原理就此形成：只有当注视线连接这些空间中的点，两只眼睛的注视点沿着注视线移动，这时候，空间中的点因其实际关系而得以感知。这条原理是可行的，原因在于：感觉视网膜局部标识与伴随会合的张力感觉相结合的条件得到满足，仅当在视网膜局部标识上印象出现的时候（这些局部标识对应于会合产生的特别的张力）。

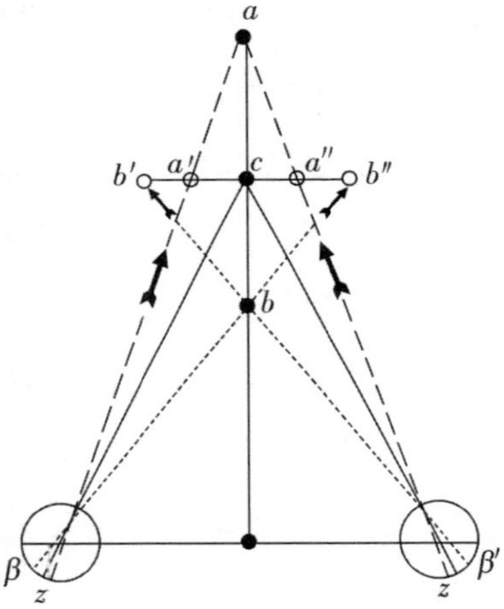

图 2.8　**双像未相交与双像相交**

如果上述条件不成立，就会针对两个点与主体的相对距离的差异产生不完美的不确定的观念，要么平稳注视其中一个点的时候，两个点看上去是等距的。在这些情况下，观念中往往会发生又一个重要变化：只有那个固定的点看起来是单独的一个点，另外一个点看起来才是两个点。注视延伸性物体，当它们未经双眼凝视点相连的时候，也会发生同样的情况。这种方式产生的双重视像要么有交集，要么没有。凝视点砸死物体之前，物体投射双重视像，此时，右像属于右眼，左像属于左眼，这就是没有交集的情形。如图 2.8 所示，c 是凝视点，a 是物体，a 的双重视像出现在 a 和 a'。当物体在凝视点之前的时候，会出现双像相交。如图 2.8 所示，凝视点依然是 c，物体 b 的双像位于 b' 和 b''。在这两种情况下，双向之间的距离由 α' 和 α''、β' 和 β'' 的角度的大小决定，；从物体到视网膜画一条线穿过眼睛的视觉中心，再从凝视点中心到视网膜中心画一条线，两条线构成这两个角。双像并不和图 2.8 那样看起来跟凝视点处于同一个面，a' 和 a'' 比 c 更远，b' 和 b'' 更近一点，但是它们不是物体之间的真实距离。或许这属于大脑中的单眼深度感知范畴，后面我们会作详细的讨论。

双眼的深度定位和双眼双像是互相联系的现象。定位模糊、有瑕疵的时候就有双像，反之，没有双像的时候深度定位就是清晰准确的。这两种现象同注视线的关系是这样的：注视线出现的时候会辅助构成深度观念，同时消除双像。但这条规律并非没有例外：当两只眼睛一动不动地凝视一个点的时候，不论出现什么样的注视线都可能产生双像。其原因在于，深度观念所需的一般条件。注视线的缺失导致必需的连续的逻辑符号不存在，与此相似，在固定凝视的时候缺少与会合运动相关的内在触觉。

c. 元素的相互定位及其相对于主体的定位之间的关系

当视域仅仅作为一系列视觉印象的相互定位的时候，这一区域对于我们而言就是一个平面，这个平面中的单个物体相较于有深度的物体是二维的。但一个二维观念必须通过两种方式与主体建立关联：首先，我们通过注视线上的一个特别方向来注视视域中的每一个点；其次，整个视域和作为主体的我们之间有一定距离。

特殊方向的定位产生竖直的观念客体，它对应视网膜倒像。客体的方向定位与视网膜成像之间的关系是眼睛运动的结果，倒像是眼睛光学特质的产物，两者都是必需的。我们的定位线是外部视线，或者对于双眼视野而言，它是作为视点移动的混合效应的产物的中线。外部空间中这条定位线向上的方向对应内部视觉空间中向下的方向，在内部视觉空间中，视网膜成像位于眼球中心之后。倒像在定位线上的方向是向下的。

位置不管距离如何，必然不可或缺，因而视域中的所有点都被置于一个半球的凹面上，其中心就是定位点，或者是单眼视野中的眼睛旋转中心。一个大面积曲面上的一小部分看起来就是一个平面，因此，单个物体的二维观念是平面性质的，如平面几何中的图形。但视域的一些部分脱离整个视域，位于单个平面的前方或后方也就是位于不同的平面，这时候二维观念就让位于三维观念。

当我们的视点由远及近或者由近及远，局部品质标识和内在触觉的融合成为复杂的深度局部标识。对于任一系列注视点前后的点，或者对于任一别无他物唯有一系列点的延伸性物体来说，这些局部标识形成一个按照一定规律进行安排的系统，其中，一簇特殊的、复杂的深度局部标识总是无一例外地表示一系列具有特殊距离的立体的点。两个点位于不同距离的位置，其中一个点是固定的，另一个点通过明确的统一的方式由两只眼睛中的成像位置来表示。在两只眼睛中的位置对应各自的复杂的局部标识，是不一样的。同理，那些相互关联的点或者延伸性物体也是如此。当我们注视一个固体的时候，它在两只眼睛中成像，成像各不相同，因为物体参照两只眼睛的相对位置是不同的。在两个眼睛里，成像上的某个点的位置是有差异的，我们将这一差异称为双眼平行。对于固定不变的点来说，这种平行视差是零；对于那些在深度上均距的点来说，这种平行视差接近于零；对于所有其他点来说，当它们比注视点更远的时候，平行视差大于零，更近的时候就小于零。如果我们站立不动，两只眼睛看一个立体物，只有一个点是固定的，这个点和那些等距的、周围的视域中的点一起在两只眼睛中成像，成像对应于两只眼睛中的位置。所有物体的点相距不等，成像的位置和大小也不同。如图 2.9 所示，点 d 在两个视网膜上的成像是 δ 和 β，它们与两个视网膜中心的距离相同，两只眼睛的视网膜用 a 和 b 分别表示。点 e 在左眼的成像是 ε，在右眼的成像是 β。这两个成像与中心的距离不一样。这些距离差异的大小或者 $b\beta$ 与 $a\varepsilon$ 的两个角的角度就是双眼平行视差。由平行视差决定的差异决定一个固体的立体外形，当成像点之间存在注视线的时候。一个点位于注视点之前或者之后，通过一条线与注视中心相连；对于每一个这样的点都有一个平行视差角，如图 2.9 所示。通过方向、大小和与之相连的复杂局部标识，这一平行视差角可以衡量物体各个点的深度的相对距离。图 2.9 中，成像 ε 和 β 的平行视差决定了 e 比 d 更近，AB 上的所有不同的点的平行视差可以确认有别于 $A'B'$ 的 AB 的整体深度位置。对于给定深度的物体，这一平行视差角随着固体与主体的距离的增加而缩小，因此，立体感逐步消失；当距离增大到所有平行视差角斗消失的时候，物体看起来就是平面的，除非像后文（§16）探讨的联想那样产生深度观念。

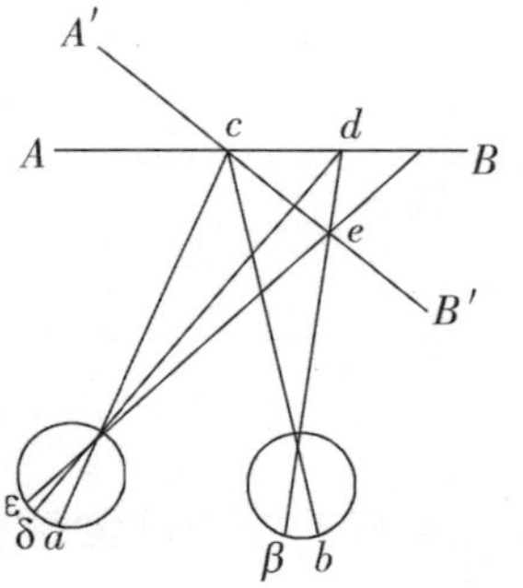

图 2.9　双眼平行视差

可以通过立体镜实验来研究双眼视野对深度观念的影响。实验仪器由两个棱镜组成，它们的反射角互相面对，正好将两个平面成像合成双眼成像，平面成像对应三维物体的两个视网膜成像（图 2.10）。双眼融合的图像 a 和 b 指向区域 c，在那里两只眼睛的视线会合，两个成像带给我们的经验和一个固体（是立体的，位于 c 处）带给我们的经验是一样的。而且，在立体成像清晰之前，复杂的立体图绝大多数都需要前后运动的重叠。立体图的各个部分可以相互参照出现各种变化，在观察这些立体图的时候，双眼平行视差效应最为分明。这些图形组成部分的运动伴随立体感的明显变化，这种立体感直接对应双眼平行视差造成的变化。比如，在图 2.11 中，图形 A 仿佛金字塔，削平的顶端面向观察者。但是，当小正方形挪到 B 的位置，此时整个图形变成中空的金字塔，仿佛观察者从里向外看。双眼平行视差的大小有赖于两者眼睛之间的距离，因而，当物体在现实中过于遥远无法产生立体效应的时候，也有可能产生深度观念。在这些情况下，在主客体距离大于双眼距离的位置获得的图片合并后就能形成立体图像，从而获得立体效应。比如，拍摄风景立体照片就是如此。结果就是这些图片合在一起，看起来不像真实的风景，更像近距离观察的立体模型。

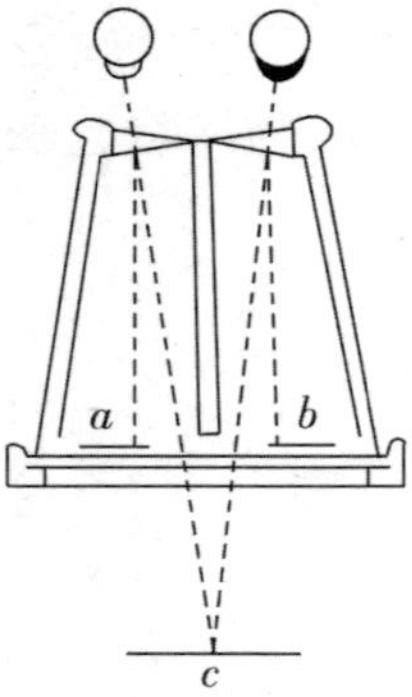

图 2.10　立体镜图

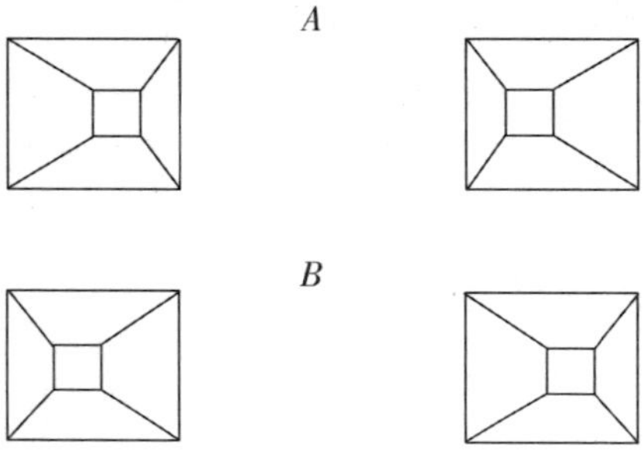

图 2.11　立体图

在单眼视野中，同会合运动有关的条件全都不存在，而且没有视网膜成像的双眼差异，这些成像可以人为地复制到立体像中。即便如此，依然存在能够产生第三维定位的因素，尽管这一定位比起双眼视力来太不完善了。

相比其他条件，适应运动的影响相对有限。但是和会合运动一样，适应运动同样伴随这种鲜明的感知：视线由远到近，需要适应巨大变化。这些感知对于微弱的深度变化很不确定。因而，当只用一只眼睛注视的时候，一个点沿着视线的方向进行运动，往往直到视网膜成像的大小出现变化来清晰可见。

对于单眼深度观念的发展来说，所谓的视角成分施加的影响最为重要，它们是视角的相对大小、限制线的方向、阴影方向、空气吸收造成的色彩变化等。所有这些影响都依赖观念联想，后文会详述（§16）。

总体而言，和触觉观念一样，我们在说明视觉观念的时候同样存在相反的理论。有时候经验论的谬误在于局限于光学，把空间感知的实际问题变成触摸。在这些情况中，经验论限定了研究范围：基于现有的源自触觉的空间观念，视觉观念的定位在经验的辅助下是如何发生的。但是，它试图把视觉空间缩减为触觉空间，不仅自相矛盾，而且同经验冲突：经验表明，视力正常人的视觉空间感知决定触觉空间感知，而非相反。触觉是更原始的感知，但这一总体进化现象不适用于个体的进化。支持先天论的主要证据首先是视网膜元素的脱位造成的变形，其次是一开始就表明两只眼睛的统一功能的定位线的位置。我们已经知道，变形及其他现象证实只要出现变化就必定出现对立，而且，长期只用一只眼睛会造成定位线与视线重合，这一事实证明定位线并非一开始就有，而是源自视觉环境的影响。还有其他的事实反对先天论支持基因论：儿童在外部刺激的影响下眼部运动协同作用的发展及明显与之相伴的空间感知组织。人的这种发展照例同大多数动物的发展不一样。动物一出生，视网膜印象与眼睛及头部运动的反射协同就能完美地发挥功能。

融合理论对双眼视觉现象研究得更加透彻，比起以前的先天论和经验论，具有明显优势。先天论很难说明为何单眼视物的时候会双眼成像。为了规避这一缺陷，有人做出这种假设：两个视网膜对应点由同一个拥有视神经交叉的视觉纤维连接，因此，两个视网膜对应点在感觉中枢中不过是一个点而已。但是，只要开始研究双眼三维视觉的实际条件，强调两个视网膜的同一性就再也站不住脚了。

§11. 时间观念

我们所有的观念同时都是时间的和空间的。但是，由于印象的空间安排条件最初是触觉和视觉，并且由于空间关系从触觉和视觉出发继续向其他感觉延伸，因而感觉形式只有两种，即来自运动的内在触觉和作为时间观念基础源头的听觉。但是，空间观念和时间观念之间存在显著的区别：对于空间观念，能产生独立的空间秩序的感觉形式只有触觉和视觉；而对于时间观念，具备最适合产生时间观念的条件两种感觉形式的就是最重要的。这些条件在任一感觉中都多少有一点。这就表明时间观念的心理基础更加普遍，且不是由特殊感官的特殊结果所决定的。这一观点有此为证：我们认为观念具备一些时间属性，并且认为一些主观过程，如情绪和感情同样具备这些时间属性。但需要提及的是，时间感知的条件要比空间感知的条件更加普遍，这不等于可以得出如下结论：时间感知本身是一种更为普遍的感知形式。以同样的方式，我们将两种感觉（给予我们空间感知的触觉和视觉）的空间属性迁移到其他形式的感觉中，比如，通过密不可分的感觉和观念将空间属性转移给感情和情感过程。可能存在这样的疑问：没有相关联的观念，情感过程自身是否具备时间属性，因为时间秩序的条件里藏着观念感知元素的一些属性。所有精神内容既是空间的又是时间的，这才是真实情况。空间秩序来自一些特殊的感觉元素：视力正常情况下，空间秩序主要来自视觉印象，失明的情况下就来自触觉印象。但时间观念来自所有可能的感觉。

时间混合物和空间混合物类似，和内涵观念相对照，特征是其元素之间明确不变的秩序。如果这一秩序出现了变动，就变成了其他混合物，即使成分的品质保持原样。在空间观念中,秩序的不变性仅用于元素之间的相互关系,而非元素与观念主体的关系。在时间混合物中,当一个元素与其他元素的关系发生变化,这时候,它同观念主体的关系也会发生变化。时间混合物中位置的变化所造成的影响跟空间混合物中位置变化的影响不同。

时间混合物与观念主体的关系是绝对的、不变的,无论时间元素多么短,每个时间混合物都具备这种特性,我们称之为时间流。在这个时间流里,每个时间点都有自己的内容,同观念主体的关系都是特定的,是其他时间点无法取代的。在空间中,完全是另外一番情形:把任何一个空间元素替换成其他元素,元素与主体的关系都是不变的,导致稳定感知,或者我们借用时间观念中的一个概念用于空间观念,那就是绝对持续。绝对持续指的是随着时间的流逝没有变化发生,但时间感知绝对不会没有变化。我们谈及一种印象是持续的时候,意指在一些时间段上,印象的感觉内容和情感内容高度相似,这时内容与主体的关系不同。因此持续这一概念用于时间的时候,只是一种相对概念。一个时间观念或许比另一个时间观念更持续,但没有绝对持续的时间观念。一种感觉无法在极长的时间段上保持不变,其中总会不断穿插其他感觉和情感内容。

然而,我们可以分离出两种时间关系,它们在实际经验中始终是融为一体的,即元素之间相互的时间关系和元素对观念主体的时间关系,因为每种关系都同时间观念的特性相关联。实际上,早在对时间观念进行精确的心理分析之前,两种关系就分隔出来作为特别术语用于一些事件在时间上的发生形式。如果只考虑元素之间的相互关系,不顾及元素同主体的关系,那么,时间模式可以区分为短、长、有规律的重复、无规律的变化等类别。如果考虑同主体的关系,忽略事件的客观形式,那么,我们可以将过去、现在和未来这些时间段作为这种关系的主要形式。

A. 时间触觉观念

时间观念最初是从触觉开始发展的。因而,触觉是观念元素时空安排

的一般基础。但是,触觉的空间功能来自外部触觉,而伴随运动的内在触觉是最早的空间观念的基本内容。

对于这些观念的产生,肢体的机械特性是重要的生理基础。胳膊和腿能够通过肌肉推动肩关节和臀关节来进行活动,同时还得忍受向下的重力。因而,运动极限有两种形式。首先,肌肉的自由活动持续调控我们的运动,因此,可以无限变化,满足每时每刻的需求,我们称之为无节奏运动。其次,肌肉的自由运动经过特意安排,使得肢体沿着关节反复运动,这就是有节奏运动。在这里我们不妨省略无节奏运动,虽然它们是肢体的多种用途,因为节奏运动始终伴随无节奏运动,而且完全决定无节奏运动成分的时间属性的是节奏运动成分的支配性影响。

对于时间观念的心理演变,有节奏触觉运动意义重大,其原因在于振幅相似的振动的等时性原则,这一原则同样赋予生理过程重大意义。行走的时候,双腿沿着臀关节极有规律地振荡,不仅能减少肌肉能量的消耗,而且将对运动的持续刻意地控制降至最低。此外,行走中胳膊还起到辅助作用。每迈出一步,足部落地,就造成腿部振荡的中断,但胳膊的振荡不会中断,因此胳膊持续运动,使得整个运动更统一、更有规律。

运动中的每一个振荡期都由一系列连续的感觉构成,这些感觉在下一个振荡期中以同样的方式重复。振荡期的起始和结尾以外在触觉的复合体为标志,开头的时候是伴随足部离地而产生的印象,结束的时候是足部踏回地面的印象。两者之间是一系列来自关节和肌肉的微弱的内在触觉。这些内在感觉的开始和结束在时间上与外在感觉的出现相重合,要比中间内在感觉更强烈。这些更强烈、更密集的内在感觉伴随来自肌肉、关节的运动冲动及对这些冲动的猛然抑制,这些内在感觉还帮助划分这些连续时段。

与这些规律性的感觉序列相关联的是一系列与其完全平行的、有规律的情感。研究有节奏运动系列中的一个时段,会发现这个时段的首尾始终包含期待得以满足的情感。从第一个动作开始,紧张的期待感逐渐加强,在最后一个动作上突然下降，从最大变为零，紧接着就是满足感的快速上升然后下沉，在同一系列中如此循环往复。因此，在情感层面，有节奏触觉运动的整个过程由情感序列组成，这个序列包含两个品质截然不同的情感。在一般特征上这些情感属于紧张和舒缓情感的系列。一种情感快速进行；另一种情感缓慢到达顶点，旋即突然消失。因此，最强烈的情感过程聚在每个时段的两端，通过期待感与满足感的对照而表现得更为猛烈。不同的阶段界线分明，每次分界的感觉基础在于同时产生的强烈的外在和内在触觉印象，和前文指出的一样，因此，同连续不断的较微弱的内在感觉相对应的还有一系列完全的期待感，这些内在感觉伴随肢体的摆动。

最简单的触觉视觉观念由节奏化安排的感觉构成，只要进行一系列的走动，这些感觉就前后相继、方式统一。但即便在一般走动中也会产生趋向复杂化的轻微倾向。第一个阶段的开始在感觉及其相伴的情感上都比第二个阶段的开始更受到重视。因此，运动节奏拥有了韵律。重要观念和不重要观念组成简单的有规律的连续体，这个连续体对应最简单的八分之二拍。一般行走也会产生韵律感，因为右侧具有生理优势，而且当多人集体行进的时候，韵律更明显。多人集体前行的时候两个以上的阶段可能会合成同一个节奏单位。对于节奏更繁复的舞蹈运动而言，同样如此。但是在这些复合触觉节奏中时间听觉观念起到决定性影响。

B. 时间听觉观念

听觉的特性表现为更加精确地感知外部过程中的时间关系，外部刺激中断后感知延续极短，因此，连续的声音可以复制，几乎同相应的连续感知一模一样。时间听觉观念的一些心理特性与这一事实相关。首先，只有构成整体观念的各个间歇的两端才有感知标识，因此，时间听觉观念与时间触觉观念不同。两端的感知之间要么是空荡荡的，要么充满不同内容的间歇，由此可以估计这些间歇的相互关系。

这一点在有节奏的听觉观念中尤其明显。总体上有两种形式的观念：时间延续相对较长的感觉连续体，一直延续或者几乎没有中断；零零散散的感觉连续体，其中只有节奏阶段的两个极端才有外部生硬的标识。对于声音完全统一的零散连续体来说，观念的时间属性一般要比持续印象更加明显，因为在零散连续体中音质效应完全被排除了。我们可以将研究范围限定为零散系列，因为其原理同样适用于连续系列。实际上，一些单音划分连续系列中的节奏，这些单音要么出现在外部印象中，要么刻意而为。

通过这一方式一下又一下击打形成有规律的系列，这是形式简单的时间听觉观念，如钟表和节拍器的嘀嗒声。它比起最简单的时间触觉观念，主要区别在于间歇中一点没有客观感知。这里的外部印象除了分离各个间歇别无他用。但是，这些系列中的间歇绝非空洞无物，而是充满主观情感和感知内容，这些内容完全对应于触觉观念中的内容。其中最重要的是充满情感内容的间歇，这些间歇构成期待的连续时期。在每个时期中，期待逐渐明显，在末尾突然充满。期待情感的感觉基础并非一点没有，只是变化多端而已。这种感觉基础有时只是鼓膜的紧张感觉，有时还伴随身体其他部位的感觉。最后，无意识有节奏运动与听觉系列相联系的时候，感觉基础是一系列其他形式的内在触觉。有规律的连续轻拍产生普通的感觉与情感过程，如图 2.12 中的曲线所示，图中点状线标识轻拍产生的连续感觉，1、2、3、4 对应轻拍强度最大的点；实线表示情感；水平线之上的部分标识紧张和期待；水平线下的曲线部分对应每次敲击时产生的放松。

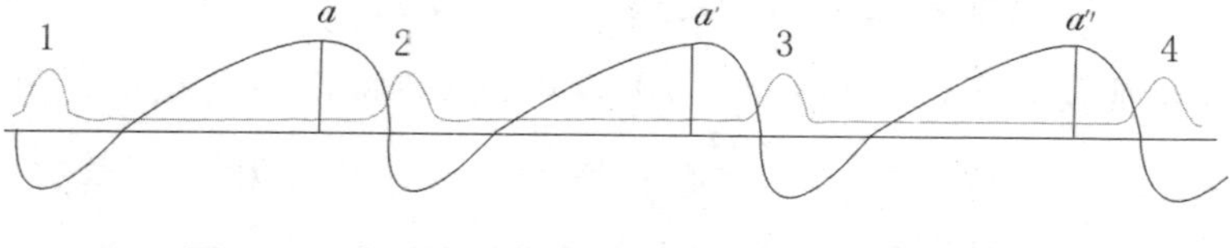

图 2.12　有规律有节奏的系列中的感觉和情感过程

不同比率的感觉连续体造成的效应中的有节奏听觉印象这种情况里，主体元素对时间观念特征的影响最为分明。根据相关研究表明，大约 0.2

秒一次的中等频率最适合一些听觉印象连续体的联合，很容易发现在这一比率上上述主观感觉和情感交替出现得最为明显。如果更慢一点，紧张的期待过大，会转变为不快，这种不快越来越难以持续。反之，如果加速，期待感稍纵即逝，难以察觉。因此，在两个方向上都要设置极限，即合成印象不再有可能转变为节奏时间观念。上限是 1 秒，下限是0.1秒。

当感知条件的变化并未改变间歇的客观时长的时候，这些基于间歇的观念会出现一些变化，在这些变化中，清晰表现出感觉和情感过程对于感知时间间歇的影响。因此，总体而言，分隔出一些间歇的一个时段听起来要比未曾分隔的时段更长一些。这里有一种现象，类似于前文提及的中断线的错觉。对时间间隔的高估远甚于空间间隔。原因明显在此：感觉和情感的反复交替对感知的影响大于类似的空间错觉中运动中断所造成的影响。另外，只要时段延长得足够充分，就可以在间歇的交界处达到极限，在这里错觉消失或者反转。在反转情形中，有分隔的间歇要短于未分隔的间歇。这一反转错觉明显是因为，空白间歇延至最后印象时刻的到来，期间紧张感更强烈了。还有一点，在一系列有规律的击打中，由于一些单击强度特大或者品质怪异，因而特别突兀，那么结果就是，突兀的单击之前和之后的间歇相比同系列中的其他间歇会受到格外重视。最后一点，如果强弱击打交替继续产生某种节奏，微弱击打就比强烈击打听上去更慢。感觉和情感变化造成的影响也可以解释这些现象。“鹤立鸡群”的印象在感觉过程中造成变化，尤其是在被理解之前的情感过程中，因为必须存在更强烈的紧张期待情感和相应的更强烈的满足情感。期待延长了之前的间歇，满足延长了后面的间歇。如果一个时间段内饰弱印象，另外时段内饰强印象，那么，整体上就是另外一番情形了。为了捕捉弱印象我们必须集中更多精力。因此，紧张的感觉和情感更强烈、更易察觉，因为弱节拍比强节拍就是这样。同样地，主观元素产生时间观念，它们的不同强度通过这些观念的差异反应出来。因此，当我们不拿弱节拍和强节拍相比，而是将强节拍跟更强的节拍相

比的时候，效果不仅消失，而且颠倒过来。

至少两种相类的时段联合起来形成一个有规律的节奏单位，这一趋向不仅出现在有节奏触觉印象中，而出现在听觉观念中，只不过程度更加显著。在触觉运动中，限制单个时段的感觉受到意志的影响，形成节奏系列的倾向表现为强弱印象的实际交替。在听觉中，外部声音产生印象，形成节奏系列的倾向可能导向特征错觉。一连串的击打强度上非常相像，通过相同的时段加以区隔，每隔一段间歇就会出现的单次击打听起来总是要比其他的击打更加强烈。如果没有其他决定因素，最常出现的节奏是八分之二拍。只有意志的努力才能克服这种标记视觉的倾向，且往往仅仅适用于极快和极慢的频次，这时候由于节奏系列的本质节奏感知接近极限。如果试图将尽可能多的印象整合成一个统一的时间观念，情况就更加复杂了。不同的重音和非重音有规律地交替出现，构成一个系列，因而，通过将构成整体的不同部分集聚成组，单个观念所包含的印象会增加很多。两个音级的重音形成四分之三拍和八分之五拍，三个音级的是四分之四拍和四分之六拍，如果采用三个音步的形式就是八分之九拍和八分之十二拍。音乐节奏和诗歌节奏中没有超过三个音级的重音，或者算上非重音音符，没有超过四级的强度，更无法人为制造。很明显，这些三级重音标志着可能存在的时间观念复杂程度的极限，方式类似于包含印象的最大数目（§15）标志着时间观念的长度极限。

主观重音现象及其对构成节奏的感觉所造成的影响清楚地说明，时间观念和空间观念一样不是仅仅来自客观印象，还有总是和这些客观因素联系在一起的主观元素，这些主观元素通过其特征协助确定理解客观刺激的模式。之前的和同时发生的情感，加上运动的内在触觉，它们的强度的增加始终是造成重音的特别印象的主要原因。当产生内在触觉的肌肉紧张刻意加强的时候，主观元素的强化可以是随意的，因此，相应地强化期待情感。或者是这样的：主观元素的强化是无意识的，当时间观念元素组合的强烈冲动作为感觉和情感波动的直接后果出现的时候，试图感知过程中试图涵盖尽可能多的元素的时候，发生感觉和情感波动。

C. 时间观念的一般条件

如果我们试图在上述现象的基础上解释空间观念的诞生，那么，我们必须从这一事实出发：感觉自身认为它拥有的时间属性不多于空间属性。仅当单个心理元素和其他心理元素构成某些特征关系的时候，在时间上的位置才能发展。这个条件对于时间观念和对于空间观念一样重要。但是，联合的本质是很典型的，而且根本上异于这两种观念。

一个时间系列包含 a、b、c、d、e、f 这些成员，它们好比空间中一系列的点，当这个系列行进至 f，这些成员马上就构成一个独立的整体。但是在空间观念里，由于最初的视觉反射，元素参照注视点加以安排，而且不同时刻这个注视点可以是 a、b、c、d、e、f 中的任意一个。在时间观念里，总是以此时的印象为参照，所有其他印象在时间中得以安排。比如，一个崭新的印象成为此时的印象，尽管它的感觉内容与前一个观念的内容完全相同，这个新印象在主观就是不同的，因为无论伴随感觉的情感状态同其他时刻的情感的关系多么密切，两者从来都不会雷同。假如 $abcdef$ 这个系列之后紧跟着第二个印象系列 $a'b'c'd'e'f'$，其中，只要涉及感觉元素，就会如此：$a=a'$，$b=b'$，$c=c'$，以此类推。让我们用 α、β、γ、δ、ε、φ 和 α'、β'、γ'、δ'、ε'、φ' 来表示相对应的情感。那么 α 和 α'、β 和 β'、γ 和 γ' 等会是相似的情感，因为感觉是一样的；但这些情感不会是等同的，因为每个情感元素不仅有赖于直接与其相连的感觉，还有赖于情感元素的全部经验所决定的主观状态。$a'b'c'd'e'f'$ 这个系列中每个成员的主观状态都不同，而在 $abcdef$ 这个系列中相对应的成员就不是这样，因为印象 a' 出现的时候，a 早就出现了，所以 a' 可以联想到 a，但 a 就没有什么可以联想了。重复出现的复合系列中也存在类似情感状态的差异。这个系列的成员的状态从不相同，但此时此刻的情感的主观条件具有很大的一致性，因为每时每刻的情感在整个心理过程中都是独特的。假设许多次击打前后相继，如图 2.12 所示，感觉 1、感觉 2 和感觉 3 都差不多，那么，与感觉 3 相关的情感比起与感觉 2 相关的情感来就有差别，因为感觉 2 只能和感觉 1 联想，而感觉 3 同感觉 2 和感觉 1 都能联系起来。情感曲线和感觉曲线上两次击打之间的每个点也适用这个观点。例如，a''同前面的点存在某种关系。a''前面紧挨着 a'，两者的关系很密切，如果再朝前，比如 a''和 a 的关系就变弱了。这样，每个点在情感系列中都有各自特别的位置。

每一个时间观念的元素同即时发生的印象的关系都是固定的，因此，这一即时印象比其他元素醒目得多。这一属性类似于视域中凝视点的属性和触觉表面的中央点的属性，并且表现为这一事实：在所有的观念元素中，即时印象最清晰、最显著。但存在巨大差异，因为这种时间观念中最扎眼的感知与感官的生理构造没什么关联，而是全然归因于观念主体的一般属性，如情感过程所表现出来的。情感伴随即时印象瞬间出现，使得即时印象最为分明。相应地，我们可以把时间观念中构成即时印象的部分称为观念的凝视点。又由于它不像空间观念的凝视点那样依赖于外部结构，我们形象地称之为内在凝视点。在这个凝视点之外的印象，也就是即时印象之前的印象，它们是被间接感知的。这些印象从凝视点开始逐步有序消隐。只要元素的清晰度为正值，时间观念就整体可见。当某个元素清晰度降为零，观念就分解成组成成分。

时间感知的内在凝视点本质上有别于空间感知的外在凝视点，因为其特征不是由感觉决定的，而是由情感元素决定的。这些情感元素持续变化，造成精神生活环境持续变化，因此，内在凝视点一直在变化。内在凝视点的变化称为连续的时间流。连续的时间流意指此时此刻异于彼时彼刻，失去的时间永不复返。这一事实关系到时间的一维特征：时间观念的内在凝视点持续向前，单个点永远不会重复出现。一维时间总是参考不停变动的主体现身其中的凝视点，进而产生这种效果：时间观念元素不仅相互之间拥有凝视点，而且同意念主体之间有凝视点。

观念元素相互作用的方式和观念元素与观念主体建立关系的方式明显就是观念元素与观念自身相关联的方式。但是，这些元素本身没有时间属性，它们通过联合获得时间属性。我们借用局部标识这一术语，把这些元素叫作时间标识。时间观念发展的显著条件首先说明这些时间标识主要是情感元素。在任何节奏系列形成的过程中，任何印象都伴随期待情感，这是印象的显著特征，而感觉只有在产生情感的时候才造成影响。节奏系列突然中断的时候这种现象最为明显。而且，唯一出现在所有时间观念中的感觉是内在触觉。在触觉时间观念中，这些内在触觉立即与身体各部位的运动所产生的触觉相融合，而在听觉与涉及时间形式的其他观念中，它们作为同期主观现象与其他外部印象相异。因而，我们可以将期待情感看作品质时间标识，把内在触觉看作时间观念的内涵时间标识。观念自身必须看作两种时间标识的相互融合及与以时间形式表现出来的客观感觉的融合。以此，内在触觉作为一系列内涵感觉可以统一衡量客观感觉的构成，相伴随的情感为这些印象的品质特征提供基础，这些印象是时间观念所必需的。

在时间观念和空间观念的构成中，内在触觉起到的作用相差无几。通过这种感觉基础，可以很自然地发现两种感知形式的关系，这种关系可以通过这种几何形式表现出来。然而，时间标识的复杂系统和局部标识的复杂系统之间存在差异：前者的基础不是与特别外部感官相关联的感觉的品质属性，而是以同等方式源于千差万别的感觉的情感，因为这些情感不依赖感觉的客观内容，而是依赖它们的主观协同。控制这些情感过程的条件的显著变化能够解释为何我们的时间观念不如我们的空间观念有把握。间歇的长短决定我们主观上对间歇掌握到什么程度，这说明了所有特定情形中情感过程的影响。例如在连续的有节奏时期，我们对时间品质的比较最为精确，其中的间歇在长度层面最适合节奏区分。听觉中最适宜的间歇大约是

0.2秒。当这一间歇存在的时候，期待情感和满足情感的连续相继也是最适宜的，精确感知的条件得到满足。基于这种理想的连续性，能够极大程度上在期待情感变得和前一阶段的强度一样之前，确认什么时候新的印象干扰期待情感，还可以在极大程度上确认什么时候新印象延迟出现，使得情感强度更高。一系列印象非常缓慢的时候，期待情感会变得格外强烈。反之，当一系列情感非常快的时候，很有可能伴随任一印象出现惊讶情感，即便前面的紧张情导致感惊讶获得中等强度。关于时间记忆方面详见§16。

和空间观念的情况一样，我们探讨时间观念的心理起源的时候又遇到了先天论和基因论这两个相反的理论。但是，对于时间观念而言，先天论从来都成不了一种正当理论。先天论要么假设时间是一种“感知的先天形式”，要么退守所谓的时间感觉，武断地将这种时间感觉与其他感觉如肌肉的运动感觉相提并论。先天论太过宽泛，没有针对任何具体情况说明元素的影响，也没有解释已经明确展示出来的时间观念的条件。过去的心理学基因论如赫尔巴特的基因论试图仅从观念元素中推导出时间感知。但是，这种纯粹的推测忽视了实际经验中的条件。

§12. 复合情感

在时间观念的演变中，有一点显而易见：直接经验中感觉成分与情感成分的区别纯粹是抽象的产物。已经证明抽象对于时间观念是行不通的，因为在时间观念中，一些情感对于观念的产生起着基本作用。因此，仅当过程的最终结果也就是感觉之间的布置和感觉与主体之间的布置考虑在内的时候，时间观念才能称作观念。如果考察它们的实际组成，就会发现它们是感觉与情感的复杂产物。因此，在一定程度上它们是观念和情感元素构成的其他心理混合物之间的过渡形式，并且总称为情感过程。情感过程类似时间观念，尤其在这方面——研究情感过程如何发生的时候，根本不可能抽离感觉元素和情感元素。原因在于，在所有形式的情感过程的演化中，感觉和情感都是决定性因素。

内涵情感组合或者复合情感必须是第一个要研究的情感过程，因为单个混合物的显著特征是复合情感在各个时刻上的临时状态。因此，只有精准把握临时条件，而非把握同时发生的并且从这个阶段过渡到另外一个阶段的几个过程，这样才能对情感进行描述。另外，还有一些这些情感相对恒久的组合不是经常出现。我们称之为情绪。这些情绪经常转化为感情，因此，感情被认为位于情感和情绪之间的边界线上。由于边界具有相对稳定的特征，边界必须划归复合情感。

如此一来，复合情感就是统一特征的密集状态，通过这种特征单个的简单情感成分得以确认。所有这样的情感都可分为成分情感和合成情感。基本的成分情感始终是简单的感觉情感。几个成分情感可以联合起来构成合成情感的一部分，这个合成情感的一部分作为混合成分再和其他成分一起构成整个合成情感。

相应地，每个复合情感都可分成由全部成分构成的整体情感和构成整体情感的单个的局部情感。这些局部情感是分等级的，简单的感觉情感是第一级的局部情感，这些简单的感觉情感构成第二级或者更高级别的复合情感。级别高，就会发生成分元素的复杂合并或者交织。同时，低级别的局部情感可能作为组成部分进入几个高级别的局部情感。这种交织使得整体情感的本质极其复杂。有时整体情感会根据哪种局部情感组合起支配地位而改变特征，即使它的元素保持不变。

因此，和弦 *ceg* 是和谐的整体情感，其基本元素或者第一级局部情感是对应单音 *c*、*e*、*g* 的情感。整体情感和第一级局部情感之间是第二级局部情感，包括三种情感，是复音 *ce*、*eg*、*cg* 的和谐情感。要么其中一个第二级局部情感占支配地位，要么每个第二级局部情感都相同，根据不同情况，整体情感的特征分为四个区别。其中一个复杂局部情感要想起到决定作用，要么其感知成分强度更大，要么是受到前面情感的影响。比如，*ceg* 紧随 *cbeg*，那么 *ce* 的效应就得到加强，而 *ceg* 紧随 *cea* 的时候，强化的是 *cg* 效应。相似地，根据哪种局部组合占据优势地位，一些颜色会形成不同的效应。但是在后面这种情况中，因为印象布置规模巨大，空间相邻所带来的影响类似于组合方式的变化所带来的影响，并且，空间形式及其所有伴随条件的影响是基本的复杂化因素。

因此，复合情感的结构总体上极为复杂，但还是存在一些程度不同的演变。来自触觉、嗅觉和味觉印象的复杂情感在特征上要比与听觉和视觉观念相关的印象更简单。

同外在和内在触觉相关联的整体情感称为普通情感，因为通过它我们的整体情感表现为舒适或者不适。根据这一观点，嗅觉和味觉这两种最低级的化学感觉必须被看作普通情感的感觉基础，因为源自这两种感觉的局部情感联合触觉的局部情感共同组成无法分析的情感混合体。在单个情感中，起主导作用的是其中一个情感。但是在感觉基础的变更中，普通情感始终是舒适与不适的直接表达，因而也是同简单感觉情感联系最密切的所有复合情感的表达。只有在例外情况中，尤其是强度大得非同寻常的时候，听觉和视觉才构成普通情感的感觉基础。

普通情感是区分愉悦情感和不快情感的基础。这种区分也扩展到构单个的简单情感中，有时甚至是全部情感。愉悦和不快是两个极端，普通情感作为整体情感对应于主体舒适还是不适的感知，在其间振荡。需要强调的是，这种情感在中立区经常位于较长或较短的时段。同样地，愉悦和不快的表达可用于构成整体情感的单个成分。但是，把愉悦和不快赋予其他所有情感，或者笼统定义情感的时候将其作为必须因素，这样做毫无理由。即便对于普通情感，愉悦和不快只能用作涵盖一些品质不同的情感的概括性类名。单个的整体情感归入笼统的普通情感，其构成多种多样，因此，导致同一类情感的差别。

一些普通情感在特征上是复合的，这说明为何普通情感在严格意义上不能称为愉悦或者不快，因为普通情感由一系列元素构成，这些元素既属于愉悦类，又属于不快类，并且占据主导地位的只能是其中一类。特征对立的局部情感构成这些情感并形成这些情感的特征，这些情感可称为对立情感。普通情感中对立情感的简单形式就是反馈。它的构成成分有：伴随微弱的外部触觉的微弱的愉悦情感、同肌肉感觉（由来自触觉刺激的强烈的反射冲动所激发）相关联的情感。这些反射冲动会或多或少地扩展，到达隔膜的时候经常抑制呼吸，因而，不同情况中合成情感的强度、范围和构成差别很大。

在普通情感中，首先要提及的是，局部情感合并形成复合情感。实际上我们都误解了这种合并的心理法则，在生理学上，情感经常跟作为基础的感觉分不清。普通情感时而定义成“我们感觉状态的意识”，时而定义成“感觉整体，或者不可分析的感觉混乱”，这些感觉来自身体的所有部位。实际上，普通情感由许多局部情感组成。但不是这些情感的简单相加，而是特征统一的合成的整体情感。但同时，这也是一种最简单的合成构成的整体情感，也就是说，是单个的感觉情感所构成的整体情感，这些单个的感觉情感总体上不会联合起来形成第二级或者更高级的局部情感。在合成情感中，一个单个的局部情感往往占优势，尤其是当痛苦的情感伴随非常强烈的局部感觉的时候，在嗅觉和味觉中很常见；在同器官功能相关的一些感觉中，比如，伴随行走的内在触觉中也很常见。单个感觉的作用很重要，但还是很微弱，以至于无法识别占统治地位的情感，除非注意力转向我们自己的主观状态。这时候，注意力集中一般会使得任一局部情感起支配作用。

视觉和听觉的复合情感通常叫作基本的审美情感。这一名称包含所有同复合感知相关联的、因此自身也是复合的情感。它是一种特殊形式的情感，属于意义更广泛的情感类别，这些情感在更狭窄的意义上是美学效应的元素。在这里，“基本”这一术语并不用于情感自身，因为情感绝不是简单的，只是用这一术语来表示这些情感与更复杂、更高级的审美情感之间的相对区别。视觉的和听觉的感知或者基本的审美情感可以代表所有的在智力过程中产生的复合情感，比如，逻辑的、道德的和更高级的审美情感：由于这些复杂情感形式的一般心理结构和更简单的感知情感的结构格外相像，除了前者始终跟情感和情绪（产生自心理过程的整体交互）相关联之外。

普通情感的极端主要是情感品质，同个人的舒适和不适相对应，我们称之为愉悦的和不快的，同时，基本审美情感在很大程度上属于同样的情感系列，但更多地在客观层面上表现为令人愉快的和令人讨厌的。令人愉快的和令人讨厌的，这样的术语表示客体与观念主体的关系，而非个体状态。每一个术语不是单个情感的名字，而是一个宽泛的群体，其中的情感变幻无穷，对应各有特质的单个观念，这一点比愉悦和不快的情感更为明显。单独拿出一个来看也是如此，但更加多变，其他情感系列即激发和抑制情感或者紧张和放松情感，它们可以自我展现。

如果我们暂时忽略这一总体归类(按照这一归类,单个情感分别列入各种主要情感形式),依照相对应的感知元素之间的决定情感品质的关系,感知情感可以分成内涵和外延型。内涵情感指依赖于观念的感觉元素的品质属性的关系的情感,外延型情感指那些源于元素的时空布置的情感。“内涵”和“外延型”这样的表达方式指的不是情感本身的特征,因为实际情况中情感总是密集的,但这些术语指的是这些情感的产生条件。

因此,内涵和外延型情感不仅是相应观念的主观伴随物,因为每个观念一般都由品质不同的元素及其粗放布置构成,同一个观念可以同时作为密集观念和外延观念的基础。因而,一个由五颜六色的部件构成的视觉客体通过颜色的相互关系引发密集感,同样通过形式引发外延情感。一段连续的音响同对应着音响之间品质关系的密集情感相关联,还同源自这些音响的有节奏和无节奏空间连续体的外延情感相关联。这样的话,密集情感和外延情感都一直与视觉观念和听觉观念相关联,但是,当然在一定条件下,一种形式会将另一种形式驱至背景之中。因此,如果我们听到一个响声稍纵即逝,那么唯一察知的情感就是密集情感。如果我们听到一系列有节奏的无差别声音,那么,感知到的就只有外延情感了。很明显,人为制造条件可以便于心理分析:保留一种特殊的情感形式,同时尽可能消除其他形式。

用这种方式研究内涵情感,同色彩组合相关的情感具有以下特征:一种颜色和其他许多颜色形成令人心旷神怡的组合,但总体而言补充颜色不会构成最宜人的组合。比如,红和蓝组合起来要比红和绿的组合更养眼。互相接近的颜色总是不协调,如蓝和绿。因此,如同简单的色彩情感那样,关联机会及其导致的复杂情感使得效果变得复杂了。两种以上颜色的组合还没有充分研究。

同单音组合有关的情感非常多而且多变。它们构成情感范围,其中可以非常清楚地看到不同层级的特殊条件下产生的局部情感是如何形成的,这些情感还相互纠葛。单个情感怎么样以这一方式诞生,这是音乐的心理美学要研究的问题之一。

外延情感分为情感的和空间的。前者也称为形式情感,主要属于视觉;后者也称为节奏情感,属于听觉,而两者发展初期在触觉中都有所体现。

形式的视觉情感首先更倾向于有规律的形式,其次是不同部分之间存在简单比例的形式。最简单的比例就是对称或者 $I:I$,还有黄金分割,即 $(X+I):X=X:I$(整体与最大部分的比例等于最大部分与最小部分的比例)。对称最适合图形的水平维度,黄金分割最适合垂直维度,原因在于联想,尤其是同有机形式如人体形式的联想。可以这样解释,倾向于对称和一些简单比例的偏好意味着单个维度的衡量同眼睛的内在触觉有关联,同相伴生的感觉情感相关联,感觉情感作为局部情感进入形式的整体视觉情感。布置规律的整体情感来自对整个形式的观看,受到不同感觉之间的相互关系的影响,也受到局部情感之间的相互关系的影响。形式情感作为次要成分还同整体情感相融合,还有联想及与其相伴的情感。

节奏情感完全依赖曾经在时间观念中讨论过的条件。这里的局部情感是紧张和期待得到满足的情感,紧张和期待有规律地轮换,构成节奏时间观念。但是,这些局部情感的联合方式,尤其是特别的局部情感在整体情感中占据统治地位的方式,要比密集情感的瞬时特征更加依赖于现时情感与先前情感的关系。这个时候表现得尤为明显:节奏的每次改变都对同时出现的情感施加巨大影响。再加上另一个同样重要的原因:节奏情感整体上依赖于一种特殊的时间形式,因此,节奏情感是情绪的直接过渡形式。可以确信,情绪来自复合情感,但在这里不是情感产生的条件,同时情感也不是情绪产生的条件。但是这种情况下情绪一般通过有规律的情感连续体进行调适(§13)。

复合情感具有多样性,复合情感的条件同样具有多样性,因而不可能和时空观念那样明确表达如此广泛又统一的心理学原理。然而,还是可以通过一些普通属性来说明复合情感。每种情感都有两个因素:第一,局部情感的相互关系；第二，局部情感合成统一的整体情感。前者在密集情感中格外突出，后者在外延情感中格外抢眼。实际上，两种因素总是密不可分的，它们互相作用。因此，对于一个始终协调的图形来说，各个组成部分越遵循某些规则，形成的节奏越固定，这个图形就越来越复杂。另一方面，形成一个单一的整体会突显情感成分。所有这些层面上，情感组合同密集观念最相似。相反，印象的外延布置尤其是空间布置，更偏好几个观念的独立共存。

情感的全部成分密切作用，成为一个联合体，这个联合体遵守一个基本原则，即便是那些对应时空观念的情感也是如此。这个原则适用所有的情感过程，包括那些我们后文探讨的过程。我们称之为情感状态的一致性原则。可以这样解释：在一个给定时刻，只能存在一种整体情感，也就是说，不论何种情况，在一个给定时刻，所有出现的局部情感联合起来形成一个单一的总体情感。很明显，这个原则同观念与情感的总体关系相关联。“观念”表明经验的直接内容和属于内容、无关主体的特性，而“情感”指的是这个内容与主体之间稳定的关系。

在上文提及的所有不同形式的基本审美情感中，乐音和谐与刺耳的情感最适合心理分析，因为它们以感觉为基础的特征相对明显。而且，对音乐美学的研究兴趣存在了很长时间，已经针对这些情感出现了大量的理论阐述。可以这么说，这些阐述在现实向可以观察的事实投入的精力微乎其微。它们经常用随意的假设来代替观察。用无意识地确认数字间有规律的关系来解释和谐，（欧拉）就是这种情况；和谐是声音振动的节奏的无意识效应，（利普斯）也脱不了这种毛病；还有最后一种，认为和谐是乐音融合的结果（斯顿夫）。有时候，其中一个诱因过分突出，比如不协调声音中唯一辨别出来的因素是节拍的干扰效果（赫尔姆霍兹）。依据§6和§9中指出的事实，我们可以确认以下四个条件对和谐情感的意义最为重大。第一个条件是，偏好音调线的简单划分，以便遵循适用音调感觉的算术划分原则。比率为4∶5∶6的主音调中体现得格外明显。第二个条件是，和谐的间歇产生差音，两者之间的关系特征鲜明。这些和谐间歇的差音与基音等的差音重叠，是低八度音的和谐音。比如，主大调 4、5、6 的差音是 1 和 2，也就是低于主大调第一音调的全音阶的两个音调（简单性原则）。第三个条件是，声音的局部音调同时出现，与和谐音一样增加音级。当乐音是连续的时候，这种声音原则体现为其中的关系；当乐音是同时发生的时候，它体现为局部音调（差音或者泛音）的加剧，这些局部音调是特定情形中特定间歇的特征。第四个条件是，主音节拍或者泛音和差音的节拍在复合音中的不和谐间歇中出现（不和谐节拍原则）。

§13. 情绪

情感和所有心理现象一样,从来不是固定不变的状态。因此,在复合情感的心理分析中,我们必须把瞬时的情感状态当作稳定的。心理过程发生得越缓慢越持续就越容易分析,因此,情感这个字眼儿主要用于相对缓慢的过程,用于那些规律正常的范围内不会超出平均强度的过程,如节奏情感。一系列情感前后相继,联合形成一个互相连通的过程,这个过程作为一个单独的整体区别于前后过程,并且总体上对主体的影响大于对单个情感的影响,这种情感连续体称为情绪。

这一名称说明将情绪同情感区别开来的不是经验的一些主观内容,而是特别的情感内容合并后产生的激发效应。由此看来,情感与情绪之间没有严格的界限。强度稍大的情感会转化为情绪。情绪之内将一种情感与另一种情感分开,或多或少是对总体关系的粗暴割裂。在有些情感中,发生具有特殊形式,比如在节奏情感中,脱离情绪是完全不可能的。节奏情感只有以轻微强度施作用于主体才能同情绪有所区别,这恰是情绪这个命名的由来;即便有所区别也不是固定的,因为节奏印象产生的情感略微变得强烈,尤其是当节奏同强烈引发情感的感觉内容相联系的时候,节奏情感实际上就变成了情绪。由于这个原因节奏成为表达情绪的音乐和诗歌的重要手段,同时打动听众。

不同情绪的称谓和情感的称谓一样,指的不是单个过程,而是大量单个的情感过程由于具备一些普通特征而集合起来。喜悦、希望、焦虑、担忧、愤怒这样的情绪任何时候都伴有新的观念内容,它们的情感内容及情绪自身的产生方式都相差很大。心理过程越综合，它的零散的具体表现越多样，因此，一种特别的情绪比起一种特别的情感来更不容易以同样的形式发生。因此，每一种情绪总称意味着相关联的情感过程发生的典型形式。

不是所有的情感过程的相互连接的系列都称为情绪，这种一系列的情感过程也不是都归于一种语言区别开来的典型形式。一种情绪是一个统一的整体，通过两个特征区别于复合情感：其一，情绪拥有确定的时间过程；其二，它对心理过程的相互作用起到的效应更强烈，而且是延展的。第一个特征表现为，与单个情感相比，情绪是级别更高的过程，因为它总是包含连续进行的多种情感。第二个特征有赖于情感相加造成的效应的强化。

通过这些特征可以发现，情绪虽然形式上千变万化，但发生方式有一定规律。它们总是从带有一定强度的初始情感开始，这种初始情感在品质和方向上被打上情绪本质的烙印。初始情感的来源要么是外部印象（外部情绪刺激）导致的观念，要么是联想或者统觉条件引发的心理过程（内部刺激）。紧随这种初始情感的是伴随相应情感的观念过程。在特殊情绪中，这一过程在情感品质和速度上都有明显差异。最后，情绪以终端情感收尾，终端情感甚至延续到情绪给安静的情感状态让位之后。在终端情感中，情绪逐渐淡去，除非情绪直接变成下一个新情绪的初始情感。这种转换尤其发生在断断续续的情感之中。

情绪过程中观察到的作用强化不仅出现在构成情感的情感的心理内容之中，而且出现在物理伴生物之中。对于单个情感来说，这些伴生现象通常局限于心脏和呼吸器官的神经支配的轻微变化中，只有使用精确的图示才能表现说明。还有相对少见的情况：幅度和强度相对更为温和的拟态运动附加在形式不常见的反应之上。情绪就迥然而异了。连续的情感刺激相叠加和轮换出现，不仅在情绪中加剧了对心脏、血管和呼吸系统的效用，而且外部肌肉一直受到明显影响：首先是表情肌肉的强烈运动；其次是胳膊和整个身体的运动（哑剧动作）。在强烈的情绪中，神经支配还会受到更大的干扰，如颤抖、隔膜和面部肌肉的抽搐、肌肉的麻痹放松。

由于对情绪具有症状意义，所有这些运动都称为表达性运动。因此，它们是不由自主的，要么是情绪激奋的反应，要么是情绪的情感成分所激发的冲动行为。但是，通过对运动进行有意识的强化或者抑制，甚至刻意做出这些运动，可以改变这些表达性运动，因而，我们将在意志行为中研究的一系列外部反应就进入这些表达性运动。

依照它们的症状特征，表达性运动可以分为三类。第一类是纯粹的强烈症状：它们始终是制造更强烈情绪的表达性运动，情绪中等强度的时候表现为强烈运动，情绪剧烈的时候表现为运动的突然抑制和瘫痪。第二类是情感的品质表达：它们拟态运动，其中最重要的是口腔肌肉的反应，类似于甜、酸和苦等味觉印象的反应。对甜的反应对应着愉悦情绪，对酸和苦的反应对应不快的情绪，而情感的其他改变，如兴奋和失落、紧张和放松，通过肌肉的紧张来表达。第三类是观念的表达：它们总体上是哑剧动作，要么指向情绪客体（暗示性手势），要么描述物体和通过运动形式与物体相关联的过程（代表性手势）。三类表达性运动与情绪的心理元素精确对应：第一类对应心理元素的强化，第二类对应情感品质，第三类对应观念内容。具体的表达性运动可能涵盖这三类。第三类即观念表达的表达性运动具有特殊的心理意义，由于它同言语的基因关系很密切（§21）

伴随情绪的脉搏和呼吸的变化有三种。第一种由构成情绪的情感的直接效应构成，如情感愉悦时脉搏曲线和呼吸曲线的延长，情感不快时变短。这仅仅适用于相对平缓的情绪，其中有足够的时间保证单个情感的发展。如果时间不足，就会发生其他现象，这些现象不仅依靠情感品质，还主要依靠神经支配相加后的强度。第二种是由加强型神经支配构成的神经支配之和。一系列情感如果不是疏忽即逝，单个效应叠加导致兴奋度提升，由此产生神经支配的总和。兴奋度增加表现为迟钝、拉长的脉搏，因为兴奋越强烈，最能影响心脏的抑制神经。除此之外，一般还有拟态肌肉和哑剧动作肌肉的神经支配的提升。这些称为亢进情绪。第三种如果情感相当剧烈，或者在同一方向持续时间过长，情绪会导致心脏神经支配的完全瘫痪，削弱外部肌肉的紧张。一些情况下，特别的肌肉群的神经支配遭受干扰，尤其是隔膜肌肉的神经支配和交感面部肌肉的神经支配中。脉搏显著提速，呼吸相应急促，继而减弱，外部肌肉放松到形同瘫痪的程度，这是调节性心脏肌肉的瘫痪的首要症状。还有一种区别，虽然不是十分重要，但也会独立形成一种情绪的精神效应的类别，因为我们在此只考虑亢奋情绪和虚弱情绪的现象变化。神经支配的提升或者抑制有快有慢，在此基础上，就会出现急速和迟滞情绪的区别。

在自然发生的情绪和在人为激发的情绪中，除了症状意义，物理衍生物还有重要的心理属性，能够强化情绪。一些特别的肌肉群变得兴奋或者受到抑制，伴随产生感觉情感的内在触觉，就会出现这种属性。因为这些情感联合情绪的其他情感内容，提高了情绪的强度。只有在情绪出现当情感确实相当强烈的时候，才会从心脏、呼吸器官和血管里得到这样的情感。情绪平稳的时候，拟态肌肉和哑剧动作肌肉的紧张状态会影响情感状态进而影响情绪。

以前的心理学由于普遍倾向于用唯智论解释心理过程，因此，只对情绪进行笼统的逻辑思考，要么提出一种原理，要么只对情绪进行冗长的描述。前者的代表是斯宾诺莎。在他们眼里，伦理极大地影响着精神治疗。这种影响的一个后果就是区分情绪和激情，激情用来表示一些冲动通过持续的情感和情绪完全战胜意志。康德修正了这些针对情绪和激情的定义，认为情绪的基本属性是突然产生的，而激情的基本属性在于情感的倾向成为固定习惯。这种分类方式要么仅仅具有实践意义，归入性格学或者伦理学领域；要么基于只有在研究情绪的强度和过程的时候才变得重要的特征，下文（§12）我们将继续探讨。在心理学看来，激情不是在基本层面上根本上异于情绪。与这种实践功利模式不同，近年又出现了一种趋势，越来越重视表达性运动和情绪的其他生理伴随物，这些伴随物体现在脉搏、呼吸和血管舒缩的变化。这些现象的价值开始得到确认，认为它们可以在研究情绪的时候提供辅助，如同确认情感的神经支配的症状一样。可以确信，研究这些外部现象绝不会代替对心理过程的直接观察，顶多吸引人们多关注有时被忽视的心理过程的一些属性和关系。比如，通过客观观察很容易发现，情绪通过与表达性运动相关的感觉情感得到强化。但兰格和詹姆斯认为，这些伴生现象的唯一原因在于情绪，把情绪描述为只有通过表达性运动才能产生的心理过程，这种观点是自相矛盾的，理由有三种。第一，只有情绪的精神本质明显确立的时候，情绪的确定的外部症状才会出现。相应地，情绪在神经支配效应之前出现，这些学者把神经支配效应当作情绪的诱因。第二，精神情绪状态千变万化，神经支配变化是个相对简单的范畴，用简单的范畴框定千变万化的情绪状体，这是根本不可能的。心理过程的变化远比伴生的表达形式复杂。第三，精神伴生物与情绪的精神品质的关系并不稳定。这可以说明脉搏和呼吸受到的影响，同样可以说明打手势的表达性运动。情绪有时包含多种不同的甚至相对立的情感内容，只要考虑到伴随的精神现象，这些情绪可以属于同一类别。例如，喜悦和愤怒可以是相似的亢奋情绪；相反，掺杂惊喜的喜悦可以出现在衰弱的情绪中。

导致亢奋和衰弱情绪、急速和缓慢情绪相区别的神经支配的总体现象没有展现出这些情绪的情感内容的特征，仅仅展现出情感的强度和速度这些形式属性。有此为证：连续的不同的印象，比如，节拍器的击打导致同伴随不同情绪的无意识神经支配相类似的，无意识神经支配之间的差异。从中可以观察到，呼吸会适应节拍器的快慢，节拍器加速的时候呼吸会更急促。呼吸的某些时段往往跟特别的击打相重合。频率变化的时候，情绪首先会变得沉静，继而亢奋，最后当频率最快的时候出现情绪滞缓。但是，这里的情绪在一定程度上只是形式特征——它们在内容上存在很大的不确定性。只有落实到形式属性相同的具体情绪中，这种不确定性才消失。这很实用，也是运用节奏印象来描述并产生情绪的一个条件。制造丰满情绪所需要的全部条件，仅仅是情感品质内容的一种暗示，如通过音乐产生情绪。

相应地，情绪的外部表达效果的症状很模糊，因此，单独考虑的时候它们就没什么心理学价值。但是，同内省实验联系起来它们就有了价值。实际上，用来测试内省实验，表达性运动的价值很大。当用于在生命自然过程中自然出现的心理过程的时候，观察是远远不够的，这一原则尤其适用于情绪。首先，心理学家是随机碰到情绪的，有时候他体验不到情绪不能用来进行科学分析；其次，处于实际原因情绪强烈，我们无法实现精确的自我观察。当我们有意识地促使自己进入特别的情绪状态的时候，可以更为成功地实施精确观察。但是，在这种情形中，很难估计主观激发的情绪在发生强度和模式上与源自外部环境的相似特征相吻合的程度。基于这一理由，对精神效果的同步调查，尤其是对那些从意志影响中移除的效应即脉搏和呼吸效应的同步调查，可以测试内省。因为情绪的心理性质相像的时候，我们从它们相似的物理效应中可以推断出它们的形式属性也是相吻合的。实际上，表达性运动的强度能够相当可靠地衡量人为情绪接近自然情绪的程度。

研究情绪的时候需要考虑大量因素，以至于对单独的形式进行精神分析是做不到的。用来进行区别的名称术语令人眼花缭乱，每一个都划出一个大类，每个大类有很多特别形式，反过来又产生无数个变异的单个实例，令人望洋兴叹。所谓“万变不离其宗”，我们能做的，就是综合考察情绪的基本形式。这里采用的总体的分类原则必须是心理学的，比如，来自情绪自身的直接属性的总体原则就得是心理学的，因为伴生的身体现象只有表象价值，而且经常同特征混为一谈。

对情绪进行分门别类的时候，可以考虑三种心理学分类原则：其一，根据进入情绪的情感的性质；其二，根据这些情感的强度；其三，根据发生的形式，这一形式受到情感变化的特征和速率的限制。

以情感品质为基础，我们可以区分一些与主要的情感维度相对应的基本情绪形式。它们分别是:愉悦的和不快的情绪、兴奋的和沉静的情绪、紧张的和放松的情绪。但必须注意,由于情绪具有复合特征,它们总是混合形式,比情感更甚。一般而言,对于一种特别的情绪,只有单个的情感倾向才能称为基本的。属于其他维度的情感元素就成为次要元素。在不同的条件下产生不同的基本情绪的子形式,此时通常出现这些元素的次要特征。比如,喜悦是一种基本的愉悦情绪。它同样是兴奋的,因为它强化了情感,但当情感过于强烈的时候,喜悦就变成了低沉情绪。沮丧是一种不快的情绪,一般具有低沉的特征,但是当情感强度加大的时候,它会变成兴奋的;当强度极大的时候,它再次变成低沉。生气是兴奋的和不快的,但当情感强度加大,当它接近狂怒的时候,它就变成了消沉的。因此,兴奋的和消沉的倾向总是同愉悦的和不快的情绪相关联的次要品质。相反,紧张和放松的情感更经常地成为情绪的基本成分。因而,期待状态所特有的紧张情感是情绪的基本元素。当情感演变为情绪,很容易同不快情感联系起来,不快情感根据不同环境要么是兴奋的要么是沉静的。在节奏印象或者节奏运动中,紧张情感与放松情感的交替产生愉悦情绪,根据节奏特征,愉悦情绪要么是兴奋的要么是消沉的。低沉的时候会掺杂不快情感,或者全部变成不快情感,尤其是当其他情感元素同时作用的时候,如和谐情感。

在为情绪命名的时候,语言对情感的品质最关切,这些品质中受到重视的是愉悦和不快形式。这些名称可以分为三类。第一,主要通过情感状态的本质在主观上区分的情绪的命名。比如欢喜和悲伤,还有悲伤的子形式,这些子形式展现消沉、紧张或者放松的倾向,比如沮丧、牵挂、哀伤、惊恐等。第二,参照外部客体的客观情绪的命名,比如快乐和悲伤及综合多种倾向的悲伤的子形式,比如恼怒、愤恨、生气、暴怒等。第三,指向未来发生的外部事件的客观情绪的命名,比如希望和恐惧及恐惧的变异——担忧和焦虑等。它们是紧张情感与愉悦、不快情感的组合,并且以不同的方式与兴奋和消沉倾向进行合并。

很明显，不快情绪的命名远远多于愉悦情绪的命名。原因在于现实中不快情绪的形式数量占优，或者是因为不快经验吸引了更多的注意力。两种因素结合起来构成更完满的解释。

根据情感强度，可以区分两种情绪，即弱情绪和强情绪。这些概念来自情感的精神特性，跟基于精神伴生物的亢奋情绪和衰弱情绪这两个概念不是一回事，因为心理范畴与身心范畴的关系不仅依赖于情感强度，而且依赖于它们的品质。因此，微弱的和适当强大的愉悦情绪总是亢奋的，反之，不快情绪持续一段时间后变成衰弱的情绪，即使强度很低，如担心和焦虑。最后，惊恐、担心、狂怒及狂喜等这些最猛烈的情绪总是衰弱的。情绪的精神强度的区别具有次要意义，因为所有其他方面都一致的情绪，很可能不仅不同时间内强度不同，而且在同样的场合时刻变化。同时出现的精神现象产生的感觉情感在根本上决定这种时刻变化，遵循前文述及的情绪强化原则，因此，显而易见的是，生理条件造成的亢奋和衰弱特征对情绪的心理特征造成的影响往往大于对基本的心理强度自身的影响。

情绪的第三个辨别特征是发生形式，而且它更加重要。它有三种。第一种是突然爆发的情绪，如惊讶、震惊、惊恐、失望和狂怒。它们急速地达到最高点，然后逐渐降至安静的情感状态。第二种是逐渐发生的情绪，如焦虑、怀疑、生气和担忧。它们缓慢升至最高点，然后缓慢下降。第三种是对在第二种基础上的变化，是断断续续的情绪，上升和下降轮番交替。所有长时间持续的情绪都属于这一种。因此，尤其是欣喜、生气、凄婉及变化最大的缓慢产生的情绪，它们呈波浪式出现，情绪强度上升和下降期之间经常区别分明。反之，突然爆发的情绪很少是断断续续的，只有属于第二种的时候才是断续的。这些变化多端的情绪有欢喜和生气等。它们有时是瞬间突发的。此时，生气就变成怒不可遏。还有一些情绪逐渐上升和下落，体现出断断续续的特征。在身心伴随物中，突发式情绪都是衰弱的，逐渐出现的情绪可以要么是亢奋的，要么是衰弱的。

但是，单个事件中无论情绪的发生形式多么特征鲜明，都不能像情感强度那样作为对情绪进行心理分类的固定标准。很明显，心理分类的唯一基础就是情感内容的品质，强度和发生方式可以为子类划分提供手段。这些条件彼此相联系，同伴生的身体现象相联系，通过身体现象同从属的感觉情感相联系，它们发生联系的方式表明情绪是高度复合的心理混合物，这种混合物单独拎出来看极其变化无常。因此，一种面面俱到的分类法必须依照发生方式、成分情感的强度、身体伴随物把快乐、生气、恐惧、担心等各种情绪再划分出小类，身体伴随物依赖前文提及的两种精神因素。比如，我们分出强烈的、微弱的、生气的变体，突发的、逐渐产生的、间歇发生的、亢奋的、衰弱的、表达性运动的混合形式等。对单个形式的多重诱因做出心理学解释要比单纯的分类更加重要。如此一来，对于每个情绪，我们不得不应对两个因素：其一，成分情感的品质和强度；其二，这些情感序列的速度。前者决定情感的总体特征，后者一定程度上决定其强度，尤其是决定其发生方式，而两者联合起来觉定身体伴随物和感觉情感造成的同这些伴随现象相关联的身心变化。正是由于这个原因，身体伴随物一般称为身心的。然而，“精神的”和“身心的”这些指称在这里与对待情绪症状的时候不一样，它们不是绝对对立的。精神情绪现象指的是没有直接可察觉的精神症状的现象，即使精密仪器能够捕捉这些症状（如脉搏和呼吸的变化）。另一方面，身心现象指的是在身心两个层面上都马上得以确认的现象。

§14. 意志过程

每一种情绪都是相互作用的情感过程构成的统一系列，结束方式有两种。第一种是让位给普通的、多变的、相对非情绪的情感过程。这种情感过程的消逝不会产生特别结果，构成严格意义上的情绪，如上文谈到的情绪。第二种是情绪过程在观念内容和情感内容上发生突变，情绪瞬间消失。这种感觉和情感状态的变化是由情绪酝酿的，导致情绪突然结束，这就是意志行为。情绪及其过程称为意志过程。

作为更高阶段的过程，意志过程同情绪相关联的方式跟同情感相关联的方式相同。意志行为仅表示过程的一个部分，这个部分将意志同情绪区别开来。与外部哑剧表达性运动相关的情绪提供了意志脱离情绪的发展方式。这些表达性运动主要在过程的末尾出现，往往加速过程的结束：生气这一情绪尤其如此，快乐、关心等情绪一定程度上也是如此。然而，这些纯粹的情绪中观念链一点没有变化，要知道，这些变化直接导致情绪瞬间变为意志，还伴随显著的情感。

意志行为同哑剧表达性运动的紧密互连必然引导我们把在一些身体运动中结束的意志看作意志发展的最早阶段，这些意志是先前一连串的观念和情感所引发的。换句话说，我们把在外部意志行为中结束的意志看作意志发展的最早期阶段。所谓的内部意志行为，或者那些以影响观念和情感而收尾的意志行为，在任何情况中都是后续发展的产物。

进入外部行为的意志过程可以定义为以哑剧运动为结束的一种情绪，这种情绪附加于所有哑剧运动都具有的特征，这种情绪的特性是能够产生

移除情绪本身的外部效应。当然，情绪的最终结果是与前面的情感直接对立，这是最普遍的情况。因此，意志行为的心理基础条件是情感的对立，所有情况中的初始意志的起源最有可能回溯到引发外部运动的不快情感，这种外部运动反过来又产生相反的愉悦情感。抓住食物以消除饥饿、同敌人搏斗以平息复仇情感，以及其他相似的过程都是这类早期的意志过程。感觉情感引发的情绪，如爱恨、愤怒和复仇这样的最为广泛的社会情绪，不仅存在于人类中也存在于动物中，是意志的一般起源。意志在自身的情绪成分中添加产生情感的外部行为，外部行为产生的情感与包含在情绪中的情感相对立，从而结束了情绪，只有这样意志才区别于情绪。意志行为的实施，要么和最初的情形一样直接进入情感的平淡又安静的流动，要么通过情感内容截然相反的情绪间接地进入这种情感流。

经验中观念和情感内容越丰富，情绪的变化越大，意志的范畴越广。没有不为意志行为做准备的情感和情绪，它们至少承担一点准备工作。所有情感，即使那些特征相对中立的情感都在一定程度上朝着尽头或者相反方向而努力。这种努力很笼统，目标仅在于维持或者移除现有的情感状态。当意志作为最复杂的情感过程的形式出现的时候，假定其成分为情感和情绪，我们无法忽略这一事实：不会联合起来形成情绪的单个情感连续出现，不以意志行为作为结束的情绪也会出现。但是，在心理过程错综复杂的相互作用中，这三个阶段互为条件，形成要给单个过程的互相关联的组成部分，仅当这个过程变成意志的时候它才得以完成。在这个意义上，情感可以看作意志的开始，或者意志看作复合情感过程，情绪看作两者之间的中间阶段。

以意志行为结尾的情绪之中的单个情感的重要性通常是不一样的。为行动而做准备的时候一些情感至关重要，还有一些情感与相关观念进行结合，它们都很突出。一些观念和情感的组合在我们的主观意识中是行为的直接前因，叫作意志动机。每个动机都可分为观念成分和情感成分。前者叫作动因，后者叫作行为的驱动情感。当野兽捕获猎物的时候，看见了猎物是动因，驱动情感要么是饥饿的不快情感，要么是看见猎物所激发的种族仇恨。谋杀的动因可能是偷窃、灭敌诸如此类的观念，驱动情感可能是饥渴、仇恨、复仇或者嫉妒等情感。

当情感具备复合特征，动因和驱动情感混合在一起，混合程度如此之高以至于行为人本身难以决定哪个是首要动机。原因在于，和复合情感的元素一样，意志行为的驱动情感合并形成一个统一的整体，其中一个冲动占据主导作用，其他所有的冲动从属于这个冲动。方向相同的情感会强化和加速效应，方向相反的情感会弱化效应。我们把观念和情感的组合叫作动机，其中为意志行为做准备而起到最终决定作用的是情感，也就是说是驱动情感而非观念。有事实为证：情感是意志过程自身的整体构成，而观念通过同情感的关联间接施加影响。意志来自纯粹的知识考虑，决定与情感中的倾向相反，这种假设本身就是自相矛盾的。这种假设完全把意志当作抽象概念，认为它是先验的，与现实的精神意志完全不同。许多动机的组合，亦即许多观念和情感的组合，观念和情感属于复合的情绪链，它们从中脱离出来，成为行为得以实施的最终的决定因素——这种组合为意志的发展提供基本条件，也为意志行为的单个形式的区分提供了基本条件。

最简单的意志形成是这样的：各种成分搭配合宜构成情绪，其中一个单个情感及其伴生的观念成为动机，通过合适的外部运动终止过程。这种由单个动机决定的意志过程叫作简单意志。它们终止的运动称为冲动行为。但是，通俗地讲，用简单动机来定义冲动是不充分的。其他元素即作为驱动力的情感的特征按照一般想法也得用到这一定义中去。感觉情感尤其是普通情感决定的所有行为总称冲动行为，与一个动机还是多个动机起作用没什么关系。这种区分基础在心理学上是不恰当的，它很自然地将冲动行为和作为心理过程的特殊种类的意志行为完全隔离，这种隔离也不合适。

我们用冲动行为表示简单意志行为，即源于单个冲动的不考虑这个冲动在情感和观念过程系列中的相对位置的意志行为。如此定义之后，冲动行为必然成为所有意志行为发展的起点，尽管它在复杂的意志过程中现身稍晚。可以确认的是，最早的冲动行为就是那些源自感觉情感的冲动行为。因此，动物的大多数行为是冲动的，但这些冲动行为在人类中持续出现，一部分是简单感觉情绪的结果，一部分是一些源于复杂动机的意志行为习惯成自然的产物。

当同一个情绪中的几个情感和观念试图产生外部行为，同时情绪链的成分变成动机后试图导向不同的要么相近要么相对的外部结局，这时候从简单行为中会产生复杂的意志过程。我们称之为自主行为，以便将这种形式同简单意志行为或者冲动行为区别开来。

自主行为和冲动行为的共同特征源于单个动机，或者源于单个动机的综合，这些动机融合成一个整体，作为一个单独的、明确的冲动一致行动。两者的不同之处在于，自主行为中，决定性动机从诸多同时发生的互相对抗的动机中脱颖而出占据优势地位。这些先于行为的对立动机出现明显可辨的冲突的时候，意志有了自己的特别命名即选择性行为，之前的过程叫作选择过程。只有假设任何情况中出现这种冲突才容易理解一个动机的统治地位。但我们必须记住，这种冲突时而清晰时而模糊。只有当我们清醒地意识到冲突的存在的时候，我们才在狭隘的字面意义上使用“选择”这个术语。因此，自主行为和选择行为的区别在于消失的数量。但是，我们可以这样说，普通的自主过程是这样的：心理条件在特征上接近冲动行为，而在选择中冲动行为和更高级的行为之间的差异一直是清晰的。意志发展的不同阶段中出现不同的关系，如图 2.13 所示。图 2.13 中的大圆表示整个意识区域，而大圆中的小圆表示作为动机的带有情感调性的观念。位于正中间的小圆表示决定性动机。表示冲动行为，B 表示意志行为，C 表示选择行为。C 中的箭头表示动机冲突。

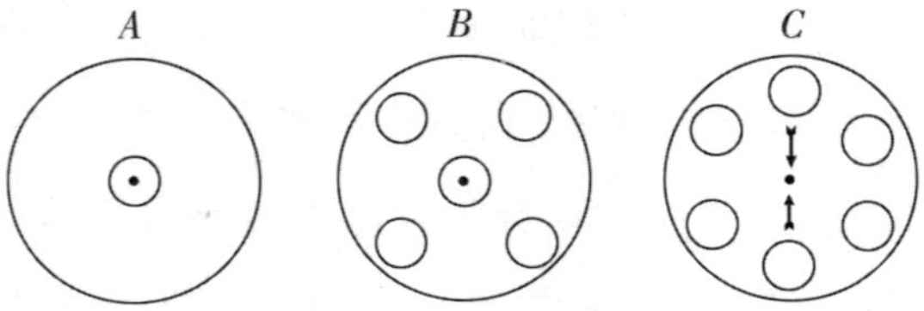

图 2.13 (*A*)冲动行为、(*B*)意志行为和(*C*)选择的象征性表示

心理过程在前，随即引发行为，在心理过程中，最后的动机突然占据上风，在意志行为中这个过程叫作决心，在选择性行为中叫决定。前者仅表示行为实施依照自觉接受的动机；后者表示有可能出现行为的多个过程，最后从中做出选择。

意志的第一个阶段与普通的意志过程没有清晰区别，相反，意志的最后一个阶段特征鲜明。最明显的特征是相伴而生的情感，只有在意志中才能发现这些情感，因此其被视为意志的独有元素。它们首先是决心情感和决定情感。决定情感要比决心情感更强烈。两者都是兴奋的和放松的情感，在多种情况中可以结合愉悦的或者不快的因素。决定情感紧跟怀疑情感，怀疑情感在不同动机之间来回摇摆，与之相比，决定情感强度更大。怀疑与决定之间的对立产生了强度更大的放松情感。在意志行为的发生瞬间，决心情感让位给行为情感，在外部意志行为中，行为情感的感觉基础是伴随运动的紧张感觉。行为情感在特征上是振奋的，并且根据意志的不同动机，有时伴随愉悦元素，有时伴随不快元素，这些元素在行为过程中会发生变化并相互交替。作为一种总体情感，行为情感是一种有升有降的时间过程，贯穿整个行为，最终变为各种各样的情感，如实现、满足、失望等，或者变成与特定行为结果相关联的情感和情绪。将意志和选择行为中的过程看作完全的意志行为，就可以找到从完全意志行为中区分冲动行为的基本理由，那就是缺乏先期存在的决心和决定情感。冲动行为中与动机相关联的情感直接变成行为情感，继而变成与行为结果相对应的情感。

简单意志行为向复杂意志行为过渡的时候会发生大量的其他变化，这些变化对于意志的发展格外重要。首先出现的变化是，由于多种情感的相互抑制而引发的反作用，导入意志的情绪的强度越来越低，因而意志行为可能最终从明显非情绪的情感状态中产生。可以确定的是，情绪从来不会毫无踪影：来自普通情感链中的动机产生决心或者决定，为了这个目标，情绪必须始终与情绪兴奋度相关联。但是兴奋情绪很微弱而且昙花一现，时常被忽略。我们越倾向于把只参与产生过程的短期情绪与动机行为结合到单个的意志观念之中，就越容易忽略兴奋。情绪的弱化主要是心理过程的合并导致的，这些合并叫作智力发展，下文探讨心理混合物的相互作用的时候会对其详细解释（§17）。实际上智力过程从来就离不开情绪；相反，很多时候这些过程就是新的、特征分明的情绪的源头。上文早就说过，纯粹智力动机驱动的与情绪毫无关系的意志在心理上是不可能的。但是，毫无疑问，智力发展对情绪有影响。当智力动机进入为意志行为奠定基础的情绪之中的时候，这一点尤其突出。一部分原因在于情感中和，一部分原因在于智力动机的缓慢发展，因为通常情绪越强，成分情感的发生越快。

在智力动机的影响下，意志的情绪成分发挥调节作用还牵扯到另外一种变化。这一变化体现为，结束意志的行为并非外部运动。消除兴奋情绪的效果本身是一种心理过程，无论通过什么样的外部症状，这个过程都不会直接自我显现。这个效果称为内在意志行为，客观观察的时候发现不了。外在意志行为向内在意志行为的过渡与智力发展的关系如此密切，以至于很大程度上意志对观念链造成的影响能够说明智力过程本身的特征（§15）。这种情况中结束意志的行为就是观念链上的变化，是紧随先期动机的决心或者决定的结果。伴随直接准备行为的情感和关系到变化自身的行为情感与外在意志行为中观察到的情感完全一致。而且，行为之后紧跟着的是多少有些强烈的满足情感，消除了先前的紧张情绪和情感。因而，这些关系到智力发展的特别意志与意志的早期形式之间的唯一区别在于，意志的最终效果不会体现在外部身体运动中。

但是，身体运动可以是内在意志行为的次要结果，当决心指向稍后执行的外部行为的时候，在这种情况中，行为本身总是来自稍后出现的第二个意志。第二个过程的决定性动机确实来自先前的内在意志，但两个过程依然是不同的。比如，以后条件适合就执行一个行为，这种决心的形成就是内在意志，而以后的行为执行就是异于前者的外部行为，即便前者是先期必要条件。很明显，动机冲突过后的决定产生外部意志行为会出现过渡形式，其中无法明显区分两种意志，即单个统一过程中的意志和两种过程构成的意志，亦即早期意志和后期意志。在过渡形式中，如果决定在时间上同行为自身相分离，那么，决定就可以看作为执行做铺垫的内在意志行为。

在意志发展中发生的这两种变化是情绪的调节和内在意志的独立，它们是向前发展的变化。与之相对的是第三种变化，即退化。动机相同的复杂意志经常重复，此时动机冲突的强度变弱；早先克服的相对的动机变得越来越弱，最后不见踪影。复杂行为于是变为简单行为或者冲动行为。复杂意志过程的倒退明显说明“冲动”这一概念根本就不适合源自感知情感的意志行为。由于对立动机的逐步消失，就出现了智力的、道德的、审美的行为，还有简单的感官行为、冲动行为。

在综合有机体的全部外部行为的过程中，这种倒退发展是一蹴而就的，不论这些外部行为是意志行为还是自动的反射运动。一些行为长期重复，决定性动机最终会越来越弱，持续时间越来越短，即便冲动行为也是如此。最初外部刺激产生强烈的当作动机的情感观念，但在催生观念之前刺激引发了行为。就这样冲动运动最终变成了自动运动。这种自动运动重复越多，就越容易，即使感觉不到刺激也会如此，如在熟睡中或者完全心不在焉的时候。现在运动变成了纯粹的生理反射，意志过程变成了简单反射过程。

意志过程逐渐简化成机械过程，从根本上依赖于行为从开始到结束之间全部心理元素的消失：运动最初是冲动的，或者通过意志行为的退化运动变成了冲动，这些情况中意志过程逐渐变成机械过程。动物和人类的全部的反射运动都起源于这种方式，也并非不可能。上文提及的意志行为通过实践变成纯粹的机械行为就是证明，除此之外，反射的目的特征也是证明，这一特征指出目的性观念有时候就是动机。低级动物的运动很明显是简单意志行为，而非反射，也支持同样的观点，因此，意志行为源于反射运动的假想行不通。最后，从这一观点出发很容易解释§13中提出的现象，就是表达性运动外部行为范畴内的任一形式。很明显，最简单的运动就是冲动行为，而很多复杂的哑剧运动很可能源于先变为冲动运动再变为反射运动的意志行为。通过观察到的一些现象我们可以假设始于个体生命的退化通过后天性情得以延续，因此，源于意志行为的一些行为在后代里一开始就是冲动运动或者反射运动（§19和§20）。

意志过程随机进入经验，基于与研究情绪的时候相类似的一些理由，意志过程的观察是不充分的，在解释事实的时候很容易出现误导。只要内在或者外部意志行为满足生命的理论需要或者实际需要，我们的兴趣都被行为吸引，以至于因太分心而无法同时精确观察正在发生的心理过程。在老一辈心理学家得出的意志理论中——今天的科学中经常看到它们的影子，我们明显发现心理观察方法还未充分发展。在意志过程的整体范畴里，意志的外部行为是唯一能够吸引观察者兴趣的。因此，出现这样一种倾向：将意志这一概念缩小到外部意志行为，不仅无视对意志的高级发展格外重要的整体范畴，即内在意志行为，而且几乎不关心先于外部行为的意志的组成成分，顶多只关注动机中引人注目的观念成分而已。随之而来的是，冲动行为和意志行为之间的紧密的基因交互不受重视，认为冲动行为不属于意志，与反射密切相关。而且，只考虑动机的观念成分，完全忽视了意志行为始于情绪的发展，而且忽视了单个观念，这种单个观念支持这一观点：意志行为不是先期动机和精神环境的产物（精神环境影响这些动机并将其中一个动机延续到后代中），意志是源于动机并独立于动机的过程，是形而上意志能力的产物。将意志概念局限为意志行为，这种能力可以定义为理智的选择能力，或者从影响理智的诸多动机中挑出一个并加以青睐的能力。因而，用以构建意志这一总体概念的不是从先前的精神环境中得出意志，只有最终后果亦即意志行为方能如此，而且在能力原理中这个类概念是全部具体的意志行为得以产生的首要原因。

叔本华及追随他的许多当代心理学家和哲学家对这一抽象理论进行了调整，宣称意志本身是“无意识”发生的，只有在其结果即意志行为中才体现为意识。这种情况显然没有充分观察行为之前的意志过程，进而得出不存在这种过程的假设。千变万化的具体的意志过程又被替换成单一的无意识意志这个概念，对心理学造成的后果跟以前一样：抽象概念取代了对真实的心理过程及其组合的理解，并且错误地将其看作总体原因。

这一抽象的意志理论依然根深蒂固，当代心理学甚至实验心理学在很大程度上受其控制。这一理论一开始就认为从先期意志过程的具体精神原因入手来解释行为是行不通的，仅把伴随外部行为感觉的相加看作意志行为的唯一特征；或者在行为重复的情况下，这些感觉作为苍白的记忆印象紧邻并先于行为。神经系统中的精神兴奋被看作行为的成因。和以前讨论过的理论一样，因果问题又一次脱离心理学，投向生理学而非形而上学。实际上，在试图投向生理学的时候它在心理学上就已经迷失了方向。因为作为一门经验科学生理学必须抛弃对伴随复杂意志行为的心理过程进行完整的因果解释（从这些过程的前情入手进行解释）的企图，不仅是现在，任何时候都得抛弃这一企图，因为这个问题只有参考无休无止的条件才能解决。因此，这一理论唯一可行的基础在于唯物主义形而上学原则，这一原则认为所有构成现实实在之物的都是所谓的物质过程，认为只有通过物质过程才能解释心理过程。心理过程出现在直接经验的时候应该加以研究，不应该从同心理过程完全无关的角度来研究它们的交互作用（§1），这是经验心理学不可或缺的一个原则。除非精确跟踪意志是如何在直接经验中呈现给我们的，否则无论何种方式都不可能发现意志是如何进行的。可意志在这种经验里不是作为抽象概念，而是作为具体的单个意志呈现给我们的。对于任一特殊的意志，除了过程中直接可察知的东西我们毫无所知。我们对无意识过程或者在心理学中与之等同的物质过程概无所知，这个物质过程不是可以直接察觉的，只有基于形而上学假定前提进行假设。很明显，这些形而上学假想只是一种手段，用来弥补部分或者完全缺失的心理观察。

由于上述缘由，意志过程的精确观察对于生命过程中自然出现的意志行为是不可能实现的；因此，唯一能采用的进行透彻的心理研究的方式就是通过实验观察。当然，我们不能任意而为地制造我们想要的意志过程，因此，我们必须缩小范围，通过外部手段可以轻易影响这些过程，从而进行观察，比如，从外部刺激开始、以外部行为结束。用于这一目的的实验称为反应实验。其本质可作如下描述：外部感觉刺激引起或简单或复杂的意志过程，一些起到部分动机作用的心理过程发生后，运动反应结束意志。除了作为意志过程的分析手段之外，反应实验还具有其他更广泛的意义。它们为衡量精神和身心过程的速度提供了手段。

最简单的反应实验如下。在短暂而统一的间歇（2～3秒）的末尾发出集中注意力的信号，之后外部刺激作用于感官。接收刺激的瞬间，早就准备好的已经确定的动作开始执行，如手部动作。这个实验的心理条件基本上符合简单意志的心理调节。感觉印象作为简单动机，随后始终是特定的行为。现在我们采用图形设备或者其他精密计时仪器客观衡量刺激行为和动作执行之间的间歇，那么，通过重复实验，很可能完全熟悉了构成整个反应的主观过程，而同时客观衡量的结果会检验主观过程有何变化。在实验中设定条件，有意调整意志本身的主观过程，这个时候这种检验尤其有用。

实际上，可以在刺激出现之前改变反应者的准备方式以便实施行为，通过这一方式对前述的简单形式的实验进行调整。期望导向作为动机的刺激，直到刺激得以清晰识别才发生外部行为，如此准备的时候会产生完全反应或者知觉形式的反应。另一方面，当起着准备作用的期望导向行为的时候，接收刺激之后运动尽快发生，就会产生缩短了的反应，或者所谓的肌肉反应。在导向刺激的期望中，期望的观念因素是熟悉的感觉印象的苍白的记忆影像。准备时期延长，这个影像就时而清晰时而模糊，如此轮番交替。情感元素是以类似方式来回振荡的期待情感，这一情感还与来自受影响感官的紧张感觉相关联，比如，鼓膜收紧或者眼部肌肉运动造成的收缩及眼部肌肉适应性活动的收缩。印象现身的瞬间，准备性情感和感觉之后是相对微弱的释放性惊讶情感。这种惊讶反过来造成一种延续的、激发性的情感行为，它伴随反应运动并且与内在触觉一起出现。在导向行为的刺激中，反应缩短，我们在预备性期望中能够观察到关于运动器官（如手）的苍白的、振荡的记忆影像，这一运动器官和强烈的紧张感觉一起反应，而且观察到与这些感觉相关联的、持续的期待情感。刺激出现的瞬间期待状态变成强烈的惊讶情感。同这一惊讶相连接的，不光是伴随反应的行为情感，还有源于反应的感觉。这种连接发生得非常快，以至于惊讶及其相继的状态根本无法区分，顶多模糊分辨。知觉反应时间平均是 0.210～0.290 秒，肌肉反应时间平均是0.100～0.180 秒（听觉反应时间最短，视觉反应时间最长）。[①]

通过引入特定条件，我们可以制造完全的和缩短的反应，它们作为研究意志发展的起点，是两个不同的方向。完全（感觉）反应为简单意志向复杂意志的过渡提供了手段，因为在这种情形中我们可以轻易地在印象察觉和执行反应执行之间嵌入不同的心理过程。如果允许觉察到印象之后直接认知并辨别感觉然后依据这第二个过程进行运动，那么，就得到特征相对简单的意志行为。这时候，行为实施的动机不是直接印象，而是认知或者辨别行

① 延续较长的一系列的完全反应中没有过早反应或者误解反应，而其在延续较长的一系列的缩短了的反应中屡见不鲜。在多次重复的实验中，在统一的间歇中出现准备信号，随即出现真实的刺激，这时候就能观察到过早反应和误解反应。信号在达成一致之前反应者就挥手，这是过早反应。反应者对意外出现的感觉刺激做出反应就是误解反应。给出的图形（图2.14）中不包含味觉、嗅觉、温度感觉和痛觉的反应时间。它们的反应时间较长。但差异明显是生理条件造成的（刺激缓慢地向神经末端传导，痛觉中中枢传导更慢），因此，生理学对它们的兴趣不大。

为带来的观念。这一动机只有一个，虽然或多或少地其他动机有可能成为这种动机，因而，反应行为表现出意志行为的特征。实际上，我们能够清晰地看到作为行为前兆的决心情感及先于决心情感的与印象觉察相关联的情感。这种情况更值得重视，并且当我们引入其他心理过程如记忆过程作为运动执行的动机的时候，连续的观念过程和情感过程就会变得更加复杂。最后，在这个实验中行为不仅受到一些动机的影响(多个动机前后相继然后其中一个做出决定开始实施行为)，而且依照出现的动机从多个可能执行的不同行为中选出一个来加以执行，这时候意志过程就变成一种选择。这种反应在以下情形中会发生：各种运动都有所准备，如右手一个动作、左手另一个动作；或者每个手指一个动作，为每个动作设定条件，即特定品质的印象作为动机，如蓝色印象是右手动作的条件、左手动作条件是红色印象。

相反，当缩短了的(肌肉)反应变成反射运动的时候，它们可用来研究意志行为的退化。在这种反应里，初步的期待完全导向尽快执行的外部行为，因此，意志不会根据是否符合特定印象来决定是否执行相应的行为。换句话说，在这种情况中简单行为不可能转化为复杂行为。另外，很容易经过反复实践在印象和特定运动之间建立稳定的对照关系，感知过程逐渐消退或者在运动冲动之后才发生，最后运动干脆变成了反射运动。客观上，客观时间缩短到能够为纯粹的反射所察觉，将意志退化为机械过程体现得最为明显，而主观上，心理观察中印象和反应在时间上完全重合，醒目的决心情感逐步完全消失，这时候这种退化最明显。

实验心理学中常用的计时实验叫作“反应实验”，其重要性体现在两个方面：第一，辅助分析意志过程；第二，是总体上研究心理过程的时间进程的分析手段。反应实验的重要性说明了意志的决定性作用：一方面，情感、情绪及情感情绪的相关观念这些简单过程是完全意志的构成成分；另一方面，心理混合物所有可能的相互作用可以是意志的构成成分。因而，意志过程是合适的主体，能够链接已经发生的过程和心理混合物的相互作用(下一章详细讨论）。

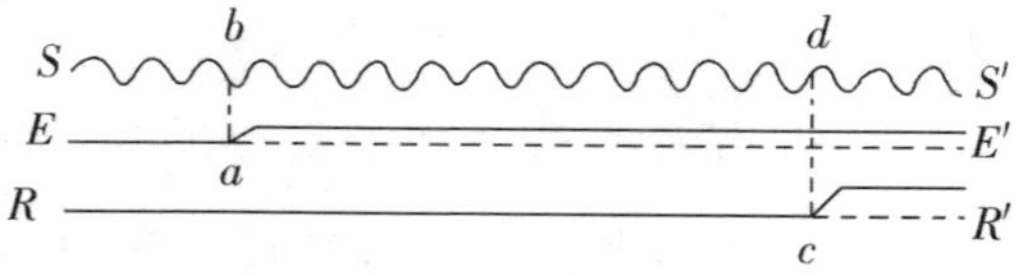

图 2.14　反应过程的测量图

“反应实验”是分析意志过程或者意志过程的局部心理过程的基础，为了完成这种反应实验，首先得拥有足够准确的、足够精密的（精确读取速度达千分之一秒）计时仪器（电子钟或者图形寄存器）。仪器必须保证我们准确把握什么时候刺激起作用、主体对什么起反应。同时允许刺激本身（声音、光线或触觉刺激）在运动中接通电流将电子钟设为千分之一秒，再通过抬起发报键这一简单的手部运动，在观察者感觉到刺激的瞬间中断电流。可以使用音叉跟踪它均匀快速旋转的圆柱上的振动来完成这一实验（图 2.14 中的 SS'）。同时用电磁体控制两个控制杆在音叉下直接跟踪。一个控制杆记录刺激反应的发生瞬间，另一个记录反应运动的发生瞬间。开放电路贯穿电磁体可以产生这些记录。这种安排的结果就是音叉线下出现记录运动的两条线 EE' 和 RR'。两条线上的运动用 a 和 c 表示，分别说明刺激瞬间和反应瞬间。音叉从 b 到 d 的振动很容易衡量 a 到 c 的时间。如果大量执行这种反应实验，会发现直接寄存的电子钟才是更具优势的常用仪器。其刻度盘表示千分之一秒，通过特意安排使其在刺激发生的瞬间开始运转，反应发生的瞬间停止。如此一来，我们可以衡量不同的简单反应（完全反应和缩短的反应，有先期信号的反应和无先期信号的反应），或者将其他各种精神行为（区别、认知、简单联想、选择过程）引入过程，这些精神行为要么是意志动机，要么是心理混合物一般交互的成分。意志过程中，简单反应总是包含纯粹的生理因素（感觉兴奋传导至大脑，运动兴奋传导至肌肉）。现在，我们进一步嵌入心理过程（区别、认知、联想、选择行为），仅当采用完全反应的时候才出现改变，从混合反应的间歇中减去简单反应中的间歇就能算出

格外确定的心理过程持续了多长时间。运用这一方法可以得出相对简单的印象(颜色、字母、短语)的认知与辨别所需的时间是 0.03～0.05 秒,记忆过程的时间是 0.3～0.8 秒,对两种运动(右手和左手)进行选择的时间是 0.06 秒,十种运动(10 个手指)之间的选择时间是 0.4 秒等。我们早已知道这些数字的价值不在于它们的绝对大小,而在于它们可以用来检验内省。而且,通过这些实验我们可以对过程进行内省观察,为这些过程设置精准条件,这些条件可以自如地重复。我们不能忽视这一事实:随着反应过程越来越复杂,得到的针对格外分明的特别心理过程的数字越来越不确定。因此,大量初级过程构成选择过程或者联想过程,在不同的单个情形中这些初级过程以不同的方式进行组合,其完整程度也不一样。结果就是,大量实验后得出的平均时间可以相对确定地衡量过程的复杂程度,但不能在绝对意义上说明任一确定的单个精神现象能持续多长时间。总体而言,需要注意的是,如果反应实验能为心理学提供一些价值的话,它在实验心理学中是最困难的调查形式之一。它不仅需要极大的技术耐心,需要进行大量观察并进行技术分析,还需要最高强度的内省实践。不行的是,在所有情况中这些条件并未实现。有时候草率地进行几次观察就针对心理过程的本质仓促得出结论。研究最为复杂的心理过程的时候,或研究复杂的联想和判断的时候,鲁莽地采用一些反应方式,虽然实现这些联想和判断的逻辑条件是确定的。条件过于复杂,不允许对结果进行心理学解释,并且在如此复杂的情况下进行内省也是不可能的,因此,这样的实验没什么价值。比如,在所谓的判断反应中需要沉思,以便想出一个合适的概念完结判断。有时候这种判断需要更宽泛的概念,有时候需要整合概念,有时候需要的又是相对立的概念。复杂的心理过程,比如,涉及逻辑思考、艺术创作和想象创意等的心理过程用实验方法是不可触及的,实验方法从本质上只能用于分析简单的心理过程。不能通过实验正确调查的问题可以通过社会心理学加以解决,社会心理学将这些问题看作语言、神话和风俗的演进。

许多心理学家认为感觉反应和肌肉反应之间的差别不是所有人都有的普遍有效的差别，差异的原因不是意志过程的全部的实施方式——他们宁可认为感觉反应和肌肉反应是个体差异，就是所谓的反应运动执行速率上的典型差别。他们的这一观点不正确，原因在于：其一，实验主体经过训练，进行了大量系统的实验：其二，用频率曲线来解释实验结果，一些实验存在巨大的个体差异，评价这些试验的结果的时候一直推荐使用频率曲线。用频率曲线表示大量实验，假设类似环境中进行了 500～1000 次实验。图 2.15 中横坐标 XX'分出时间单位，表示实验结果。比如，每个单位表示 0.004 秒。用纵坐标表示案例编号，横坐标上的点表示时间，每个反应都对应相应的点延续一段时间。首先，画一条曲线给观察者看，观察者执行一系列简单反应，不提示他如何反应。图 2.15 中会出现 NN'曲线。现在让反应者参与实验获得最快的反应，一段时间的训练后得到曲线 M，它不同于最初的曲线 NN'，只有一个波峰。再让反应人进行相反方向的实验，只有清楚地把握感觉印象之后他才能做出反应；结果是一条只有一个波峰的曲线，波峰用 S 表示，其位置不同于 M 的波峰。两条曲线 M 和 S 说明最初的双波峰曲线 NN'由一系列不同的结果构成，一些结果构成曲线 N，近似于肌肉反应，其他的出现在 N'中，是感觉反应，同时两个极端之间还有少数中间状况。一个方向上的实验带来纯粹的肌肉反应，基本上是反射，集中出现在 M 中。相反方向上的实验得到纯粹的根据反应，用 S 表示。所有的复杂反应时间都涉及一些心理过程的相加，必须同 N'和 S 中的感觉反应相关联。观察者愿意怎么反应就怎么反应，对所有反应结果统计后得出平均值，这就是反应时间实验的普通方法，很明显据此得不到精确结果。全部结果都包含在 NN'中，取其平均值用 m 表示。平均值并不符合反应价值，仅仅全面涵盖了心理差别，这些差别在整个曲线上清晰可见。如果很多人参与这个实验，可以确信会出现很多个体差异。但这些差异仅仅表现为，有时候波峰 N 更高，另一些时候波峰 N'更高。因此，差别仅在于个体在多大程度上是否倾向于完全反应或者缩短了的反应，并且所有情况中这些个体差异都可以通过系统训练加以克服。

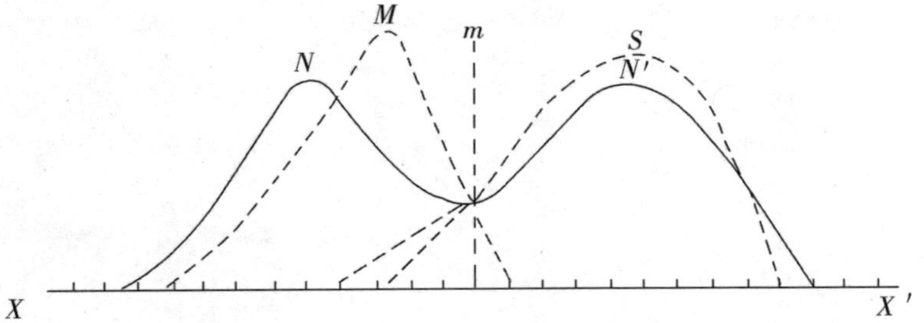

图 2.15　从反应实验的实验结果得到的频率曲线

Ⅲ.心理混合物的互连

§ 15. 意识与注意力

每个心理混合物都由诸多心理元素构成，这些元素通常不在同样的时刻开始和结束。因而，元素相互连接构成一个单独的整体，这种相互连接往往超出单个混合物，同时发生的混合物与相继发生的混合物可以联合，尽管要比单个混合物内元素之间的相互作用松散得多。我们将心理过程的相互连接称为意识。

意识不是指游离于心理过程之外的东西，也不是与这些过程的相互作用无关的简单相加。作为总称，它是心理过程的综合，其中单个混合物标记为更紧密的组合。这种相互作用遭到中断的状态如熟睡或者昏迷叫作无意识状态。混合物本身没有什么内在变化，但心理混合物的组合发生异常变化，此时我们称为“意识的扰乱”。

意识出现的外部条件总体上和精神现象的外部条件一样。实际上，意识只是这些现象的别称，更确切地表示这些现象中各个成分之间的相互关系。任何情况下个体的有机组织都是个体意识表现的基础。在人类及其他高级动物中，大脑皮层是这种意识的直接器官，所有同心理过程相关联的器官都展现在大脑皮层的细胞核纤维里。皮层元素的完全交互被当作意识中心理过程交互的生理对称，不同皮层区域的功能分化在生理上对应着大量单个的意识过程。实际上，中央器官的功能分化只是相对的，所有心理混合物都需要多种元素和多种中枢区域的协同。某个区域的皮层受到损伤会导致意志运动和感觉的明显紊乱，要么这种损伤干扰一些观念的性惩罚，这时候可以底气十足地下结论：这些区域为平行于心理过程的物质过程的链条提供不可或缺的链接。基于这些现象常常如此假设：大脑中的特别器官具有说话和写作的能力，或者视觉和语音能力，词语观念就存在特别的皮质细胞里。这一假设不仅是最粗糙的生理错觉的产物，而且与这些功能的心理分析也是不可调和的。从心理学角度看，这个假设无非是最不走运的能力心理学即颅相学在当代的余灰重燃。

一些身心功能可以在皮质上定位，在这方面，通过对人的病理和解剖观察再加上对动物进行实验取得了一些进展，可以总结如下：其一，一些皮质区域对应一些边缘的感觉和肌肉区域。比如，枕叶皮质对于视网膜，顶叶的一部分与触觉表面相关，颞叶的一部分同听觉器官有关。肌肉群的中央节一般紧贴感觉中枢或者位于其间，感觉中枢的功能与这些中央节密切相关。其二，一些皮质区域不是同周边器官直接相连，而是嵌在其他中央区域中，它们不能发挥功能的时候会出现一些复杂的紊乱。这种关系毋庸置疑，仅存在于额叶与说话功能之间。尤其是这一区域的前面部分与发音能力有关系（若有损伤会影响运动协调，“运动失调性失语”），更后面的部分与语言观念的形成有关（若受损则会阻碍感觉协调并造成所谓的“遗忘性失语”）。研究还发现，这些功能照例受到左额叶的完全控制，并且总体上右叶中风不影响说话，而左叶中风会影响说话。而且在所有这些情况中，无论简单还是复杂的紊乱，随着时间的推移，功能通常会缓慢恢复。原因很可能是其他皮质区域一般是相邻的品质区域发挥了替代功能（如果未接受训练之前发生说话障碍，很可能是位置相反的部分发挥作用）。其他复杂精神功能如记忆和联想过程的定位还没有确认。解剖学家用“精神中枢”这一名称表示一些皮质区域，目前看来它至少要么完全基于饱受争议的动物实验，要么完全基于仅有的解剖事实：还未发现同这些器官直接连通的运动或者感觉纤维，总体上结缔组织纤维的发展相对较晚。前脑皮质就是这样的区域。在人类大脑中能明显发现它的大规模发展。很多情况中都观察到这种现象：前脑皮质的紊乱很快会导致无法集中精力，或者出现其他智力障碍然后再导致无法集中精力。基于这些观察可以如此假设，前脑皮质是统觉功能的大本营，下文会继续讨论还是心理经验的所有组成成分发挥功能的大本营，精神生活的统一的互连体现在心理经验之中，和体现在情感中一样。但是这一假设需要比现在更为坚实的经验基础。值得一提的是，有时候额叶部分受损不会造成明显的智力混乱，但这绝对不是对这一假设的反证。很多事实证明在高级中枢中局部损伤不会带来明显后果。原因很可能是互连太复杂，并且不同元素互相替代的方式太多样。精神功能和物质功能之间存在着普遍关系，也就是说，两种初级过程是平行的，在这个意义上，心理过程对应心理学视角，物质过程对应自然科学视角。这种普遍关系使得“中枢”这一说法更加正当。

心理过程的互连构成我们所理解的意识概念，部分是并发互连，部分是连续互连。在特定时刻所有过程加在一起始终构成一个统一的整体，各个部分关系密切。这就构成了并发互连。另一方面，现在的状态直接源于前面的状态，有两种方式：要么一些过程消失，其他过程改变轨迹，同时一些新过程诞生；要么是另一种方式，无意识状态参与进来，新过程同刚刚消失的过程藕断丝连。这就构成了连续互连。所有这些情况中，前后相继的两个过程的合并范围决定意识状态。当这种互连完全中断的时候意识为无意识让位，中断越不完全前后过程的连接就越松散。比如，无意识延续一段时间后，通过缓慢重建与先前经验的关系，意识的正常状态得以缓慢恢复。

因此，我们就需要区分意识的等级。下限或者零级就是无意识。这意味着所有精神连接的绝对缺失，与单个精神内容从意识中消失有着根本的不同。后者在心理过程的流动中持续发生。复杂观念和情感甚至这些混合物的单个元素可能消失，新的观念和情感会取代它们的位置。我们假设从意识中消失的任一心理元素有可能复兴，也就是在心理过程的实际互连中再次出现，在这个意义上把从意识中消失的任一心理元素称为无意识。我们对变成无意识的元素的掌握止于它的重生可能性。因此，对心理学而言

它只是心理过程产生新生元素的一种倾向，即成分与先前的意识过程相连，除此之外没有什么意义。所有形式的“无意识”或者“无意识过程”伴随经验的意识过程而存在，这种关于“无意识”或者“无意识过程”之状态的假设对心理学没有一点实际意义。当然，精神倾向有自己的物质伴生物，一些直接呈现，一些来自不同的经验。这些物质伴生物是所有器官的实践成果，尤其是神经系统器官。一种助长行为使得重复过程更加容易，这是实践的万能效果。神经元素的结构在实践中发生变化，我们对其中的细节知之甚少，但通过本质相似的机械过程，我们可以推断这些细节，比如，两个表面相互摩擦可以减少冲突。

值得提及的是，在时间观念中，连续观念系列中的一个观念能够被我们直接感知，那么它就获得了最有利的位置。意识的并发互连与此类似，比如，在复合音或者一系列空间物体中，一些单个成分比起其他更受青睐。在这两种情况中的感知有所不同，我们称之为清晰和不同。清晰是通过对内容自身的相对青睐对其进行识别，不同是将内容与其他进行明显区分。对任一精神内容的充分把握会带来一种状态，这一状态明显带有一种情感，我们将这种状态叫作注意。透彻掌握所有内容的过程叫作统觉。与此相对，不存在注意状态的对内容的觉察叫作理解。与凝视的外部视觉经验相对照，那些吸引注意力集中的意识内容位于意识的凝视点或者内在凝视点上。另一方面，任一时刻的意识的全部内容叫作意识场域。心理过程转入无意识状态叫作降至意识临界值之下，心理过程产生的时候叫作升至意识临界值之上。这些都是形象的表达，不能单从字面上理解。但是，它们很有用，因为能够简明扼要地描述意识过程。

如果用这些表达方式来描述一系列相互作用的心理混合物，那么，我们可以说这一系列混合物是由不停的“来来去去”所构成的。混合物首先进入意识场域，然后进入内在凝视点，从这个点再返回意识场域，最后消失得无踪无影。除了这一系列我们全部感知到的心理混合物，还有其他仅被理解到的混合物出现并消失，即混合物进入意识场域，但没到达内在凝视点就消失了。被感知到的和被理解到的混合物都有不同等级的清晰度。在被理解的混合物中，理解的清晰与不同总体上根据意识状态而变化。同一个印象连续多次被感知，如果其他条件没有变化，那么连续的感知一般更清晰、更不同。在被理解的混合物中，当印象是复合的时候，最容易观察到不同的清晰度。即便印象稍纵即逝，即便所有成分一开始就是模糊的，依然存在不同等级的清晰度——一些高于意识临界值，一些低于意识临界值。

随机内省无法核实这些关系，需要系统的实验观察。最适合观察的意识内容是观念，因为它们通过外部刺激随时可以轻易获得，刺激可以延续极短，刺激刹那间出现的意识内容明显区别于之前和之后的意识内容。这些条件使得内省分析成为可能，因为在时间观念中，如同上文所述（§11），那些属于现在时的成分位于意识凝视点。延续时间较短的之前印象的成分仍然留在意识场域中，而延续时间较长的成分就从意识中不见痕迹了。另一方面，只有在一定范围内，才能够马上整体感知空间观念。如果空间观念复合程度更高，那么，它的各个部分就得相继通过内在凝视点，这一才能清楚地觉察到。因此，复合空间观念（尤其是瞬间的视觉印象）尤其适合用来测量单个行为中统觉到的内容的数量或者注意范围；而复合时间观念（如一系列有规律的听觉印象、鼓点）可以更加容易地用来衡量相互关联的特定时刻进入意识的内容的数量或者复杂观念的意识范围。当连续印象数量较少的时候，注意力立刻就能把它们理解为一个单个的同时发生的整体，因此，结合时间观念（尤其是通过采用一系列连续的适宜的速率在合适条件下得到的听觉时间观念）可以轻易地确定注意力范围。通过这一方式进行的实验表明即使条件不停改变注意力范围也是非常稳定的。六种简单感觉的最大范围对注意力形成支撑。意识范围就是如此，根据总体表现中各个分支的复杂程度和模式的变化可以涵盖六种简单印象。

采用视觉印象可以确定注意力范围，比如，用电火花短暂地照亮视域、用中空屏幕的下落曝光视域等。这个设备就是视速仪。在这些实验中，瞬间照亮之前平面中央必须有一个凝视点，印象在平面上出现。如果布置正确的话，实验结束后观察者立即就能知道在生理学意义上清晰可见的物体多于注意力范围之内的物体。比如，一个瞬间印象由字母构成，就有可能通过召唤印象的记忆影像来事后阅读那些照亮瞬间模糊可见的字母。但是这个记忆影像在时间上明显区别于印象本身，因此不会干扰注意力范围的确定。仔细内省也可以轻易地在印象来临的时刻固定意识状态，并且同随后的记忆行为相区分(两者之间间隔很明显)。这些实验及与之类似的连续听觉印象的实验表明，只有印象保持间距，像分离的线条、数字、字母和没有节奏特征的节拍那样，只有这个时候，保持最大强度的注意力范围才能稳定。一旦印象聚集起来形成综合体，包含在注意力范围中的数量就会发生变动。对触觉而言，六是极限，同样适用于最简单的印象，也就是点。只要条件恰当，六个简单印象可以同时观察得到。盲文字母表就是据此而成的。对于触觉和视觉，随着复杂程度的增加，能够同时掌握的观念数量就会减少。但需要注意的是，尽管分离出来的观念的数量减少了，元素的整体数量还是增加的。比如对于无意义的音节，可以同时统觉六至十个字母。熟悉的短语和格言统觉起来花费的时间就长一些。实际上，统觉四五个字母较少的单词的时候需要涵盖二三十个字母。然而在这些情况中，消化(§16 继续讨论)费力，统觉过程更加复杂，因此，这种实验对于确定注意力范围毫无意义。如果注意力更集中于印象本身，由此检验消化，那么，注意力范围又缩小到独立印象那样了，即便这些熟悉的词组也是如此。还有一组条件，在这组条件下注意力范围似乎变大了：印象延续的时间足够长，因此，注意力有机会从一个点跃到另一个点，接近普通阅读所需的条件。但是，如果这些连续观察的复杂化和再生联想的复杂化都被消除了，那么，首先就得用数字表示视觉与触觉注意力的最大范围。注意力范围覆盖四个到六个简单印象。不管条件如何，同一时间注意力只能集中在一个印象或者一个观念上，这个观点是错误的。

注意力能够以较快速度持续覆盖许多单个观念，这一假设也被推翻了。在上述实验中，印象发生后迅疾出现清晰可辨的影像，如果试图从记忆中填充这一影像，那么就需要较长的间歇向清晰的意识注入最初并未统觉到的印象。因而，注意力覆盖众多物体这一连续运动是一种阶段性过程，由很多前后相继的独立行为组成。条件合适，这种注意力的周期性起落能够直接展现。这些周期一般是不规则的，但只要条件适合、节奏连续，周期就是有规律的。因而，如果我们允许微弱的持续的印象作用于感官，并且尽可能消除其他所有刺激，那么当注意力集中于这一印象的时候，就会观察到，在不规律的间歇中，印象在很短的时间内很模糊，甚至全然消失，继而下个时刻出现。当印象微弱，维持 3～6 秒；当印象变强，维持 18～24 秒，开始这种波浪起伏。改变刺激本身的强度可以轻易区分这些变化，比如，实验过程中有目的地弱化或者中断刺激。两个特征可以区分主体变化与刺激改变带来的变化：第一，只要印象贯穿主体变化的始终，就始终保持印象持续的观念，比如，瞬时印象实验中对未领悟到的成分会形成不确定的模糊观念；第二，注意力的振荡伴随显著的情感和感觉，这些情感和感觉附加在印象的变强和变弱的清晰度之上，并且当客体出现变化的时候会全部消失。这些显著的情感是期待和活动情感，稍后加以描述，而且它们随着注意力的集中加强，随着注意力的放松而削弱。感觉则源自受影响的感官，或者至少间接起源于此。它们是鼓膜上紧张的感觉，或者和解与会聚的感觉等。根据这两种特征，精神内容的清晰和不同这些概念与感觉元素的强度这一概念区别开来。强烈的印象可能是模糊的，而微弱的印象可能是清晰的。两种不同的概念之间唯一的联系在于，总体上更强烈的印象向统觉靠拢得更近。它们是否透彻地被领悟，要依赖当时出现的其他条件。在视域中最为清晰的视觉印象的组成部分所拥有的优势同样如此。因而，固定物体得以统觉。但是，在上述瞬时印象实验中，可以打断这种相互关联。当我们有意识地把注意力集中到视域边缘的一个点上的时候就会发生相互关联的中断，模糊看见的物体就变成清晰的观念化的物体。

对于一群划分有规律的复杂的印象，衡量其意识范围的最直接方式就是将一系列节拍呈现给观察者，这些节拍前后相继、间歇均衡、包含节奏重音。这种情况下我们不妨以这种假设为起点：只有一系列印象全都聚集在意识之中，至少暂时聚集，只有这个时候这一系列印象才能联合成为一个单独的统一的观念。比如我们聆听一系列鼓点，显而易见的是，当统觉到现在的声音的时候，那些紧邻的之前的声音一部分位于注意力中心，或者至少一部分位于意识场域之中。但是，它们的清晰度逐渐消隐，根据它们与统觉到的印象之间的时间距离成比例地消隐，而且那些界限之外的声音从意识中全部消失。如果我们确定了这一界限，我们就可以衡量特定条件下意识的相对范围。我们可以采用对前后相继的观念进行比较的能力来确定这一界限。只要多少有些复杂的观念作为一个统一整体出现在意识中，我们就能把它跟紧随其后的观念加以比较，从而确定两者是否相似。另一方面，如果之前的时间观念不是意识的统一整体，也就是说，它的一些组成部分在结束之前进入无意识，那么这一比较就是绝对不可能的。为了达成这一目的，我们只设置两个系列的连续节拍，每个系列开始的时候发出信号，如钟声。可以使用简单的节拍器获得这种节拍，或者使用能够克服缺陷的特制设备，节拍强度不均等时节拍器通常出现一些缺陷。这两个系列被感知到的时候，只要给定系列的摆动被理解成意识中的一元整体，我们通过印象就能直接判断这两个系列是否类似。当然，在这种实验中必须严格避免摆动的计数。在形成判断的时候，需要提出的是，制造相似印象的情感元素和时间观念中的一样。第二个系列中的每次摆动之前是对应第一系列中的相应摆动的期待情感，因此，节拍过多或过少的系列会造成失望情感，这就干扰了期待情感。因此，两个系列不需要同时出现在意识中，以便它们进行比较；但一个系列的所有印象形成一个单独的统一观念是必需的。意识范围的相对固定的边界清楚体现在这一事实中:只要两种时间观念不越界,它们的均衡总是可以确定的,而一旦越界根本就无法判断了。注意力的条件保持原样,再进行测量,得到的意识范围的广度一部分依赖于印象序列的频率,一部分依赖于它们多少有些完整的节奏合并与划分。频率比 4 秒还慢的时候,不可能把连续印象组合成一个时间观念;新印象出现的时候,之前的印象已经消失不见了。频率比 0.12 秒还快的时候,不可能形成明显确定的时间观念,因为注意力无法再保持在印象上面了。最合适的频率是 0.2～0.3 秒。

一系列没有重音的印象保持同一频率出现的时候,能够即刻作为一个单位被理解的并且同后续系列进行比较的数字是六。这个数字恰好符合包含在注意力范围界限内的视觉印象的数字。印象分成两组最简单的节奏——三分之二拍和四分之二拍,这时候意识范围得以扩展,如图 3.1 所示。

图 3.1　意识界限

在意识平常可及的范围内,包含一些印象,最大数目可以通过四分之四拍的五个连续音步获得。这种情况下总数是五的八倍,或者四十种印象。这一上限需要不断实践才能达到。如果把每个综合体都当作单独的因素,上限就从不会超过六。因此,简单的、不相关的印象的意识范围和注意力范围一样。相反,对于有规律集聚起来的综合体,复杂的单位一般小于六个,而其中包含的简单印象的总数更大。四分之六拍的时候达到群组界限并且不能越过这个界限。复杂印象群组的意识范围不能同意识的绝对范围相混淆。在意识的绝对范围中,情感始终伴随印象出现,还有其他独立的观念内容。这就解释了这一事实:在没有关联的印象系列中,意识范围和注意力范围是重合的。像这种情况，印象一产生注意力焦点就被淹没在大量其他无关内容中，这些内容位于意识场域范围的外层。对于这些意识边缘的印象来说，当然不存在得以明朗的可能性，因为它们不在被统觉的内容范围之内。但是，如果这些跑到意识焦点之外的元素与统觉得到的元素保持千丝万缕的联系，即便有些模糊，它们依然保留在意识里。

对于那些无关的连续印象而言，意识范围等同于注意力范围，因而用来确定注意力范围的视觉物体的并发印象可以确定意识范围。这些并发视觉印象如果只出现一次可以用来确定注意力范围；间歇适宜的话，特征复杂的、连续的瞬间视觉印象可以前后相继，此时这些并发视觉印象可以用来对意识进行总体研究。在后一种情况中，间接看到的物体的局部通常就是那些意识中被模糊理解的物体。一些内容没有被统觉，但是同时包含在意识范围之内，只要这些内容在连续影像中有一点变动，影像的整体特征就不再是一样的，但不可能确切描述已发生的变化；这个时候，就能识别出未被统觉但包含在意识范围中的内容。只有当那些变化落在注意力范围内的时候，才能确切描述。连续的复杂的视觉影像相互关联，其关联方式和图 3.1 中四分之二拍的连续节拍在第二序列中漏掉一个节拍或者添加一个节拍一样。采用这种方式进行有节奏节拍实验，结果表明，在意识的整体范围内和在注意力的范围内所涵盖的印象一样多。我们不妨这样假设：这里我们要解决的是意识的整体特征，而非与单组感觉相关的特别条件。清晰和不同是意识内容所具有的特征，还是意识内容之中相互关系的特征，清晰和不同还具有另外一种有规律的特性，即伴随过程。其中一部分是情感，其特征是特殊形式的理解和统觉；另一部分是特征有所变化的感觉。尤其是精神内容进入意识场域和焦点的时候，会根据不同条件而适当改变。当心理过程高于意识临界值的时候，它就是情感元素，只要这些元素足够强，立马就会被发现。在观念元素被察觉之前，这些情感元素活跃起来，自我驱使进入意识凝视点。在这种情形中，印象要么是崭新的，要么是先前过程的重生。这就造成一些特别的心理状态，个中原由还不明了。有时候是愉悦和不快的状态，有时候又是紧张的期待占据主导。在后面这一情况里，情感的观念元素突然进入注意力范围，伴随着放松情感或者满足情感。当我们试图回忆遗忘的事情的时候，就产生这种情感状态。此时除了有规律的紧张情感，还会活灵活现地出现被遗忘观念的特别情调，尽管观念自身依然隐身于意识背景之中。以相似的方式，认知和识别行为中观念的清晰统觉总是伴随特别情感，我们稍后会探讨（§16）。通过实验可以人为制造出相似的情感状态：瞬间照亮视域，其中间接视力范围内出现情调尽可能强烈的印象。所有这些经验似乎表明，意识的所有内容对注意力都有影响。要么通过自身适宜的情调，要么通过与注意行为相关联的情感，所有内容就这样体现出来。依照情感成分合成的总体规律，意识的模糊内容对注意力的整体效应与在清晰的意识内容中出现并构成要跟整体情感的情感相融合。

当精神内容进入意识凝视点的时候，崭新的特别的情感过程就出现了，并附加于上述过程上。反过来，根据内容进入凝视点的不同条件，这些新情感也是不同的。条件分成两类，如上所述，在被统觉之前，内容施加初步的情感影响，条件在绝大程度上与这一影响有关。

首先，新内容会迫使自己突然被注意，并且没有初步的情感影响，我们称之为自发统觉或者被动统觉。当意识内容中的观念元素和情感元素都变得更加清楚的时候，首当其冲的是被动接受的伴生情感，它是消沉的情感，往往更加强烈，心理过程越密集，它的出现就越迅猛。很快它就下沉，继而被相反的、兴奋的行为情感替代。与这两种情感相关的是特征分明的感官肌肉里的感觉，过程的观念成分从感官出发开始进展。接收情感伴随短暂的放松感觉，行为情感伴随紧随其后的紧张感觉。

其次，崭新的内容会紧随初步的情感影响，因此，这种内容还未出现就可能吸引了注意力，我们称之为预定统觉或者主动统觉。此时内容的统觉紧随期待情感，持续时间长短不一。期待情感一般是紧张情感，同时也是兴奋情感;另外,根据观念元素的不同,还具备愉悦或者不快的因素。期待情感往往在受影响的感官肌肉中伴随相当强烈的紧张感觉。内容出现在清晰的意识之中的刹那间,期待情感替换为持续时间很短且具备释然情感特征的满足情感。不同的环境中它还可以是沉静的或者兴奋的,还可以是愉悦的或者不快的。满足情感之后立即是行为情感。它和被动统觉结束时出现的情感一样,也会出现紧张情感的强度增加。

如果有§14中提到的反应实验的辅助,可以最为理想地实施对不同形式的统觉的实验观察。可以使用意外印象研究被动统觉,用预期印象研究主动统觉,同时观察这些典型差别之间的中间阶段。要么由于第一阶段的弱势导致被动统觉趋向主动统觉,要么由于期待突然释放,期待与放松及随后出现在满足情感中的消沉之间的对比远比平常强烈,导致主动统觉趋向被动统觉。因而,"被动"和"主动"这种说法不是把相反的过程看作全部中间阶段之间的界限。无论趋向哪个界限,我们统统划分为极限类别。而且,这些说法不是马上就用来表示所有情况中基本一样的统觉过程本身,而是表示意识的总体状态。在这个意义上,"被动统觉"只是缩写而已,其完整表达为"统觉紧随有意识状态,这一状态在统觉出现之前被定义为被动的"。

如果更为仔细地研究这些注意力过程的情感层面,就会发现情感元素和所有意志过程中的情感元素一模一样。同样明显的是,被动统觉的基本特征符合冲动行为,而主动统觉符合故意行为。在前一种情况里,毫无准备地自我驱使吸引注意力的精神内容明显是单个动机,因此,激发统觉行为的时候没有同其他动机发生冲突。统觉行为还和作为所有自愿行为的特征的行为情感相关联。在主动统觉中,带有情感元素的其他精神内容倾向于在初级情感阶段自我驱使吸引注意力,因而统觉行为最终实施的时候经常被看作自愿过程。它甚至被看作选择过程,当不同内容之间的冲突明显进入意识的时候,甚至过去的心理学提及"自愿注意",也确认了这种特定条件下的选择行为的存在。但是如同外部自愿行为那样,"意志"也是形单影只地

存在着，回溯过往并不能对其进行解释，因为没有把握住要害，也就是说所谓的无意识注意力仅是内在意志的更加简单的形式这一中心点完全被忽视了。因而，根据原先的官能心理学的研究方法，“注意力”和“意志”是不同的精神力量，时而相互关联时而相互排斥，而真相明显是这两个概念都指向同一类心理过程。

与这些我们称为注意过程的内在自愿行为相关，形成了一些对于心理发展极为重要的概念。这就是主体概念及与其相关的客体概念，客体作为独立的现实与主体针锋相对。这些概念要想变得更为丰满，就得借助科学思考充实逻辑形式，但概念依然起源于注意力过程。

即便在直接经验中，直接经验的组成成分之间也有划分：一方面是依照定位点进行空间布置的成分，它们要么称为外在于感知主体的客体，要么参照在意识中的产生方式称为观念，也就是主体感知到的东西；另一方面，还有不属于这种空间秩序的其他经验成分，尽管它们在强度和品质上不断同空间秩序建立关系。我们在§12～14中讨论过第二种成分，它们的互连非常紧密。情感是情绪的一部分，而情绪被看作意志过程的组成成分。这些过程都可以在完全完成之前结束，这是经常出现的，如情感催生不可察觉的情绪，再如情绪淡出并未影响它为之铺垫的意志行为。因而，所有的表达情感的过程都可以列入意志过程这一总体概念。意志是完全的过程，其余两个仅是特征更简单或者更复杂的成分。从这点上看，我们容易明白简单情感如何在两个极端中确定意志方向、这些情感如何通过它们的倾向表达特定时刻存在着多少意志能力，最后，它们如何对于意志过程自身的一些特殊阶段。意志方向明显是由情感的愉悦或者不快的方向体现出来的，愉悦还是不快这样的方向直接对应得到什么或者避免什么的努力。意志能量的数量体现在情感的激发和抑制方向上，而意志过程的相对立的周期与压力和放松的方向有关。

因此，意志已被证明是所有由情感构成的过程开始进行的基础。在统觉过程（精神分析发现其拥有意志行为的全部特征）中，我们发现意志基础与经验的观念内容之间有着直接关系。进而认为意志过程是一元的过程，并且随着成分的千变万化体现出始终如一的特征。这种一元的互联产生一种直接情感，与伴随所有意志的行为情感相关联。基于这种偏向意志的关系，这种统一体的情感蔓延至所有意识内容。一个个体的所有精神经验互相关联，基于这种互联而产生的情感叫作“自我”。它是一种情感，并非通常的观念。但是和所有情感一样，它与一些感觉和观念相关联。与自我关系最密切的观念成分是普通感觉和一个人的身体的观念。

情感内容和观念内容从意识整体中脱离出来，与自我情感融合，称为自我意识。自我意识既不是脱离那些作为它的构成成分的过程的现实，也不是笼统的意识。它只是这些过程互联的一个名称，无法明确区分这些过程和意识的剩余部分，它们的观念成分尤其如此。在这一事实中这体现得尤为明显：关于一个人的身体的观念有时与自我情感相融合，有时作为客体观念区别于自我情感，并且总体上自我意识在发展过程中总是倾向于退至自己的情感基础。

自我意识与其他意识内容的分离导致了主体与客体的区别。相应地，主体概念作为心理发展的后果在不同范围内有三个不同的意义，每个意义在不同时期的应用是一样的。在最狭隘的意义上，主体是意志过程的互联，这种互联在自我情感表现出来。在更宽泛的意义上，它包括这些意志过程的实际内容及为这些过程做准备的情感和情绪。在最宽泛的意义上，它覆盖这些主观过程的稳定的观念基础，即个人身体是普通感觉的基础。在发展过程中，最宽泛的意义最悠久；在实际的心理经验中，最狭隘的意义不断回到其他意义上，因为仅仅通过概念抽象就能完全获得这种最狭隘的形式。现实中最高级的形式不过是一种自我意识接触最近的界限。

主客体的区别，或者平常所称的自我与外部世界的区别（把自我简化为自我最初的情感基础，而外部世界集合起来形成一个总体概念）是所有导致

二元论的思考的基石，二元论先是借着实在观大行其道，后来扩散到精神体系中。它的基础在于：心理学作为一门有关主体的科学（§1），同其他科学尤其是自然科学相对立。只有满足这些条件它才是正确的：自我与外部世界的区别是先于所有经验的事实，主客体概念必须仅此一次地明确区分出来。可这些条件都不成立。自我意识来自全部心理过程，它是全部心理过程的产物，不是它制造了心理过程。因此，主客体不是一开始或者后来成为迥然不同的经验内容。它们是用来思考的概念，是我们直接经验的、绝对统一的内容的不同成分之间互联的产物。

心理过程的互联构成意识，深深植根于经验的单个内容的元素间持续发生的合并过程。单个心理混合物的形成中这种过程发挥作用，并且产生特定时刻出现的意识状态的并发统一体，还产生连续状态。这些合并过程变化最大；每个过程都有自己的色调，从不能精确复制。然而，最普遍的差别体现在被动接受印象中的注意力和主动统觉印象中的注意力。我们用一个简称来表示这些差别，即联想，用它来表示注意力被动状态中的合并过程，用统觉合并这一术语来表示主动注意力的合并。

§16. 联想

随着当代心理学的发展，联想这一概念在意义上发生了必要的、彻底的变化。当然，并非所有人都接受这种变化，原始意义仍然受用，尤其是那些时至今日依然拥护联想心理学的发展基础（§2）。联想心理学从根本上是唯智主义的，仅仅重视意识的观念内容，因而把联想概念局限在观念的结合上。联想心理学的两个创始人哈特利和休姆就在这个有限意义上讨论"观念的联想"。观念被视为客体，或者至少是特征始终如一的在意识中重复出现的过程。这就引出了这样的观点：联想是对所谓的"观念的复制"进行解释的原则。此外，没必要通过心理分析来解释复合观念的诞生，因为人们假定感知印象的精神联合足以解释它们的心理结合，那么联想概念都限制为那些复制形式，其中联想观念在世界上前后相继。可以采用亚里士多德对记忆过程的逻辑框架来区分连续联想的主要形式。为了遵循对立划分的原则，区分了如下形式：相似与相反的联系、并发和连续的连续。通过逻辑二分法得到的这些类概念冠冕堂皇地称为"联想法则"。当代联想主义一般试图缩减这些法则的数量。相反是相似的特殊形式，因为只有那些相反的概念才被联想成归属于统一总类；并发和连续的联想同属于接近这一类别。接近被看作外部联想，而相似联想被看作内在联想，两者相对。一些心理学家认为可以把接近看作特殊联想形式的相似联想，或者更加普遍的是，把相似联想看作接近联想的成果，从而将这两个形式合成一个更基本的"联想法则"。这两种情况中，联想一般都列入更加广泛的实践原则或者适应原则。

只要我们通过实验开始研究，就绕不过两个事实，正是它们摧毁了这种原理的整个基础。第一是对感知进行心理分析的总体结果，也就是说，被联想心理学看作不可化约的精神单位的复合观念实际上是明显与一般称为联想的复杂过程密切相关的综合过程的结果。第二个事实来自记忆过程的实验调查。人们发现严格意义上一丝不变地对先前的观念进行复制是根本不可能的。在记忆行为中实际发生的是意识中诞生了新观念，这一新观念总是不同于它所参照的老观念，并且往往从早先的一些观念中汲取元素纳为己有。

根据第一个事实可知，将观念成分联成一体的联想的初级过程出现得比复合观念的联想要早，虽然联想过程主要指的是后者。第二个事实证明，普通的联系不过是早期初步联想的复杂产物而已。这些结论表明没有证据证明初步过程排除在联想过程之外，从而导致并发联想而非连续联想，也没有理由把联想概念限制为观念过程。相反，复合情感、情绪的存在表明情感元素也参与有规律的联合，这种联合反过来和感觉元素相结合够横复杂的产物，如同时间观念的诞生那样（§11）。

据此可知，只有当每个联想都简化为初级过程（除非它们产生多少有些复杂的产物，不然从来不会在实际心理过程中出现）的时候，联想概念具有固定的意义，在特别情况中意义明确。因此，识别初级联想的特征的唯一方式是对复杂的联想产物进行心理分析。一般所谓的联想（连续联想）只有一种形式，在所有联想的结合中最为松散。与之相对的是产生多种心理混合物的更为密切的结合。考虑到这些过程的紧密联合，我们总称为融合。结合的下一个阶段位于并发联想：一种心理混合物受到其他混合物的元素影响发生改变，这时候就产生了并发联想。根据元素相互作用的方式，我们将这些过程命名为同化。除了同化，还有另一组联想，一般表现出同时发生的特征，赫尔巴特称之为合并，体现为不同感觉范围的心理混合物的并发联想。这些联想形式最易察觉。因此，它们是最先确认的形式。我们称之为连续联想。

A. 融合

心理元素具有多种融合方式，在讨论心理混合物的时候已经详细描述了。实际上，这些混合物不过是这些融合的产物。因此，在这一点上，不同的融合过程只需参照它们与其他联想过程的关系进行简单处理。依照它们作为联想过程的特别特征，融合可以描述为心理元素彻底固定的联想。融合元素可以出现在其他合并中，但从来不会孤零零地出现。正是通过融合过程产生了全部心理混合物，因为意识中没有孤立的元素。通过更为复杂的联想的存在可以推断这些形式最为简单的联想的存在，即便分析不同形式的心理混合物的时候没发现有关简单联想的直接证据。因为如果元素中没有表现出这些合并倾向的话，很难理解这些复杂混合物中会有合并发生。实际上，复杂混合物的联合总能回溯到这些混合物的元素之间的联想（§16会进一步讨论）。

心理融合的主要形式有两种：内涵融合与外延融合。这与前面我们对心理混合物的讨论结果相一致。内涵融合又分为感觉融合和情感融合。感觉融合的主要例子是打击乐混合，情感融合的主要例子是复合情感。如果我们暂时忽略源于自然的不同形式的内涵融合与参与融合的特别元素的关系的差异，那么，所有内涵融合都具备两个明显特征。首先是感觉成分或者属于单个系统的情感成分混合后产生的融合。比如，打击乐融合的元素属于乐音感觉范畴，普通情感的元素属于触觉范畴。其次是所有内涵融合中一个融合元素脱颖而出成为主导要素。比如，打击乐中有一个主音，总体情感中有一个主导情感。外延融合包含空间观念和时间观念、情绪、意志过程。它们比内涵融合复杂得多，因为它们始终包含不相干元素的融合。但这里也有主导元素，将其统一特征赋予融合产物。空间观念中的主导元素是外部触觉和视觉。时间观念中的主导元素是紧张情感和放松情感。情绪和意志的主导元素是来自紧张与放松情感、兴奋与安静情感的局部情感。

不同的外延融合按照复杂程度构成一个系列，复杂程度最低的排在最前面。最前面的就是作为纯粹感觉观念的空间观念。与其他外延融合相比，它们相对简单，但是与内涵混合物相比，它们在特征上更加复杂。空间观念随后是时间观念。时间观念包含感觉元素和情感元素，但一些感觉与主导情感融合得格外紧密，以至于情感多少表现出观念特征，也就是说，情感直接指向感觉印象。排在最后面的是情绪和意志过程。这些过程只是在结束阶段有所不同，因此得以共存。除此之外，情绪和意志过程还构成融合与复杂联合之间的过渡阶段，因为在这些过程里，空间观念、时间观念和混合情感这样的复杂混合物总是作为附属进入过程的主体阶段。外延融合的最简单形式是空间观念，最复杂形式是意志过程。可以说，在它们所包含的元素类别方面，外延融合和它们所拥有的复杂性一样局部相同的特征。它们还具有连续联合的一些基本特征。可据此认为，多种形式的融合中预示着复杂形式的联合。内涵融合预示着同化；外延空间融合预示着不同感觉的复合；最后，时间融合、情绪和意志过程中预示着连续联合，后来连续联合作为更加高级的感觉复合从空间观念中产生。内涵融合和空间融合可以与同化和复合一起列入并发过程这一类别。时间观念、情绪和意志跟下文探讨的记忆过程与相关过程同属连续联合这个大类。

B. 同化

同化是联合形式，在内涵观念和空间观念的形成中持续存在，并辅助融合过程的完成。通过外部感觉印象得到同化产物的一些单个成分，而其他成分仍属于先前的观念，此时同化表现得最为明显。在这种情况中，同化如此表现：一些观念成分在客观印象中并不存在，或者由那些实际出现在观念自身中的成分之外的成分所代表，这样的观念成分从先前的观念中诞生。经验表明在这些复制成分中，那些经常出现的成分最受青睐。但是，对比融合中的主导元素，一些单个的印象元素在确定联合的时候要比其他元素更为重要，因此这些主导因素发生变化，同化产物随之变化，其视觉同化中尤其如此。

在内涵混合物中，最经常出现的同化后果是听觉观念。听觉观念是最鲜明的例子，可以说明对先期联合的现在过程（多次反复，已经变得很常见）的影响。在所有的听觉观念中，最常见的往往是随时可用的词语观念，因为它们接受的注意力远多于其他声音印象。因此，词语的倾听经常伴随同化；声音印象是不完整的，但满是先前的印象，因此，我们觉察不到这种不完整。如此一来，引导我们留心过程的不是正确地听到词语，而是误解，即通过不正确的同化错误地填充不完整的印象。举例说明可能更容易理解：野兽的吼叫，水、风、机器的嘈杂等可以随心所欲地听起来就像一些词语。

在内涵情感中，我们注意到了同化的存在：伴随感觉情感与初级审美情感的印象经常发挥次要的直接情感影响，只有受到印象的提示我们回忆起一些观念的时候才能说明这些影响。在这些情况中，首先联合往往只是情感联合的一种形式，并且只有并发融合的时候才是如此。相反，能够解释这种影响的相关的观念联合通常是必须归入连续联想形式的后期过程。基于这一原因，当我们获得伴随特殊情感的打击乐印象或者色彩印象，或者当我们获得简单空间观念的时候，很难确定什么事印象本身的直接情感影响、什么是联合的影响。一般说来，在这些情况中，情感过程看作直接因素和联合因素的结果；直接因素和联合因素根据情感融合的一般规律，联合起来构成一个单个的统一的总体情感。

空间观念的联合的特征最为广泛。总体上触觉观念作用小，尤其触觉对于记忆的作用更小，因此在视觉范围内，触觉不那么容易别发现。但盲人就是另外一回事了，触觉是他们在空间快速定位的基本方式，比如快速阅读盲文。当涉及几个触觉表面的时候，同化效应最为明显，因为此时，平时感觉的交互受到干扰产生了错觉，这一错觉容易暴露同化。比如，我们用食指和中指触摸一个小球，会得到有两个球的观念。原因很明显：手指保持普通位置，得到的外部印象缺失对应两个球，很多这类以前观察到的感知会在新印象上施加同化影响。

在视觉感知范围内，同化过程作用重大。它们的作用尤其体现在大小、远近、视觉物体的三维观念的形成中。在视觉物体的三维观念的形成中，它们对于纵深维度的直接双眼动机起到基本的辅助作用。这就解释了距离观念和物体大小观念之间的相互作用，比如，太阳或者月亮在水平线上和最高点上有着明显差别。透视绘画同样依赖同化过程。仅当印象产生被新印象同化的早期认知的元素的时候，平整表面上的图画看起来才是三维的，比如，没有阴影的绘画看起来要么是浮雕要么是凹雕。观察表明这些外表差异绝对不是偶然的，也不依赖于所谓的“想象力”，而是因为直接印象中一直存在着同化过程的决定元素。这种元素首先是位置和眼睛转动产生的感觉。比如，只用一只眼睛注视线性设计的棱镜，以便消除深度认知的双眼数据，我们所注视的绘画的部分要么是立体的要么是中空的，与之对应，这个棱镜看起来就是浮雕和凹雕相交替。当凝视点沿着一条线从上到下时，同一平面三条线代表的立体角度就出现在浮雕中；当运动方向相反时，它就出现在凹雕中。在所有这些相似的情况中，同化由这一原则决定：眼睛沿着物体的凝视线运动的时候往往从近到远，但眼睛长时间凝视一个点的时候，通常凝视物体近在咫尺的部分。同化效应在词语的误读中也很明显。误读完全对应前述的误听。阅读的时候我们忽略一本书的印刷错误。原因倒不是我们没注意到那些出现的错误单词，更多的原因在于我们看错了原本正确的单词。①

在其他情况中，眼部运动法则造成几何视觉错觉，其次要效应是深度观念。这些几何图形的视像与来自印象认知的大小和方向的错觉之间存在矛盾，深度观念就消除了这些矛盾。例如，一条被打断的线段看起来比同等长

① 研究阅读中的同化过程的时候，视速仪具有极大优势。通过这个设备，可以间隔很短地看单词。

度的未中断的线段要长，因此，前者的深度要大于后者的深度。两条直线在视网膜上的距离是一样的，虽然由于关系到长度估计的运动能量不同，它们的长度看上去不一样。不同长度观念的形成抵消了差异，因为虽然视像相同，但其中一条要比另一条长，这时候，在普通的视觉条件下，这条看起来比较长的线就属于更远的物体。再拿直线做例子，一条直线与另一条直线以锐角相交，结果就是锐角高估，如果直线很长，这种高估就造成直线在靠近交点的地方明显弯曲。直线抛入第三维度，消除了直线的真实轨迹和交角变大之间的矛盾。所有这些情况中，只有先期观念的元素的同化效应能解释透视现象。

前面讨论过的同化中没有一个表明任一先期观念能够作为一个整体影响新印象。一般而言，整个观念不可能发生作用，因为必须把同化影响归于大量的在许多方面彼此不同的观念。比如，一条直线与一条垂直的直线相交成锐角，直线倾斜造成锐角偏大，成了三维观念的构成成分，这种情况数不胜数。但在角度大小、线条长度或其他条件等方面所有这些情况都是不同的。因此，我们必须把同化过程看作这样一种过程：其中起作用的不是单个明确的观念，甚至不是先期观念元素的确定性联合，往往是大量联合在起作用。这些“先行者”只要与新印象大体一致就可以了，这样可以影响意识。

一些关系到印象的元素在过程产生的时候起到重要作用，从而造成了一些效果，我们对这些效果是如何产生的已经有所了解，如视觉观念中的内在触觉。显而易见，正是这些直接感觉元素负责从大量对印象起反应的观念元素中挑出一些相应的特别元素。然后现有的感觉将这些挑选出来的因素构成一种与直接印象剩余成分的形式相协调的形式。同时我们的记忆影像似乎不是相对模糊并因此多变的，而是如此：在特定条件下，对直接印象的感知在非常宽泛的界限内变动。就这样，同化过程首先从直接印象的元素开始，主要从在观念形成中起主导作用的元素开始，比如，在视觉观念中眼睛位置与运动的感觉。这些元素召集一些与其自身相符合的特殊的记忆元素，然后这些元素在直接经验上施加同化影响，印象反过来用同样方式反作用于复制元素。基于这一缘由，同化产物被统觉为直接的统一的观念。相应地，同化有两个显著特征：其一，同化由一系列初级联合过程构成，即不得不同观念成分打交道而不是同整个观念自身打交道的过程；其二，联合起来的元素通过双向同化彼此调整。

以此为基础，从这些过程所必需的不同因素在具体情况中起到的不同作用入手，我们可以毫不费力地解释复杂同化过程之间的差别。在一般的感知中，直接元素占据主导地位，其地位如此重要以至于复制的元素往往都被忽视了，尽管现实情况中它们从不缺席，并且通常对物体的感知起着非常重要的作用。当通过外部或者内部影响阻碍直接元素的同化效果的时候，复制元素更加明显，比如，印象或者情感与情绪激奋相混淆。就这样，印象与观念的区别非常大，以至于稍微留心就能立马发现，在所有这种情况中，我们将同化的产物称作错觉。

同化的普遍性使得复制元素之间同样可以发生同化过程，在心智中产生的任何记忆观念可以通过与其他记忆元素的交互立即得到修整。当然，我们还没有呈现这些现象的手段。所有能确定的是，即便在所谓的"纯粹记忆过程"中，边缘刺激产生的感觉和感觉情感形式的直接元素从来不会缺少。比如，在复制的视觉影像中，这些元素以眼睛的内在触觉的形式出现。

C. 复合

复合，或者不同心理混合物之间的联合，是如同同化一样有规律的意识成分。通过直接元素和复制元素之间的双向同化过程可以改变内涵或者外延观念或者复合情感，同时几乎所有这些混合物与其他相异混合物建立稳定的关系。但是所有情况中，复合与同化的不同在于，不同的混合物之间关系松散，但是有规律，因此，当一个成分是直接的，另一个成分是复制的时候，后者马上就能被区分出来。但是，还有一个原因使得复合产物看起来是统一的，尽管其成分之间的差异很容易被识别，这就是混合物中的主导成分，将其他成分推入意识的模糊地带。

如果复合联合直接印象与特征不同的记忆元素，带同化的直接印象一般是主导成分，而复制元素有时只能通过它们的情调才能施加显著的影响。比如，当我们说话的时候，听觉词语观念是主导成分，另外直接运动感觉和词语视觉影像的复制成为模糊因素。另一方面，阅读的时候，视觉影像浮到最前面，而其他变得更弱。总体上可以这样认为，只有伴随主导观念的整体情感涂上特殊的色调，这时候复合的存在才是显而易见的。其原因在于模糊观念有能力通过它们的情调向注意力施加相对密集的影响，比如，对粗糙的表面、刀尖、枪会产生醒目的印象，这些印象来自视觉印象与触觉印象的复合，有时听觉印象还会合并进来，比如，对于枪的印象，但一般说来这些复合只有通过激发出来的情感才是显著的。

D. 连续的联合

连续的联合绝对不是与同化和复合这两种并发联合的形式有着根本不同的过程。相反，它有着同样的总体原因，只是在次要特征上有所不同：只要涉及直接内省，单个瞬时行为就可以构成联合过程，这里联合过程得以延长并且因此分成两个行为。第一个行为对应正在复制的元素的出现，第二个对应被复制的元素的出现。马上与同化相联合的外部感觉印象经常引入第一个行为。其他可能进入同化或者复合的被复制的元素受到一些抑制影响或者其他影响（如强迫自身过早被统觉的其他同化）而退缩，并且直到很晚才开始发挥作用。这样一来，我们就得到与第一个行为明显不同的第二个统觉行为，两者在精神内容上有所不同。区别越根本，通过延迟的同化和复合得到的新元素就越多，由于特征不同而取代老元素的新元素就越多。

在大多数情况中如此形成的联合限定在两个观念或者情感过程，它们通过同化或者复合相互关联，方式如上所述。新感觉印象或者一些统觉组

合可能会同联合中的第二个成员发生关联。把同化或者复合的第一个成员导入连续过程的过程同样发生在第二个或者第三个成员身上，这种情况很少发生，因此，我们会得到联合系列。但是，总体上，这一系列只有在例外条件中才能形成。当统觉的正常过程被打断，如精神病人的所谓的“观念斗争”，这时候就会产生这种条件。正常情况下，对正常人而言，系列联合很难出现。

在试验中人为设置条件，有目的地压制新的感觉印象和统觉组合，这时候很容易产生这种联合系列。但是引起的过程不同于前述过程，不同之处在于系列中的前后相继的成员不是同前面紧挨着的成员发生关联，而是都返回到第一个成员，直到新的感觉印象或者情调极其强烈的观念为后续联合奠定新起点。精神病人的“观念斗争”中的联合一般表明同样的典型趋势，即返回起主导作用的中心。

a. 能感觉到的识别和认知

在一些情况下，可以极其明显地发现两个局部过程组成的联合的普通形式来自并发同化和复合，这些情况有着特殊名称，即能感觉到的识别和认知。加上“能感觉到的”这个条件是针对联合过程的，一方面表示过程的第一个成员始终是感觉印象；另一方面将这些过程同认知的逻辑过程区别开来。

从心理学角度看来，认知是最简单的，其中只需一次就能感知到物体，再次遇到的时候就能识别出来。如果第一次感知之后很快就发生第二次感知，或者第一次格外强烈、格外兴奋，那么，通常即刻发生联合，就是并发同化。这个过程与其他同化（发生的时候与所有感知都有关系）的唯一区别在于特征分明的伴随情感，即熟悉情感。以前接收过某一印象，一定程度上出现这种“意识”的时候才会出现熟悉情感，否则从不出现。因此，显而易见的是，源于观念的一种情感在意识中若隐若现。它与普通并发同化的心理区别必须在如下事实中寻找：在印象的统觉中发生同化的瞬间，在意识的模糊区域中出现不涉足同化的原始观念的一些成分。这些模糊成分与统觉到的观念的元素之间的关系体现在熟悉情感之中。未同化的成分会成为老印象的元素，这些元素与新印象元素的差别很大，以至于它们无法同化，或者往往成为曾经清晰但现在未被留意的复合。复合造成的影响说明视觉物体的命名（比如，人的名字很合适）与其他听觉品质（如音调）在认知中作用巨大。但是为了起到这种作用，它们不需要在意识中成为清晰的观念。我们以前听说过一个人的名字，再次碰到这个人的时候，我们的脑海里不必清晰展现出他的名字，单凭名字就能把他认出来。

这些观察说明需要什么样的条件，在这些条件下识别从并发联合变成连续联合。老印象的元素在意识中逐渐诞生，产生分明的熟悉情感，在这之前如果出现短暂的停顿，那么整个过程就分成两种行为，即感知行为和识别行为。感知仅依赖于普通的并发同化，而在识别中，老观念模糊的、未同化的元素发挥作用。因此，这些局部过程之间的分水岭越明显，新老印象之间的差距越大。差距明显的时候，不仅在感知和识别之间存在较长时间的明显的抑制，而且，一些额外的统觉过程即在回忆行为中起作用的注意力过程也来辅助联合。这是这种过程的特殊形式，我们称之为“间接识别”。它表现为物体的识别，不是通过自身属性，而是通过一些相伴随的标志，这些标志在随机结合中与其相伴，比如，通过一个人的同伴识别一个人。中间识别与直接识别之间没有根本差异。因为那些不属于被识别的客体自身的特征依然属于整个观念元素（观念元素为联合做准备，并协助其最终完成）的综合体。但是，如同我们理所当然地期待的那样，将整个识别分成两个观念过程、通常造成自愿回忆的协作的延迟往往最为分明地出现在中间识别中。

以前看到过一个物体，当我们再次看见它的时候会发生识别，这种简单的识别过程称为许多其他联合过程的发展的起点，是位于并发联合与连续联合之间界限的偏好识别过程的发展起点，是在联合和复合（这种复合造成连续过程而非并发过程）的形成中延迟更加明显的过程的发展起点。比如，对于经常察觉的物体识别起来相对容易，因而识别就成了瞬时过程。它更像普通的同化，因为熟悉情感不那么强烈。感觉得到的认识总体上与单个熟悉物体的识别不同，但差异很小。两个概念之间的逻辑区别在于，识别指的是刚刚感知到的客体相对于以前感知到的客体的个体身份的建立，而认知是将客体归类到熟悉的概念之中。但是，在感觉认知过程中没有真正的逻辑归类，也没有完全成熟的、可以用来归类的类概念。与之同等的心理学上的归类仅存在于印象与无数客体相结合的过程。这就得预设不同客体的就有感知，这些客体都符合某种特性，因此认知过程更接近具有心理特征的普通同化，被感知的客体所归属的类越熟悉，客体与这个类中最普通的客体就越一致。感知和识别过程特有的情感逐渐消退最终完全消失，因而，当我们遇到非常熟悉的客体的时候，我们根本就无须认知。一类客体的感知变得非同一般，或者单个客体表现出独一无二的特征，导致同化受阻，只有这个时候认知过程才是显著的。在这种情况下，感知与认知分成两个前后相继的过程，并发联合会变成前后相继。如此一来就产生特别的认知情感，它实际上关系到熟悉情感，但是由于认知情感与熟悉情感的产生条件不同，它在时间轨迹上异于属性情感。

b. **记忆过程**

识别过程的发展还有一种迥然而异的方向。这种方向表现为：直接同化遇阻导致并发联合转为连续联合，其阻力如此之大，以至于在识别发生后或者根本没有识别的情况下，与新的感知不一致的观念元素结合起来构成直接指向老印象的特殊的观念。这种情况中产生的过程是记忆过程，出现的观念是记忆观念或者记忆影像。

联想心理学一般将联想概念的应用限定为记忆过程。但这是在非常复杂的情况下发生的联想。联想心理学中存在一种错误的观点，致使从一开始就无法理解联想的起源，很容易发现，联想主义者所接受的教条基本上限制在对记忆过程中观察到的联想产物进行逻辑归类而非心理学归类。然而，只有从更简单的联想过程入手才有可能研究更加复杂的过程的特征，因为普通的并发同化与并发及连续的识别很自然地作为记忆联想的先行者而存在。但是即便并发识别也只不过是伴随着一种情感的同化，这一情感来自在意识中模糊出现的、未参与同化的观念元素。第二个过程中，这些未同化的元素用来延缓过程，因此，识别演变成为连续联想的原始形式。印象首先以普通方式进行同化，然后在第二个行为中和相伴随的识别情感(用来说明一些复制元素的较大影响)一起同化。在这种连续联想的简单形式中，两个连续观念指向同一个客体，唯一的区别在于，每一次都会统觉到不同的观念和情感元素。记忆联想又是另一番天地。不同于现有印象的老印象的元素占据统治地位，印象的第一次同化之后是额外观念的形成。这个观念由现时印象和老印象的元素构成，因为老印象的一些成分适合同化，所以老印象适合同化。不同于现有印象元素的老印象元素所占据的优势越大，第二个观念与第一个观念的区别就越大；或者相反，类似现有印象元素的老印象元素所占据的优势越大，第二个观念与第一个观念就越像。任何情况下，第二个观念始终是复制观念，作为独立的混合物区别于新印象。

记忆影像产生的一般条件也有差异，这些差异对应出现在识别和认知过程中的差异。一个物体现实一次感知之后加以识别，然后通过反复感知变得熟悉得以进一步识别，最后是对这个物体的认知——这个物体具有一般的类特征，是熟悉的——这种认知会成为记忆过程中各种各样变动的源头。

不属于客体自身、属于参与先期感知的条件的元素阻碍印象的直接同化，这时候简单认知成为记忆过程。恰恰是由于曾经的感知只发生了一次，或者只要涉及复制至少只发生一次，这些伴生元素可以相对清晰，迥异于新印象的环境。如此一来，我们就得到介于识别与记忆之间的过渡形式。客体得以识别，同时指向特殊的、先前的感知，这种感知的伴生环境与记忆影像具有明确的时空关系。诞生同化的新印象的元素全部被影像的其余成分压制，记忆观念和印象之间的联想关系一点未被觉察，此时记忆过程占据优势地位。

这种情况可以看作“间接记忆”或者“间接联想”。但是，如同“间接识别”那样，我们也得研究基本上与普通联想相同的过程。比如，一个人下午独坐屋中，突然毫无理由地记起多年之前他走过的风景，仔细研究之后发现当时房间里恰好一阵花香袭来，而花正是他在那片风景中第一次看到的。这种过程与普通记忆过程（其中清晰显现新印象与旧有经验的关联）的区别明显在于，召唤观念的元素被其他观念元素抛进模糊的意识悲剧。并不罕见的经验，在人们心目中往往是观念的“自发诞生”，其中没有任何指定性的原因，记忆就会突然出现在我们的脑海里，这种经验任何情况下完全有可能简化为隐性联想。

由于条件过于复杂，从认知与重复的识别中发展而来的记忆过程不同于那些与一次性客体识别有关的过程。一个物体通过个体特征或者它所在类的特征而被人熟悉，当我们感知到这种物体的时候，联想范围就会无比广阔，记忆过程从特殊印象中诞生的过程较少依赖于催生联想的单个经验，而是更加依赖于意识的整体倾向和瞬间氛围，更依赖于一些积极统觉过程、智力情感和与这些过程相关的情绪。词语观念对于联想起到重要的辅助作用。很多时候这些观念与单个客体（本名）相关联，但是当它们指向观念的类特征（类名）的时候，它们的作用尤其重要。条件变化很大，很容易发现总体来看无法提前计算特定情况中联想是什么样子。但是，只要记忆行为结束，仔细探究不难追踪到它的联想源头，因此，我们有底气认为联想是所有情况中记忆过程的普遍的也是唯一的原因。

这样就从联想中得到了记忆，切记，任何具体的记忆过程绝非简单过程，而是由大量初级过程构成，这一点在这种情况中很明显：任何这种过程都是由它的简单的祖先即并发同化的心理发展所促生的。这些初级过程中最重要的是外部印象与更早的心理混合物的元素之间的同化交互，或者已经出现的记忆影像与更早的心理混合物的元素之间的同化交互。与此有关的还有两种过程，它们成为记忆过程的特征：一个过程通过不一致的元素阻碍同化，另外一个出现在与这些不一致元素相关并且产生心理混合物（有别于第一种印象，主要通过复合多少有些确定地指向一些以前的经验）同化和复合之中。通过特征分明的情感即记忆情感指向过往经验，这一情感与熟悉情感相关，但是在时间发生上是不一样的，原因可能是随着记忆影像的出现而出现的模糊复合太多了。

如果我们打算找出两种记忆过程和所有复杂联想能够还原的初级过程，那么这两种初级过程就是统一性造成的组合与相邻性造成的组合。过程更像普通的同化与识别的时候，总体上第一类占据主导；而过程越是在特征上接近间接记忆，也就是说过程越像自发观念，那么第二类就更为突出。

很明显，用常用的根据相似或者相邻来划分记忆过程联想的方法来处理这些过程的心理起源完全行不通。另外，如果不考虑起源，单单根据后果在逻辑上对过程进行划分既笼统又不确定。在划分过程类别的时候，不同的主从、对等关系，不同的因果关系，不同的时间连续与并存关系，不同的空间关系，这些都列入宽泛的“相似”与“相邻”概念，就会显得格外模糊。相反，当研究过起源之后，就会发现所有记忆过程都由基本过程构成，这些过程一部分是相似联想，另一部分是相邻联想。用来还原过程的同化与结束时指向特别的老经验的同化可以称为相似联想。但“相似”这一术语用在这儿并非完全适合，因为它是同等的产生同化的基本过程，并且当同一性的元素不存在的时候，这种同一性总是由相互同化来产生的。实际上，“相似联想”概念基于这些预想：复合观念是永恒的精神客体，在这些已经完成的观念之间发生联想。一旦发现这种预想与心理经验完全矛盾，从根本上动摇我们对经验的正确理解，就会放弃这种预想，这时候就必须放弃相似联想概念了。一些联想产物如两个连续的记忆影像是相似的，此时这种相似性总是还原为源自同一性或者相邻性的基本联合所构成的同化过程。同一性联想要么发生在一开始就是相同的成分之间，要么发生在通过同化获得相同特征的成分之间。相邻性联想是阻挠同化的元素之间所发生的联合的一种形式，这样把整个过程分为两个过程的连续进行，并且把记忆影像归因于那些赋予记忆影像独立混合物的特征、使得记忆影像异于产生记忆影像的印象的成分。显而易见，同一性联想与相邻性联想的联合行为是最合理的解释，尤其是对于记忆联想的最简单形式，即那些简单感觉印象构成的形式。实际上，只有通过两种形式的联想的联合作用我们才能给出合理解释。比如，一种黄色印象在脑海里唤起相似的橙色，纯粹的相似性联想给出的解释是这样的：两种颜色的相似性产生了联想。另一方面，单纯的相邻性联想解释同样事实的时候以此为基础：在彩虹中，在光谱中，在涂绘表面的阴影中，无数次发现两种印象相互靠拢。实际上，事实都不是这两种解释所说的那样。颜色和乐音一样形成持续的感觉序列，其中由于产生与变化的条件相邻、相近的印象总是联想最亲密的。一种意识带有特定的颜色印象，其他联想到的颜色尤其是那些与特定色彩最近的颜色总是被带进这种意识。其唯一的理由是，现有的颜色首先在记忆综合体中召唤与其一模一样的颜色，然后在记忆综合体中通过这一同等的颜色召唤邻近的颜色。比如，黄色唤起在光谱中曾经见过的黄色（同一性联想），然后通过这一初步过程进一步唤起相邻的橙色（相邻性联想）。在这种情况下尤为明显：必然存在两种联想形式的联合，因为完全联想中的两个阶段的分离程度比复杂观念（其中两个阶段只联合一次就构成一个单个的复合过程）中的更明显。

记忆联想的全部后果只要关系到老印象，一般都可以纳入记忆这一命名。记忆这一概念最初来源于大众心理学，然后用于现在已经弃用的官能心理学。当然，任何特定情况下记忆都得经过特定分析才能得出哪些基本联想过程涉及要说明的特殊现象、这些联想过程的特别效果又是什么。经过分析找到了最简单条件，应用在这些情况中：记忆联想发生在简单印象中，或者至少在那些在相对简单统一的条件下发生的印象中。比如，研究乐音印象或者简单的视觉客体的记忆的时候，可以用清晰度来衡量记忆的精确性：短暂的间歇过后，老印象被识别的清晰度如何。衡量的结果就是，印象发生过后马上可以相对精确地再现。略一停顿后（对于乐音而言是2秒之后，对于简单的视觉客体而言时间略长一点但不会太久）再现最为精确，然后精确度逐渐越来越慢地下降，最后（大约60秒之后）达到一个点，在相当长的时间内近乎稳定地保持在这个点上。在精确度逐渐降低的总体过程中，随着注意力的波动，精确度会不断波动。

时间记忆对研究间歇与记忆过程之间的关系有着特别的兴趣。通过时间记忆这一术语我们指的是时间间歇的记忆。这种形式的记忆可以极为精确地加以研究，比如，听力印象识别所谓的空洞间歇，通过这种间歇可以总体上研究时间观念的特征。研究发现，间歇的记忆影像与这一间歇的客观长度之间的关系首先依赖间歇的长度，其次依赖获得印象与形成记忆影像之间的时间跨度。间歇长度影响过程，依据这一总体规则：在记忆中短间歇高估而长间歇低估。中立间歇位于两种错误的估量之间，其中被记住的间歇平均起来等同于给定的间歇。如果印象过后很快就进入复制，那么中立间歇是0.5～0.6秒。如果间歇加大，就会出现精确估量的周期性循环，其总体规则是：所有多重中立间歇估量起来要比这些多重中立间歇之间的间歇更加精确。精确估量的周期循环的原因很可能是：为了在意识中成为单个的整体，较长的间歇必须分割成几组短间歇。通过分割与成组，中立间歇就成为标准的简单单元了。毋庸置疑，估量中的周期循环同样与上述长间歇的无意识节奏细分过程有关联。如果印象与复制之间的时间较长，估量精确度就会下降，比如，品质乐音感觉和光线感觉的复制。最后达到一个最低点，这个点较长时间内维持在一个相对稳定的水平上。随着印象与复制之间时间的延长，被复制的间歇比起最初的间歇越来越短。现在还没有找到这些现象的确切原因，但是它们都是日常经历。

在现代心理学中，记忆事实的实验分析涉及大量注意力，其原因不仅在于吸引了学术兴趣，还涉及实践教育兴趣，尤其是将这些实验结果应用到复杂观念和系列观念的时候。实验方法分为两类：学习方法与识别方法。每种方法又分出一些子类。最狭隘字面意义上的学习方法或者记忆方法要求观察者在明确的资源的多变条件中重复无意义的音节、单词或者句子，直至铭记在心。第二个学习方法的形式更为松散，可以称之为猜测方法。它一次或者多次地代表一些音节组合，以后只重复组合的一部分，使得遭受忽略的部分重现在记忆之中。而在识别方法中，观察者得到印象，一段时间过后，就会出现要么相同要么不同的第二个印象。如果观察者能够正确识别第二个印象与第一个印象的异同，他的记忆力程度就得以确定。这种方法也分两种：一种是变化重复；另一种是同样系列的方法。变化复制这种方法尤其适合测试简单感觉和相对简单的时间观念的记忆。它首先体现为一种叫作正常印象的印象，一段时间过后出现第二个印象，叫作比较印象。比较印象逐渐变化，直到一个点，在这个点辨别出差异，就是所谓的差异临界值（§17）。同样系列的方法特别适合研究经验的复杂成组，如单词、数字的系列等。它体现为一系列印象，这些印象相互分离，中间是很短的间歇，一段可以察觉的时间过后，同样的系列再现，由此决定正确识别出来的印象的数量。在这些方法中，“学习方法”尤其是记忆方法的用途最为常见。但是这一方法饱受批评，因为进行实验的心理学条件比识别方法用到的条件更加复杂。因此，对这种方法用到的记忆工作的衡量经常在基本层面上出错。比如，用时间或者完全记忆所需的重复数量来衡量记忆工作，前提是脑力劳动随着时间而有比例地增加。但是这个并不正确，因为大量经验表明脑力劳动不是随着时间的延长而增加，而是随着时间的延长而降低。

通过实践，在日常经验中发现了一些决定记忆能力的因素，这些因素通过正确程度有多有少的方式进行变化。这些因素是被记住的印象呈现出来的数量和延续时间及这些印象之间的间歇，还有被记住的每个系列的长度。负面因素同样可以通过测量得到，如记忆轨迹的逐渐消失、印象显现与复制之间的间歇的效果。这些不同因素的影响体现在:其一,记忆中重新获得的数量首先迅速增加,而后随着单个印象的时长与数目的增加而缓慢增加。其二,被记住的数量随着系列长度的每一次增加而增加,这是绝对的,并且相对降低,也就是说,与呈现出来的印象的总数相比,重新获得的印象的数量降低了。其三,在伴随强烈情感的系列中,这些因素(如重音系列的成员)相比那些无重音系列更容易再次获得。其四,不同的印象显现之间的间歇的长度可以是适合记忆的最佳条件。高于或者低于这个最佳长度记忆效率就会下降。这很容易理解:要知道,记忆和疲劳、遗忘之间存在一定程度的对立。遗忘过程在于复制印象的倾向逐渐消失。因而,最适合记忆的间歇处于复原与疲劳的平衡点,同时复制倾向消弱得不会太多。其五,当印象显现与复制之间的间歇增加的时候,重新获得的数量首先快速减少,然后更为缓慢地减少。所有这些后果,尤其是那些表明情感影响、强调疲劳与有意识努力之间的关系的后果说明,记忆力与所有的记忆过程是由初级联想和下文将要探讨的统觉过程构成的复杂后果。在这个层面上,记忆类似精神劳动大量的其他的复杂形势,比如,阅读、写作、计数、用数字进行复杂的计算过程。

记忆观念的特征与记忆过程的复杂本质密切相关。这些观念是微弱的但是忠实的、直接感知的复制品,这种描述多少能说明真相。记忆影像与感知的不同不仅在于品质和强度上,更在于它们的基本构成。我们可以尽可能地降低感知印象的强度,但只要有一丝察觉,它就是跟不上不同于记忆观念的混合物。记忆观念的不完全性要比其元素的弱强度更明显。比如,我记住了一个熟人,我对他的面貌与身材的影像不仅仅是在直视他的时候形成的意识之中的模糊的复制,大多数特征在复制观念中根本就不存在。少数观念元素的确存在,有意识地集中注意力的时候一些观念元素的数量略微增加,与这些观念元素相连的是通过相邻与复合添加进来的一些因素,比如,我看到熟人的环境、听到他的名字,还有更加重要的一些在会面时出现的情感元素。这些相伴随的成分使得影像成为记忆影像。

这些伴随元素的效果存在巨大差异，不同个体的记忆影像的感觉元素也存在巨大差异。一些人将记忆影像在时空中定位，比其他人更加精确，记住色彩和乐音的能力也明显不同。对气味和味道有着异乎寻常的记忆力的人很少，我们大多数人用相伴随的鼻子和味觉器官的运动感觉对之进行代替。

这些不同个体之间的差异都指向“记忆”中的差异。因此，记忆概念是一种附属概念，在清晰地阐释记忆过程中的个体差异的时候相当有用。但是，切记这一术语始终指的是现实中的一系列过程，切记特殊情况特殊对待，比如，准确可靠的、全面的和不费力气的记忆，优秀的时空、语言记忆等。这些说法用来表明不同方向：根据一个人的本性或者习惯，基本的同化和复合的发生有不同方向。

多个差异指出的一个重要现象是老年人的记忆力持续衰弱。大脑病变造成的紊乱总体上与年龄增加带来的记忆力削弱的后果保持一致。两种情况对心理学都尤为重要，因为它们很清晰地说明了复合对于记忆过程的影响。无论正常情况还是病理情况，失忆造成的一个重要症状就是语言记忆的退化。一般而言，它是记忆能力的丧失，先是记不住本名，继而记不住日常环境中具体物体的名字，再后来就是记不住抽象的词语，最后是记不住完全抽象的东西。这一连续过程恰好对应这种可能性：意识之中，可以用其他观念代替一个类别的词语，通过复合这些观念有规律地与类词语建立关联。很明显，这种可能性对于本名最重要，对于抽象之物最弱（只有通过言语标志才能重新获得）。

§17. 统觉组合

在我们眼里，所有形式的联想都是消极经验，因为作为所有意志与注意过程的鲜明特征的行为情感只有在这种情况下才会产生：在合成的、给定的内容这种统觉中，行为情感添加到已经完成的联想过程之中。

这与第二种组合有着根本区别，第二种组合在不同的心理混合物及其元素即统觉组合之间形成。在这里，伴随着不同紧张感觉的行为情感不仅仅作为组合造成的次生效应而跟在组合之后，更是组合的先导，因此，组合本身能在注意力的辅助之下得以形成并立即识别出来。在这个意义上，这些经验堪称积极经验。

统觉组合包含大量心理过程，在日常语言中这些心理过程有着各自的总称：思索、反思、想象和理解。它们是比感知或者纯粹的记忆过程更高级的心理过程，与此同时，它们互相区别。想象与理解的所谓功能尤其如此。这是官能心理学松散的观点，联想心理学与之相对，试图发现一个统一的原则：把观念的统觉组合也纳入联想的总体概念，同时把联想概念限定为连续联想。还原到连续联想的做法要么忽略了统觉组合的主客体之间的根本区别，要么试图从大众心理学中借用一些附属概念来规避艰难的解释。比如，认为“兴趣”和“智力”能够影响联想。这种观点往往以错误的观念为基础：在统觉组合和联想中识别不同特征意味着确定统觉组合与统觉联想的根本划分。当然，这是不正确的。所有的心理过程与联想的关系同与原始感知的关系一样密切。但是，如同联想总是所有感知的构成部分并且作为相对独立的过程出现在记忆过程中，统觉组合总是基于联想，但是这些统觉组合

的基本属性不能回溯至联想。

要解释统觉组合的基本属性，不妨把这类心理过程分成简单的统觉功能和复杂的统觉功能。简单功能是关联的和比较的功能，复杂功能是综合的和分析的功能。

A. 简单的统觉功能（关联的和比较的）

两个相互关联的心理内容的功能是最基本的统觉功能。相互关联总是体现在单个的心理混合物及其联想中，但这些过程自身的实际发生时特殊的统觉行为，通过这种统觉行为，关联本身成为特殊的意识内容，区别于那些相互关联的、实际上无法分割的内容。比如，我们发现一个物体的身份与先前感知到的物体的身份相一致，或者我们意识到被记住的事件与显现出来的印象之间存在明确的关系，这些时候都会出现与联想有关的关联的统觉行为。

只要识别保持为纯粹的联想，关联过程就限定为要么新印象同化之后即刻发生要么短暂间歇之后发生的熟悉情感。反之，联想之中有统觉加入的时候，熟悉情感就带有清晰识别的观念基础。先前的感知和新印象不会同期发生，然后根据它们的基本属性建立一致的关联。当我们意识到记忆行为的动机的时候，情况与此类似。同样设置前提：产生影像的单纯的联想过程之中加入记忆影像与产生记忆影像的印象的比较。这个过程只有通过注意力才能发生。

只要联想自身或者联想的产物成为有意识观察的对象，联想就可以把关联功能带入行为。只要意识的关联内容是醒目的独立过程，属于同一类精神经验，关联功能就可以与比较功能建立关系。因此，关联行为是更宽泛的概念，比较行为更狭窄。只有被比较的内容相互发生关系的时候，才有可能进行比较。另外，意识内容无须相互比较就能具备相互关系，比如，一种属性与其客体相关，或者一种过程与其前后的另一种过程相关。结果就是，出现更充分的条件满足比较的时候，给定的经验可以相互关联或者相互比较。比如，一个人认为现有的印象是回忆起早先经验的原因，这就是关联；另一方面，他在早先的印象与现在的印象之间确立了一致点或者差异点，这时候就是比较。

反过来，比较过程由密切相关的两个基本功能构成：第一个是一致的感知；第二个是差异的感知。即便在当代心理学里也泛滥着一种谬论，这一谬论起源于大众心理学，被逻辑唯智主义加深了。它认为心理元素与混合物的存在等同于它们的统觉比较。因而所有感觉都被看作“感觉判断”，所有对距离的直接感知成为“深度判断”，以此类推贯穿整个过程系列。但是，在这些情况中，判断在感觉和观念之后出现，因此，判断必须识别为一个独立的过程。一致与差异在我们的心理过程中产生，如果它们不出现，我们就无从察觉。但是，这些感觉与观念中的一致与差异通过比较行为得以显现，这些比较行为不等于感觉和观念自身。比较功能在与这些元素的关系中诞生，但并非绝对如此。

即便心理元素即感觉与简单情感都能进行比较，看它们是一致还是有差别。实际上，正是通过一系列比较，我们可以将这些心理元素进行系统化，每个系统都包含关系最密切的元素。在给定的系统中可以进行两种比较，即品质比较和强度比较。当注意力转向元素在意识之中的出现方式的时候，清晰度的比较也是可能的。同样地，比较可以用于内涵和外延的心理混合物。每个心理元素和心理混合物只要是有规律的系统的成员，就构成心理量值。要确定一种心理量值，只有通过与同一系统中其他量值的比较才能实现。因而，心理量值是所有心理元素与混合物的原始属性。它有很多种类，强度、品质、外延值（时空），涉及意识的不同状态的时候还要考虑清晰度。但是只有通过统觉的比较功能才能确定心理量值。

心理衡量与物质衡量的不同之处在于，后者可以通过与时间几乎无关的比较行为来进行，因为其对象相对稳定。比如，今天我们可以用气压计确定一座山的高度，很长一段时间之后还可以测量另一座山的高度，如果这段时间内地形没有发生明显变化，我们就可以比较两次测量的结果。另一方面，心理混合物不是相对稳定的对象，而是持续变动的过程，因此，只有其他条件保持原样，而且要比较的两个因素在时间上前后相继，这时候才能比较两种心理量值。因此可以直接推论：首先，心理量值的比较没有绝对标准，但是所有比较都自圆其说，且各有其效；其次，只有同一维度的心理量值之间才能更加精细地比较，因而简化还原（比如，时长和心理驱动力这样的极为不同的精神数量全部用空间维度来表示）在精神比较中行不通。

直接比较能够确立的心理量值之间可能的关系数量有限。这种关系的确立只存在于特别合适的情况中。它们分别是：其一，两个同等的心理量值；其二，两个心理量值之间差异明显可察，比如同等品质的两种感觉，或者强度相同且属于同一维度、不同品质的感觉；其三，差异相同的两种心理量值，尤其是当这些量值属于同一系统的周边部分的时候，这种情况略微复杂，但没有超出直接比较的范畴。很明显，任一情况中，统觉比较的两种基本功能即一致的感知与差异的感知一起用于心理测量。在第一种情况中，有两种心理量值 A 和 B，它们逐渐变化直到适合直接比较，如 B 逐渐变化，与 A 相一致。第二种情况中，A 和 B 一开始是同等的，B 开始变化，直到明显大于或小于 A。第三种情况中，心理量值的整条线比如感觉强度的整条线以 A 为最低限度向着最高限度 C 扩展，整条线被中间量值 B 区隔，逐渐变化调整，会出现局部距离 AB 等同于 BC 的情况。此时最能说明说明第三种情况。

在这些比较方法中，第二种方法即最小差异法得到的结果最直接最容易使用。与心理量值间的明显差异相对应的精神刺激之间的差异称为刺激的差异临界值。在某个强度上产生的心理过程如感觉能够被统觉，这个强度就是刺激临界值。观察表明，刺激的差异临界值随着与刺激临界值的距离而有比例地加大，期间差异临界值和刺激的绝对量或者相对差异临界值之间的关系保持恒定。比如，若要感觉明显加强，一种强度为1的声音需要增大四分之一，强度为2的声音必须增大三分之二，强度为3的声音必须增大三分之三，以此类推，这样才能达到差异临界值。这就是韦伯定律，以发现者的名字E. H. 韦伯命名。只要把它当作统觉比较的定律就很容易理解。据此可以这样理解：只有参照相对量值才能比较心理量值。

有人认为韦伯定律是相对心理量值的一般定律，这种观点假定被比较的心理量值本身在定律生效范围内增加，与它们受到的刺激直接构成一定的比例。但是由于精确测量神经和感官刺激的难度很大，不好在生理学层面上证明这一假定的真实性。即便如此，我们还是在心理事实中找到了一些证明：观察条件自然而然地导向绝对量值差异的比较，在这些特别情况中，绝对差异临界值而非相对临界值是稳定的。比如，在广泛的界限内比较音高的最小差异。依照第三种方法比较很大的感觉差异，总体上发现绝对刺激差异而非相对差异感知起来是同样的。这表明，不同的条件下统觉比较遵循不同的原则，相对比较的原则（韦伯定律）更常规，而特殊条件中绝对比较的原则会取代相对比较的原则，因为特殊条件更中意绝对比较的统觉形式。

韦伯定律首先适用于感觉强度，然后在更狭窄的意义上适用于外延混合物尤其是时间观念的比较，一定程度上还适用于运动观念和视觉的空间观念的比较。另外，它不适用外部触觉的空间观念，原因明显是局部标志的复杂性；它也不适用感觉品质。乐音间歇的规模是相对的，因为任一间歇都对应振荡数字之间的比率（比如八音阶是1∶2，五度音是2∶3）。原因可能是打击乐之间的关系，这种关系又源于基音与泛音之间的关系。即便绝对比较而非相对比较发生的时候，我们与不能将绝对比较与绝对衡量混淆。这就需要把绝对单位作为前提，也就是说，找到稳定标准在精神世界里是不可能的。决定比较必须采取这种形式：识别平等绝对差异的平等性。一些个别情况中可以没有稳定单位。比如，考虑最高感觉到最低感觉的关系，根

据相对值从感觉上比较两条线 AB 和 BC。因而，当 $B/A=C/B$（韦伯定律）的时候，我们判断 AB 和 BC 是相等的。另一方面，当单个感觉维度中 C 和 B 之间的距离看上去等于 B 和 A 之间的距离的时候，也就是说，当 $C-B=B-A$（默克尔定律）的时候，我们根据绝对值比较 AB 和 BC。当连续比较两个刺激，其间既没有时间间歇也没有空间间隔的时候，对数量和品质差异的识别更加困难。于是，这些情况中差异临界值更大，从一个刺激到另一个刺激的连续过渡越缓慢，差异临界值就变得越大。比如，两个区别分明的刺激相互比较的时候，亮度临界值是 1/100。反之，两个刺激没有分隔，第一个刺激非常迅速地转入第二个刺激，这个时候临界值是 3/100，如果过渡稍慢就是大约 10/100。明显区隔的乐音的临界值是 1/3 振动；持续乐音变化的临界值是 1/3～1/2 振动。明显区隔的压力的临界值是 8/100；持续变化的压力的临界值是 10/100～30/100，大分数表示过渡缓慢。即便在上述更加困难的比较条件下，韦伯定律也同样适用。

韦伯定律体现了感觉与刺激之间的基本关系，假定韦伯定律可以有效适用感觉与刺激的无穷的小变化，费希纳据此提出了公式 $dE=C\cdot dR/R$（R 代表刺激，E 代表感觉）。根据这个公式，他又得出了测算有限感觉值和有限刺激值的对数公式：$E=k\cdot \log R+c$。也就是说，感觉随着刺激的对数成比例地增加，c 和 k 表示实验确定的常数（费希纳身心定律）。但是，由于基于感觉与刺激之间的直接关系，它无法说明这一事实：本定律很可能依赖于被测量的感觉之间的关系。如果我们没确认这种关系是感觉之间的关系，那么就得采用这种公式 $V=m\cdot \Delta E/E$，ΔE 表示差异临界值，V 表示比值。这个公式只包含心理量值，体现了韦伯定律的意义。

韦伯定律的体现方法或者心理量值间关系（元素的或者混合物的）的体现方法通常称为身心方法。但是这个命名并不合适，因为此处使用的精神意义并不是独一无二的，而是适用于实验心理学的所有方法。这个方法最好称作“心理量值的测量方法”。使用这些方法，可以通过两条途径找到适合判断的前述关系。第一种是直接的程序模式：有两种心理量值 A 和 B，如果 A 保持恒定，B 逐渐变化直到体现出前述关系，即要么与 A 相等，要么大于或者小于 A。这就是调节方法。其中一种最为常用，最直接地得出结论，这就是“最小变化的方法”；还有一种是不断修正，得到最后的平等，就是“平均错误的方法”。在很多情况中用第二种程序模式来比较两种刺激。有 A 和 B，两者差异很小，位置关系如前所述，有三种判断：$A=B$、$A>B$、$A<B$，根据这些情况中的数字可以进行计算。这是计算方法。其中最主要的“正确的和错误的情况”的方法，或许叫作“三种情况的方法”更加贴切（相等、正差异和负差异）。这一方法与其他方法的细节属于实验心理学的特别条约。

除了上述的心理分析，韦伯定律还有两种解释，它们可以称为生理原理和身心原理。生理原理根据中枢神经系统中兴奋传导的假想关系解释韦伯定律。身心原理把韦伯定律看作一种特别定律，即“身心交互”。生理解释全是妄想，在某些情况中比如时空观念中一点不能用。费希纳的身心解释以心智关系为基础，而这种关于心智关系的观点已经被限制的心理学抛弃了（§22）。

在列入韦伯定律的统觉比较重有一些特别情况，就是作为相对最大的感觉差异或者处理情感时的对立而相互作用的量值比较。这些现象通常有一个类名“对比”。在光线感觉的领域内，对比的研究最为透彻，其中尽管后果在一定程度上相关联但起源明显完全不同的两种现象之间毫无区别。我们可以区分为光感应或者生理对比，以及真实的对比或者心理对比。生理对比与残像现象紧密相关，或许生理对比是一样的。心理对比基本不同，当印象强烈的时候，它们被更强烈的生理对比抛进背景。心理对比通过两种重要特征区别于生理对比。首先，当亮度和饱和度最大的时候，精神对比不会达到最大强度，但是当感觉位于中间阶段的时候，眼睛对亮度和饱和度的变化最为敏感，此时心理对比最为强烈。其次，在合适的条件下，心理对比可以通过与独立客体的比较而进行移除。后者尤其说明这些对比完全就是比较的产物。比如，把一个灰色正方形放在黑底中，把一个相似的灰色正方形放在白底中，两者紧邻，都盖上透明纸，两个正方形看起来一点都不一样：黑底正中的方形看起来更亮，接近白色，而白底中的正方形看起来更暗，接近黑色。透过透明媒介看这些颜色，后像和发光就非常微弱，因此，可以设想这些现象是心理对比。用透明纸覆盖一条黑纸板，黑纸板就变得和两个正方形一样是灰色，把它放到与两个正方形密切相关的位置，对比就全然不见了，至少消失了很多。在这个实验中，还可以用彩色背景替代单色背景，在辅助色彩的映衬下，灰色正方形格外清晰。但是，通过与独立的灰色物体进行比较同样可以消除这种对比。

条件适合的时候，感觉的其他领域也会出现类似的对比。在情感中尤其如此，条件合适它们还会出现在时空观念情况中。音阶感觉与对比的关系相对最为松散，因为大多数都能娴熟地识别绝对音阶，这种能力可以绕开对比。在情感情况中，对比效应与情感品质之间的自然对立密切相关。比如，愉悦情感之前紧挨着不快情感，不快情感会强化愉悦情感；紧随紧张情感的放松情感形同此理，比如期待情感之后的实现情感。当同样的时空间隔与长短间隔的交替进行对比的时候，时空观念情况中的对比效应最为明显。在这些情况中间隔是不同的：与较短的间隔相比它会更长，与较长的间隔相比它就变短了。在对比图形中放进要给物体，使得它们很容易建立关联，这样可以消除空间观念中的对比。

一些现象是印象统觉的产物，其实际特征有别于受期待的特征，我们可以把这些现象看作心理对比的修正。比如，我们准备举重，本来以为很重实际举起来却发现很轻，或者以为很轻举起来却很重，结果就是高估和低估。一系列物体重量相同形状不同，调整它们的形状使它们看起来由轻到重地排列，它们实际举起来的时候重量也是不一样的，最小的看起来最重，最大的却最轻。体积大让人联想到重量大，此时这种联想决定期待的倾向。于是实际感觉与期望感觉之间的对比产生了对重量错误的估计。

B. 复杂统觉功能(综合与分析)

简单的关联过程和比较过程经过多次重复与组合过后，就产生了复杂的心理功能——综合与分析。综合主要是统觉关联行为的产物，分析是比较行为的产物。

作为组合功能，统觉综合以融合和联合为基础。它与融合和联合的不同之处在于，联合形成的一些观念元素和情感元素得到有意识的强调，其他被掷入背景。在元素之间进行选择的动机只有从个体意识的全部的过往发展入手才能得以解释。综合产物就是这种有意识行为的后果，它是复杂的，其中所有成分都来自先前的感知与联想，但这些元素的组合多少有别于原始形式。

源自统觉综合的混合物的观念元素可以看作它的内容的其余部分的基础，我们把这种混合物总称为集合观念。元素组合和特别，也就是说明显区别于联想产物，这时候，集合观念及其相对独立的观念成分称为想象观念或者想象影像。因为自愿综合多少有别于出现在感知和联想中的组合，所以想象影像和记忆影像之间没有特别分明的界线。但是在依赖自愿综合的正面特征中，统觉过程的标志要比负面特征(组合在特征上不符合任一特殊的感知)更根本。这种正面特质也是想象影像与记忆影像之间最引人注目的差异的源头。差异表现为：统觉混合物的感觉元素在清晰度上更像直接感知的元素，在完整性与强度上往往也是如此。这很容易解释：无法控制的联想相互抑制，阻碍固定记忆影像的形成，这种相互抑制被一些特殊观念混合物的自愿强调消弱或者消除。可能会把想象影像误作真实经验。对记忆影像而言，只有它们成为想象影像的时候才会发生，也就是说，记忆不再消极产生，而是在一定程度上由意志产生。总体上，通过混合真实元素与想象元素可以对记忆进行刻意修整。因此，我们所有的记忆都由“幻想和真实”构成。比如，记忆影像受到情感和意愿的影响会变成想象影像，想象影像像极了真实经验，我们往往分不清。

源自统觉综合的集合观念在相对立的方向上产生了两种形式的统觉分析：其一在日常用语中叫作想象行为；其二是理解行为。它们绝对不是完全不同的，跟它们的字面意思不一样，相反，它们是总是密切关联的。它们的基本的决定性动机将它们区分开来，限定它们所有的次要差异还有它们作用于综合功能的反应。

在“想象”行为中，动机是经验的实际综合体的复制或者类似现实的经验的复制。这是统觉分析的老形式，直接来自联想。它始于多少有些综合的集合观念，这些观念由大量观念和情感元素构成，包含复杂经验的总体内容，在这种复杂经验中只能模糊地区分单个成分。于是集合观念在一系列连续行为中分成一些更为明确的、关联的混合物，这些混合物具备时空特征。基本的志愿综合之后是分析行为，分析行为反过来有了产生新综合的动机，并且导致整个过程的重复发生，这个过程带有部分被修正或者更加受限的集合观念。

想象行为表现出两个发展阶段。第一个阶段更消极，直接来自普通的记忆功能。它在思想链条中持续出现，尤其是采取期待未来的形式，在心理发展中作为铺垫或者意志的前提而起到重要作用。但是，以相似的方式，它也会作为象征出现在想象状态的思想或者一系列外部现象的思想之中。第二个是积极的想象形式，受到结束时固定观念的影响，因此，不仅预示了有意识的强烈控制想象影像，而且预示了部分意志部分选择的记忆影像的强烈干预，这些记忆影像试图无须刻意就将自身拉进意识。如果这种积极过程产生最初的集合观念，那么这些观念的系统性很强。而且一旦以这种方式形成集合观念，它比起消极想象来更牢靠，经得住更完全的分析。成分本身经常是次要的集合观念，适用同样的分析过程。如此一来，依照结果进行组织划分的原则适用积极想象的所有的产物和过程。艺术作品表现得最为明显。然而，在一般想象中，在消极想象或者直接源自记忆的想象和积极想

象或者受固定结果支配的想象之间存在最变化不定的中间阶段。

与这种想象或者实际经验的想象复制或者以为真实的经验的想象复制相对立的是“理解”功能，它是对一致、差异和经验内容间其他派生逻辑关系的感知。理解也始于集合观念，在集合观念中大量实际的或者在观念上认为是实际的经验经过刻意设置后相互关联并合成一个统一整体。但是在这种情况中进行的分析被其基本动机导向不同方向。这种分析不仅在于更清晰地把握集合观念的单个成分，而且在于在不同成份之间确立可以通过比较得到的多重关系。在确立这种关系的时候，只有经过多次分析才能将通过其他情况中进行的关联和比较过程的结果导入特别情况。

像这样经过对基本的关联和比较功能的较为严格的应用之后会得到理解行为，即便在其外部形式中尤其是高度发展的时候，理解行为也明确遵循一些规则。在想象乃至记忆情况中出现的事实以更高级的形式在这里出现。这就是：不同精神内容之间的统觉关系不是并发性地而是连续相继地出现在想象和记忆之中，因此，我们需要从一种关系行进到下一种关系。对于理解来说，相继出现的关系变成散乱的集合观念。可以归结为思想的逻辑形式的二元性规律，根据这一规律，经过比较分析，将集合观念的内容分成两部分，即主语和谓语，两者还能再次细分。这些次级部分产生了语法形式，这些语法形式表示类似于主语和谓语关系的逻辑关系，比如，名词和定语、动词和宾语、动词和副词。这样一来，统觉分析的过程就带来用句子表达的判断。

如果要对判断力进行心理学解释，那么把判断力看作分析功能而非综合功能就极其重要了。判断力将集合观念分成相互关联的成分，集合观念跟想象观念格外相似。另外，不同于想象情况，判断结果形成的不是规模受限然而更为清晰的影像，而是概念观念，也就是相对于同一整体中的其他局部观念构成某种关系的观念，可以通过一般的关联和比较功能发现这种关系。如果我们把这种能进行关联分析的集合观念叫作思想，那么判断力就是思想的细分成分,概念就是这种细分的产物。

经过分析得到这些概念,可以根据分析的特征将概念纳入各个大类。这些类分别是客体概念、属性概念和状态概念。作为集合观念的细分,判断力用客体的属性或者状态与客体建立关系,或者使得不同的客体之间相互发生关系。严格意义上讲,单个概念无法自我思考,但是总能在整体观念中与一个或者多个其他概念发生关联,因此,概念观念变化不定,且严格区别于想象观念。这种不确定性又被强化了:不同的判断会得到相似的结果,因而会产生概念,这些概念构成具体特征多种多样的观念成分。这种概念用途广泛,可以对不同的判断内容进行关系分析,绝大部分概念都是这种总体概念。它们还多少拥有相应的单个的观念内容,单个观念从一个内容群众挑出来作为概念的代表。这使得概念观念具备了更大的确定性。同时,仅仅作为一个代表出现的意识始终跟这个观念相关。这种意识一般采取特征分明的情感即概念情感的形式出现。概念情感可以如此回溯:模糊的观念所具有的属性使得它们适合用来代表概念,模糊的观念试图自我驱动以记忆影像的形式进入意识。有例为证:当选中概念的具体影像来代表这一概念的时候,比如,一个具体的人代表人这个概念,这时候概念情感很强烈,而只要代表性观念在内容上完全不同于包含在概念之中的客体,概念情感几乎消失殆尽。词语观念构成后面这种条件,成为思想的通用辅助手段,由此突显其重要性。词语观念以完成状态提供给个体意识,因此,我们必须把积极形成的思想过程的心理发展这一问题留给社会心理学(参照 § 21,*A*)。

综上所述,想象行为和理解行为是不同的,但是相互关联;它们在产生和显现的时候都是不可分离的,根基相同,都是同样的统觉综合和统觉分析这样的基本功能。适用于"记忆"概念的同样适用于"理解"和"想象"概念;它们不是统一的力量或者能力的命名,而是日常的基本的心理过程所构成的复杂现象的命名;它们不是由独特的基本过程构成的。如同记忆是一些联想过程的总体概念一样,想象和理解也是统觉行为的特殊形式的总体概

念。它们可以用来对形形色色的人的智力差异进行分门别类，具有很大的实用价值。每一类都包含无数的等级和渐变。比如，忽略不计等级差异，感知与组合就是个体想象力的主要形式，归纳和演绎是理解的主要形式；前者主要考虑单个逻辑关系及其组合，后者更关注综合概念及其分析。一个人的想象力与理解力的特殊倾向构成他的总体能力，这种总体能力就是他的才能。

§18. 心理状态

上文都是立足于意识的正常状态进行讨论的，意识状态变化无常，一般心理学不得不放弃面面俱到地研究这些变化。正是如此，才显得这些变化更加重要。人们在各种各样的神经疾病、大脑疾病和精神错乱中观察到很多变化，这些变化属于病理学的特殊分支，这些分支毗邻心理学并且多少依赖心理学。心理学的全部作为在于说明异常状态的主要的精神条件。我们可以从总体上分出三种条件。它们体现为：其一，心理元素的异常特征；其二，异常行为中心理混合物的构成方式；其三，异常行为中心理混合物的组合方式。这三种条件纠缠不休，不会单独发生作用，往往“携手作战”。元素的异常特征导致混合物的异常，混合物的异常反过来又造成意识过程综合交互的变化。

心理元素，即感觉和简单情感，仅仅表明这些变化是心理元素与身心条件之间正常关系被扰乱的结果。对感觉来说这些变化可以化约为受到刺激后敏感度的升降（痛感过敏和麻木），这种敏感度的升降是传感中枢内一些行为的生理影响所造成的。其中最重要的心理症状是应激性的提升，它是造成复杂精神紊乱的最常见因素之一。相似地，消沉或者兴奋这样的简单情感的变化会造成情感敏感度的降低或者增加。可以通过情绪与意志过程发生的方式来识别这些不同的状态。比如，心理元素的变化会影响不同心理混合物的特征，只有通过这些影响才能体现出心理元素的变化。

边缘或者中枢麻木造成的观念混合物中的缺陷作用有限。它们对于心理过程的互联没什么长远影响。与中枢痛感过敏造成的感觉的相对加强有着根本不同。出现痛感过敏的时候，重现的感觉元素会变得与外部感觉印象一样强烈，因此，痛感过敏的效应极其重要。结果可能是纯粹的记忆影像被认为是感知。这是幻觉。或者，直接外部刺激产生的元素与复制出来的元素联合起来，这时候，复制出来的元素的强度可能从根本上改变感觉印象。结果就是幻想错觉。[①] 这两种异常状态并非始终泾渭分明，因为很多情况中特殊观念可能表现为幻想错觉，但是很容易漏掉一些直接感觉元素，从而很难确定这种特殊观念究竟是纯粹的幻觉还是错觉。实际上，绝大多数所谓的幻觉绝对不可能是错觉。这些错觉在心理学特征上只能是同化。复制出来的元素在同化中占优势，所以这些错觉定义为同化。正如正常同化与连续联想相关联一样，出于同样的原因，幻想错觉与联想观念过程的变化密切相关，下文会加以详述。

在复杂的情感和意志过程中，异常状态明显表现为消沉和兴奋。抑制性的衰弱的情绪占据主导会造成消沉状态，兴奋的、亢进的情绪占主导会造成兴奋状态，同时我们发现，前一种情况存在决断延迟或者决断完全受阻，后者出现非常迅速的冲动的动机行为。在这种范围内划分正常与异常条件的界线不要比观念混合物范围内更加困难，因为即使在正常的精神生活中情感状态也是持续变化的。如果出现病态，消沉与兴奋状态之间的变化经常格外醒目，只表现为情感与关系到中立条件的情绪的正常振荡的强化。消沉和兴奋状态是一般精神紊乱的明显症状，精神病理学会对此详加描述。一般精神紊乱的症状始终是大脑病变，因此，这些情感和意志过程中的异常和感觉与观念的异常一样，无疑也伴随着生理变化。但是还不知道这些变化的本质是什么。我们只能参照情感过程的更为复杂的特征做出如下推测：要么比伴随幻觉与错觉的中枢应激性的变化规模更大，要么影响直接牵

① 当幻想这类错觉与感觉错觉相区别的时候，采用“幻想错觉”这种说法；感觉错觉出现在意识的正常状态中，比如，星星的辐射形式源于光线在晶状体中的折射，或者水平线上和最高点时日月大小的明显变化。

涉统觉过程的中央皮质区。

一般说来，与感觉应激性的变化及消沉和兴奋状态相关联的是心理过程及其交互中发生的同期变化。我们用意识概念来表示这种交互，可以将这些变化称为意识的异常变化。只要异常状态限于单个心理混合物、观念、情绪和意志，意识当然会被改变，因为其成分发生了变化，但是我们不能说意识自身出现了异常，因为异常不仅出现在单个混合物中，而且出现在这些混合物的组合中。基本的紊乱越变越大，这时越可能在组合中出现异常，因为元素组合成混合物和混合物之间的相互组合是持续交互的过程。不同的组合构成意识交互，相应地，意识异常总体上可以分成三类：一是联想变化；二是统觉组合的变化；三是两种组合形式之间的关系的变化。

联想变化是基本紊乱首先产生的直接后果。感觉应激性的提升把正常的同化变成幻想错觉，造成联想识别过程的基本紊乱。有时候被认作主体的看起来一无所知，接着一无所知的看起来很熟悉，因为被复制的元素与早期确定的观念相关联，或者源于关系微弱的感知。提升的感觉应激性力图加速联想，因此，偶然的印象或者习惯造成的最肤浅的关联就是那些起支配地位的关联。另外，消沉和兴奋状态主要决定联想的品质和方向。

以相似的方式，基本的观念和情感变化影响统觉组合，要么延迟或加速统觉组合，要么决定它们的方向。然而，这些情况中观念或者情感过程的所有明显的异常造成与积极注意力相关联的过程实施起来更加困难，因此，经常只形成更简单的统觉组合，有时候仅仅是那些通过实践变成简单联想的统觉组合。变成简单联想的统觉组合涉及一些变化，这些变化发生在统觉组合与联想组合之间的关系之中。造成的影响颇受联想的欢迎，但不利于统觉组合。有例为证：意义重大的精神异常最常见的症状之一是联想占据统治地位。这种情况此时最为明显：意识紊乱是持续增加的过程，许多精神错乱莫不如此。在这些情况中可以发现，统觉功能就是所谓的想象与理解过程越来越被联想取代，直到联想无处不在。如果紊乱进一步深入，联想就逐渐受限，局限于一些习以为常的组合（固定观念）。最终这种状态替换为一种完全的精神瘫痪。

除了严格意义上的精神疾病，在另外两种条件下还会出现意识的不规律，这两种条件分别是出现在日常生活中的梦与催眠状态。

梦中产生的观念至少在很大程度上来自感觉，尤其是那些一般感觉，因此，这些观念主要是幻想错觉，只有很少的纯粹的记忆观念变成幻觉。与联想相比统觉组合明显变少了，导致自我意识经常发生变化经常互换及判断的混淆等。一些梦通过鲜明的特征不同于其他类似的精神状态，起这种作用的负面特征要多于正面特征。应激性的提升完全局限于感觉功能，在普通睡眠和梦境中外部意志行为全部受到抑制。当梦境的幻想观念与相应的意志行为建立关联的时候，罕见的梦游现象就发生了。梦游与催眠的一些形式有关，伴随的运动一般是关节运动，比如说梦话。

催眠状态这个说法用于与睡眠和梦境相关的一些状态，一些明确的精神作用可以产生这些状态。这里的意识一般是行走与睡眠之间的中间状态。催眠的主因是暗示，也就是情调强烈的观念的传达。这种传达一般采取其他人下命令的方式（外部暗示），但有时主体自身也会发出，这就是自我暗示。睡觉、做一些动作、觉察一些没有显现出来的东西或者觉察不到显现出来的东西等，这些命令或者决断是最常见的暗示。特征不明的神经系统还有一种倾向，它是产生催眠状态的必要条件，当催眠状态重复发生的时候它就必然增加。

催眠的第一症状是多少有些完整的、对外部意志行为的抑制。这关系到注意力对一种食物的集中，一般是催眠师（自动症）的命令。主体不仅在接受睡眠指令后睡眠，而且在睡眠状态中保持命令给他的姿势，无论这种姿势多么不自然（催眠状态的全身僵硬）。如果睡眠加深，让他做什么动作他就做什么动作，他完全自动，暗示给他的观念如同实际存在一样（梦游症）。在梦游中，可以发出运动或者感觉暗示，等主体醒来甚至更晚一段时间过后，这些暗示还有影响（晚期暗示）。伴随这种“后催眠效应”的现象说明，后效应源于催眠状态的部分延续，或者（在晚期暗示中）源于催眠状态的更新。

所有这些现象都表明，睡眠与催眠相关联，唯一的不同在于它们的起源方式不同。它们都有一个共同特征，就是意志和注意力过程的抑制，都有在感觉中枢中产生应激性的倾向，这种应激性带来感觉印象的同化，并由此造成幻想错觉。将睡眠与催眠区别开来的特征在于，睡眠中我们观察到意志的完全抑制，尤其是统觉功能和运动功能所有阶段的抑制，而在催眠中，我们发现被动注意力倾注于一种事物上。这种注意力的关注受到暗示的限制，同时乐于接受进一步暗示。但是，这些差异不是绝对的，因为在梦游中意志没有受到完全抑制，相反，和在普通睡眠中一样，意志在催眠的第一个昏睡阶段就受到抑制。

因而，睡眠、梦和催眠在身心条件中根本上是相同的。这些条件体现在针对感觉和意志反应的特别修正的倾向上，因此，和所有倾向一样能够在心理学层面从一些中枢区域的行为变化入手加以解释。虽然这些变化还没有经过直接研究，但是，我们可以根据心理症状如此假设：生理条件一般体现为与意志和统觉过程相关的区域的行为受到抑制，体现为感觉中枢提升的应激性。

于是，严格地说，构建一个有关睡眠、梦和催眠的理论的时候，就出现了一个生理学问题。在大脑皮层的某些部位行为受到抑制，而在其他部位行为得到提升，除了这种以心理症状为基础的一般假设，我们只能半信半疑地使用一种神经学一般原则。这就是功能补偿原则，根据这一原则，一个部位的行为受到抑制总是与其他关联区域的行为提升有关。这种相互关联可以是直接的（即神经能的），还可以是间接的（即血管收缩的）。前者的原因可能在于，由于受到抑制一个区域积聚了一些能量，这些能量通过连接的纤维释放到其他中枢区域。后者的原因在于，由于受到抑制毛细血管收缩，其他区域的血管稀释，从而得以补偿。这种稀释造成血量供应增加，反过来造成这一区域的行为提升。根据心理症状进行判断，梦与催眠的一个基本差异似乎在于，在梦境中关系到统觉的中枢区域处于多少完整的消极状态，因此，根据补偿原则，所有刺激都流向感觉中枢。在催眠中，统觉中枢本身的不同区域关系密切，以至于一些区域受到抑制，另一些区域相应地增加了兴奋度。对一些局部催眠的状态的研究证实了这种推断，在主体的某个部位提升倾向使其催眠，可以得到局部催眠，而实践可以得到提升的倾向。在局部催眠状态中，主体可以自动执行复杂行为，好比其他所有功能都处于清醒状态。他的心理行为或者清晰可辨，或者可以明确识别，或者排除所有其他形式的行为重现一些特殊的感觉和情感。在最后面那种情况中，注意力集中在单个方向上，这种局部催眠是唯一认为具有直接心理价值的催眠形式。这种状态颇具价值，因为可以在试验中精心准备感觉刺激，使得内省可以对这些刺激做出反应。但是即便在这种状态中，也得极其小心，避免一种始终存在的危险：来自他人的或者自身的欺骗性暗示干涉内省。

梦和催眠经常被当作神秘且稀奇的假设中的主体，很多情况中心理学家都是如此认为。我们知道梦境中强化的精神行为，知道梦境和催眠中一个人的心智可以隔空影响其他人的心智。尤其是催眠术以这种方式来支持迷信的唯心主义观念。催眠和暗示理论完全可以解释“动物催眠”，与这种“动物催眠”及“梦游病”相关的还有大量自我欺骗和有意欺骗的情况。实际上，所有能够经得起推敲的现象总体上都能找到心理学与生理学解释，用这种方法无法解释的最后都是迷信的自我欺骗或者有意欺骗。

Ⅳ. 心理发展

§19. 动物的心理属性

动物王国展现了一系列的心理发展，这些心理发展可以看作人类心理发展的前驱，因为动物的精神生活在元素和支配这些元素的组合的一般规律方面都与人类精神生活一模一样。

即便最低等的动物(无脊椎原生动物和腔肠动物)也存在极其重要的心理现象，我们可以据其推断观念与意志过程。它们自发捕食、躲避天敌等。在最低级的动物生命中还发现联想、复制尤其是感觉认知与识别的踪迹。在较为高级的动物中，只有延长时间拓展记忆过程，这些功能才能达到更加高级的发展阶段。况且，人类与动物的感官的结构与发展是相似的，我们可以据此总结：感觉观念的特征总体上是一样的，唯一的差别在于低级生命形式中的感觉功能局限于一般的触觉，而较高级的有机体中感觉功能局限于个体发展的第一阶段。

与心理元素的同一性和心理元素的简单组合形成鲜明对比的是，在所有与统觉发展有关的过程中存在巨大差异。被动统觉是无处不在的、简单冲动行为的基础，不可或缺，而对一些印象的有意识注意及不同动机之间的选择这些形式的主动统觉仅仅存在于更高级动物中。主动统觉依然局限于直接感觉印象产生的观念和联想，因此，我们在心理发展最为完善的动物中也只能在词语感知中发现智力过程即想象行为与理解行为的端倪。实际上，这些端倪是否存在还是一个问题。与这一事实相关的是：更加高级的动物没有成熟的语言，尽管它们能够表达自己的情绪，甚至当观念关系到情绪的时候，它们能够通过往往与人类表达运动相关联的多种表达运动来表达观念。

尽管动物的进化总体上远远落后于人类的进化，尽管动物与人类的基本心理过程的品质相类，动物进化的先进性仍然体现在两个方面：其一，动物可以更为迅速地实现精神成熟；其二，饱受一些物种赖以成存的特别条件所钟爱的一些单个功能通常要比相应的人类功能先进许多。快速成熟在早期就体现出来，在生命早期，许多动物（有一些动物一出生就能）能够接受相对清晰的感觉印象并且有目的地进行运动。可以确信，在这方面较高级动物中存在极大差异。比如，小鸡一出壳就能啄米，而狗崽刚出生时睁不开眼，出生后很长一段时间内无比笨拙。狗崽的成长很慢，特别依赖别人的照顾。

一些动物中单个功能的特殊的片面发展更加显著。这些功能体现为与一些需求的满足（如营养、繁衍、庇护等）有着规律性关联的冲动行为，并且体现为构成这些冲动行为的感知与联想的发展。这些特别发展的冲动叫作本能。本能只属于动物而不属于人类意识，这种假设当然是非心理学的，与经验相抵触。表现出一般的动物冲动即摄食冲动和性冲动，这种倾向对于人类和动物来说都是天生的属性。动物的唯一区别性特征是有目的行为的高级形式，通过这种行为许多动物达到了目标。但是，在这方面不同的动物各自不同。许多高级和低级的动物的行为源于天生本能，和人类的本能一样特征不怎么明显。同样值得提及的是，驯养一般会淡化动物在野生状态时的本能，并发展出新的本能，这些新本能往往是野生本能的修正。猎狗尤其是鹰犬与指示猎犬就是很好的例子。动物的一些特别本能的相对高级的发展是一般性非系统的动物发展的简单体现。动物的精神生活几乎全部表现为与占主导地位的本能相关的过程。

一般看来，本能可以看作特殊感觉与情感造成的冲动行为。主要涉及本能的感觉的生理源头是消化器官和生殖器官。相应地，所有的动物本能都可以简化为进食本能与性本能，当然还有辅助性的避险冲动与社交冲动，这些冲动与性本能相关，形式更为复杂，从起源特征上被看作性冲动的特别调整。一些动物筑巢搭窝的冲动也得归入这些辅助形式，比如海狸、鸟和一些昆虫（蜘蛛、黄蜂、蜜蜂、蚂蚁），动物的求偶本能也是如此，这种求偶本能主要以一夫一妻和一夫多妻的形式体现在鸟类之中。最后是所谓的“动物王国”，如蜜蜂、蚂蚁和白蚁的“动物王国”。实际上它们不是王国，而是性社区，在那里把个体联合起来的社交冲动及普通的避险冲动是繁衍冲动的改良。

特殊的具体的冲动源于一些感觉刺激，这些刺激一部分是外部刺激，一部分是内部刺激。行为本身可以划分为冲动行为或者简单意志，因为它们前后伴随起到简单动机作用的特殊感觉和情感。这些行为的复杂的与生俱来的特征只能通过神经系统一般的遗传下来的属性加以解释，接受刺激后无须实践天生的本能机制立即就能发挥作用。这些机制的目的特征必须看作一般的身心发展的产物。更好的证据是：不同个体的本能体现了多种改良，而且通过个体实践还体现出更高程度的进化。这样的话，鸟类就能逐渐地把鸟巢造得更好；蜂巢可以适应不同需求，而不是扩展蜂群规模。单个的蜂群或者蚁群甚至有自己的特殊习性，比如，蜜蜂抢劫邻近蜂巢的蜂蜜而不是采花酿蜜，蚂蚁奴役别的昆虫或者驯化植物虱子，这些习性让人惊叹。这些习性的形成、发展和变化清晰表明所有复杂本能的产生方式。一种本能绝不会独自出现，在相关的类和物种中始终存在同一本能的更简单的形式，比如，壁蜂在墙上钻洞产卵，是蜜蜂的精巧蜂巢的原始形式。作为自然的过渡阶段，两者之间是普通黄蜂的蜂巢，由一些六方形蜂室构成，而这些蜂室又由枝枝叶叶黏合而成。

因此，我们可以把复杂本能看作原本简单的冲动的高级形式。个体获得一种习性然后扩散转化，历经无数代际变迁，这些简单冲动逐渐变得越来越不同。所有单个习惯行为都被看作这种精神进化中的一个阶段。习惯逐渐变成天生的性情是一种身心实践过程，通过这一过程复杂的意志行为逐渐变成接收合适印象后立即本能地开始自动运动。

要想通过比较人类与动物的精神属性来解答人类与动物的基因关系这个普遍问题，必须得承认，考虑到心理元素及其最简单的且最普遍的组合形式具有相似性，人类意识有可能从低级的动物意识演变而来。这一假设更有说服性，有例为证：动物王国完整体现了精神演化的不同阶段，所有人类个体都经历相似的发展。精神进化理论总体上证实了其理论结果。但我们不能忽视这一事实：在人类与动物的精神属性之间的差异远大于它们的精神特征的差异，这通过痛觉组合造成的智力与情感过程表现出来。动物的精神条件即便经过驯养变化也非常小，具有很大的稳定性，因此，现在的动物根本不可能进一步发展其精神属性，超出它们已经达到的极限。

从心理学角度对人类与动物关系的定义在两个极端之间变动。其中一个极端观点是占统治地位的老心理学的观点：动物一点没有高级的“心智功能”尤其是“推理”，或者如同笛卡儿所坚持的那样，动物仅仅是缺乏心智的本能机制。另外一个是广为流传的特别动物心理学的观点：动物在所有方面都基本上与人类没什么两样，如思考能力、判断能力、结论能力、道德情感等。由于官能心理学早已落伍，第一种观点已经站不住脚。第二种观点变成大众心理学中的流行倾向，用人类思想尤其是逻辑思考来解释所有客观现象。但是，对动物的所谓智力仔细研究后就会发现，所有这些智力都能当作简单的感觉识别和联想，它们缺乏概念本身和逻辑操作的特征。但是联想过程没有一丝中断就进入统觉，统觉的开始是积极注意力和选择的简单行为，毫无疑问，更高级的动物拥有这种统觉，因此，心理过程的程度与复杂性的差异要多于性质上的差异。

对于过去的心理学如官能心理学和唯智论心理学来说，动物本能是个难题。从个体条件推导这些理论不可能高估动物的精神能力，尤其是本能更加复杂的时候。因此，经常得出这一结论：本能是不可理喻的，或者同样的事情要归结于与生俱来的观念。这种“本能之谜”在于我们把本能如上所述那样看作冲动行为的特别形式，认为本能类似于人类与动物的已经有了心理学阐释的简单冲动行为。尤其是我们起初复杂的行为简化为习惯现象中的冲动或者本能运动。在人类中很容易发现这种简化，比如，学习钢琴的时候复杂运动习惯成自然。经常有一种反对这种本能理论的声音：不可能以观察或经验为依据来证实我们假想的后天个体变异的传承，比如，没有观察到支持传承中断的证明，跟以前经常确认的不同。很多生物学家认为适者生存产生有机体的所有特性——个体的所有特性因此可以从“自然选择”中得到，这样就可以从胚芽中产生变化并传给后代。的确，单个个体后天习得的属性一般对于后代没有影响，但是没有明显理由表明，经过数代繁衍之后，实际上间接源于外部自然环境，但是主要依赖有机体的内在身心属性的习惯性行为不会像自然选择的直接影响那样造成胚芽本质的变化。支持这一观点的更多证明在于，一些情况中整个族群继承特别的表达性运动或者某些技能。这并未排除自然影响的联合进行，但是与观察到的事实完全一致，这些事实表明两种影响方式：首先，直接通过自然选择造成有机体变化，而有机体保持消极状态；其次，间接通过外部影响造成身心反应，反过来造成有机体的变化。如果不认可后一事实，不仅失去了解释有机体目的特征的重要意义，而且更重要的是，不可能从心理学上解释意志的缓慢发展及退化为有目的的本能反应，后文中我们将在大量天生表情运动中探讨这些退化过程（§20）。

§20. 儿童的心理发展

人类的心理发展一般要比大多数动物的心理发展更加缓慢，儿童的感觉功能成熟起来非常慢就是明证。的确，儿童一出生马上就能对所有的感觉刺激做出反应，对触觉和味觉印象的反应最明晰，对声音的反应也具有一定的确定性。但是，不能怀疑所有这些情况中特别形式的反应运动归因于遗传下来的本能。这种情况下尤其如此：一个孩子受冷或者受到触觉影响就会哭泣，当品尝到甜、酸或者苦的时候就会做出模仿反应。所有这些印象有可能伴随模糊的感觉和情感，但是运动特征无法通过情感和症状进行解释，运动必须从天生的中枢反射管道中寻找原因。

初始一个月后出现明显的意识经验，但是它们是和多变的情绪一样具备变化无常特征的感觉和情感。我们开始观察到不快情感的症状，而且在儿童的笑声中、接收某些感觉印象后手舞足蹈中发现愉悦情感的症状，这时候就确定了经验第一次出现的日期，即便一开始本能反应不能完全发展——这很容易理解，通过解剖我们发现大脑中枢之间的连接纤维直到出生之后才开始发育。因而就没有两只眼睛的联想反射运动。的确，从一开始，每只眼睛都会转向光亮。双眼的运动完全没有规律，只有三个月过后双眼才能正常协调望向普通的凝视点。有规律的双眼运动也不能看作高度成熟的视觉感觉的结果，而是相反，这种有规律的运动是反射中枢逐渐发挥功能的外部表现，这就使得完全感觉成为可能。

在儿童的意识之中，不可能获得有关心理元素质量关系的充分信息，因为我们没有确定的客观症状，一些不同的乐音感觉还有一些色彩感觉是相当有限的。然而,不应该根据两岁的儿童经常错误地叫出颜色的名称这一事实认为他们没有相应的感觉。很有可能,缺乏注意力和混淆名称才是真实的原因。

快到一岁的时候,情感差异和不同情绪的关联发展出现了,体现为逐渐产生的令人注目的表情运动。开始是不快的情感和喜悦,然后相继是惊讶、期待、生气、羞耻、妒忌等。即便在这些情况中表达单个情绪的组合运动的生理倾向依赖神经系统的继承的生理属性,这些属性直到出生数月才开始发挥作用。遗传继承观点还有一个更有力的例子:达尔文发现特殊的表情运动有时出现在整个家族中。

空间观念诞生的精神条件与生俱来,采取遗传反射关联的形式,这些关联可以促使这些观念空间观念相对迅速地发展。但对于儿童而言,空间感觉似乎一开始就比许多动物的空间感觉更不完整。皮肤受到刺激就会痛苦,但没有明显的定位特征。从无目的的运动中逐渐发展出抓握运动,即使出生几天就能出现这些无目的的运动,但是抓握运动直到二十周之后辅以视觉感觉才是确定的和有意识、有目的的。很早就能睁眼望向光源,这被认为是反射。视觉运动的逐步协调就是这些反射调整的结果。随着这些反射有可能发展出空间观念。我们观察不到这些观念的端倪,只能从模糊的开始阶段发现这些观念的缓慢发展。其原因在于,整个发展是缓慢的持续的过程,从一开始就关系到最初的生理基础。即便在儿童时代,视觉的发展速度也要比触觉快得多,因为视觉定位的征状被发现的时候要早于触觉定位,并且抓握运动知道辅以光线感觉才能充分发展。双眼视域要晚于单眼视域。单眼定位体现为空间方向的辨别。双眼视域开始发展的时候,眼部运动开始协调,因此,出生后下半年双眼视域开始发展。对大小、远近和不同三维形状的感觉在很长时间内很不完善,尤其是远处的物体看起来近在咫尺,因此,在孩子眼里相对要小。

时间观念随着空间观念而发展。在出生的头几个月,儿童通过肢体运动尤其是伴歌而舞表现出构建有规律的时间观念的能力和从这些能力中获得愉悦的能力。即便不会说话，一些儿童听到节奏音乐的时候也能正确模仿其中的声音和乐调。然而，间歇较长的观念很不完善，即使一岁甚至更晚也是如此，因此，儿童会对不同的时长及其顺序做出错误判断。

联想和简单统觉组合的进化与时空观念的进化同时进行。出生几天就能观察到感觉识别的征状，比如，无师自通地找到妈妈的乳头，自然而然地适应周围的物体和人。但是，在很长一段时间内，这些联想只能维持较短时间，一开始只有几个小时，后来是几天。如果一个人数周不见，即便三四岁的孩子也是要么根本就记不起他，要么就是模糊记忆。

注意力与此类似。一开始注意力在单个物体上只能保持很短时间，并且始终跟随主导刺激即情调最为强烈的消极统觉是仅存的统觉形式。但是，出生第一周内，注意力开始更加集中，孩子可以较长时间内凝视并跟踪物体，尤其是移动的物体；同时我们在从一个印象刻意转向另一个印象的能力中发现积极统觉的最初痕迹。以此为基点，这种能力越来越完善，尽管在以后的儿童时代注意力要比成人衰减得更快，更加“喜新厌旧”，或者更加“三心二意”。

自我意识的进化与联想和统觉的进化保持同步。对这种进化进行判断的时候，我们必须保持谨慎，不要把单个征状当作自我意识的标志，比如，小孩子区分自己身体的各个部位与周围环境的物体，他对“我”这个单词的使用，甚至照镜子的时候认出自己。未开化的成年人看到自己的镜像的时候会认为是别人。儿童有样学样地使用人称代词。不同儿童在不同年龄都会模仿，即使他们的智力发展在其他方面相同。对第一人称的使用的确是获得自我意识的特征，但是根据情况不同这种语言区别之前最早的自我意识会或长或短地存在一段时间。再次重申，将身体及其部位与其他物体区别开来恰恰是同一类型的特征。身体的识别过程一般在前，识别镜中像在后，但两者都形不成自我意识开始发生的标准。它们都构成自我意识一定程度上存在的前提。如同成熟的自我意识中以诸多不同条件为基础一样，儿童的自我意识也是如此，从一开始就是几个成分的产物，在特征上一部分是观念的，一部分是情感和意志的。在观念过程中，我们区分出稳定的观念群；在情感和意志过程中，有注意行为和意志行为的交互过程的进化。稳定的观念群不需要像平常那样囊括所有的身体部位，比如腿部，而是经常涵盖外部物体，比如穿在身上的衣服。主体的情感与意志成分及它们与观念成分在外部意志行为中的关系是造成更大影响的因素。这些主体因素的影响最为明显地表现在：强烈的情感尤其是痛苦的情感经常在个体记忆中突显它的连贯的自我意识开始的时刻。但是毋庸置疑，尽管相互关系不那么密切，自我意识的形式在被清晰记忆之前就存在了，往往 3～6 岁的时候实现清晰记忆。总体上可以这样认为：由于儿童的客观观察一开始没有任何确定的标准，无法精确确认自我意识的开始时间：或许出生第一周自我意识就开始出现了，之后自我意识受到上述条件的持续影响越来越清晰，和意识一样维持的时间越来越长。

意志的进化与自我意识的进化密切相关。通过上述注意力的进化可以部分推断意志的进化，通过外部意志行为的诞生与逐步完善也可以部分推断意志的进化。注意力与意志的直接关系体现为：积极注意力和意志行为的征状恰好同时出现。非常多的动物一出生就能完美地本能运动，因为特征复杂的遗传反射机制发挥作用。相反，新生儿没有表现出任何冲动行为的迹象。但是，出生几天后我们发现具有冲动特征的简单意志行为的最早的萌芽。这些萌芽体现在饥饿感觉造成的反射及与饥饿平息相关的感觉中。从这些反射中诞生最初的意志行为，这些行为体现为寻找食物。随着注意力的明显提升出现了与视觉印象和听觉印象相关的意志行为：儿童不再仅仅通过反射方式来有目的地跟踪视觉客体，而且听到声音的时候会把头转向声音。再后来就出现了肢体和躯干外部肌肉的运动，尤其是肢体肌肉从一开始就体现出灵活运动，可以多次重复。这些运动伴随所有可能的情感和情绪，并且当情绪分化的时候，运动开始逐渐在情绪品质上出现差异。主要差异在于：有节奏的运动伴随愉悦情绪，而非节奏的、往往是剧烈的运动是不快情绪的后果。这些表达性运动必被看作情感参与的反射，在一些情况中只要注意力转向环境，表达性运动就变成普通的志愿的表达性运动，比如，儿童通过不同的伴随征状表示他不仅感到了痛、烦恼和愤怒等，而且表示他希望表达出这些情绪。但是最初的运动是12～14周开始出现的抓握运动；在最初的运动中，前情动机被毫无疑问地识别出来。首先，在这些运动中脚和手的角色相同。我们还发现了感知的最早的清晰的特征，还有简单意志过程的最初痕迹，这些简单意志行为由动机、决定和行为构成。略微晚一点，出现了有意识的模仿动作。首先出现简单模仿，比如努嘴和皱眉，然后是打手势，如挥舞双拳打拍子等。逐渐地，往往到下半年后，从这些简单行为中发展出复杂的意志行为。犹豫不决、有意识地压制蠢蠢欲动或者已经开始的行为，在这一阶段都有明显体现。

出生9个月后往往开始学步走路，这是意志行为进化的一个重要因素。之所以重要，原因在于：走到一些特定的位置为一些冲突动机的诞生提供了条件。学会走路本身就是一个过程，在这个过程中，意志的进化和遗传倾向对一些运动的特别组合造成的影响不断地相互作用。最初的意志冲动来自意志动机，但是有目的地执行行为基本上是协作中央机制的后果，个体在意志的推动下不断实践，且越来越具有目的性。

儿童的说话能力随着其他意志行为的进化而进化。同样地，这一进化一方面依赖神经系统中枢器官中遗传改良的协调；另一方面依赖外部影响。这里最重要的外部影响是关于儿童的言语造成的影响。在这个层面上，说话的进化与其他表达性运动的进化紧密相关，说话具有一般的身心特征，可以归入表达性运动这一大类别。和反射现象一样，最早第二个月就可以发声了，尤其是伴随愉悦的情感和情绪的时候。之后能发出更丰富的声音，重复更多（比如 *ba*－*ba*－*ba*、*da*－*da*－*da* 等）。这些表达性声音与动物表达性声音的唯一区别在于，数量更多且更加丰富。儿童随时随地都可以发声，也没有什么交流意图，因此，这些表达性声音绝对不能列入说话元素。通过这些关系到儿童的影响，往往在两岁的时候这些声音才成为说话的元素。这种结果主要是一些模仿运动造成的。这里的模仿指的是声音的双重模仿：一方面儿童模仿大人；另一方面大人模仿儿童。实际上，是大人开始模仿，他们重复儿童的无意识发音，赋予特定意义，比如，“*pa*－*pa*”指的是爸爸、“*ma*－*ma*”指的是妈妈等。儿童有意识地模仿，以特定的意义使用这些声音，这时候他才会重复大人语言中的其他单词，甚至变动这些借来的单词来充实他的发音储备。

手势是一种重要手段，大人往往本能多于有意识地使用手势帮助儿童理解大人说的话。一般是暗示性手势或者指向物体的手势，更少的时候，只有表示敲打、砍、走路、睡觉等活动的时候，才采用象征性手势。儿童很自然地就能理解这些手势的意义，但不理解词语的含义。儿童语言的拟声词（如“汪汪”表示小狗等）只有反复指向物体才能被儿童理解。创造这些拟声词的不是儿童，而是大人，在这方面和在其他方面一样，大人本能地向儿童阶段的意识贴近。

所有这些都表明儿童学会说话是一系列联想和统觉的结果，在学会说话的过程中，儿童及跟儿童相关的联想与统觉都起作用。妈妈或者护士特意使用儿童的表达性声音表示特定观念，或者直接套用最早出现的模式使用拟声词。通过手势儿童领悟到了词语和观念的结合，然后把观念与他自己的模拟的发音动作联系起来。遵照这些最先出现的统觉与联想的模式，儿童能够越来越自如地模仿他偶然听见大人使用的词语和口头语的组合，并且与其中的意义建立适当的联想，从而形成其他模式。就这样，整个过程成为儿童及与他有关的声音之间精神互动的结果。一开始儿童自己制造声音，然后是那些与他有关的接受并且使用它们达到说话的目的。

作为所有较简单进化过程的结果，出现了统觉的复杂功能，即构成相关和比较过程的想象活动与理解活动。

一开始统觉组合仅以想象形式出现，就是统觉组合中的分析及具体感觉观念的关联。因而，个体进化证实了大体上对这些功能的基音关系的描述。直接印象与早期观念的结合持续增加，在此基础上只要激发儿童的积极注意力，儿童就表现出特意构成想象组合的趋势。许多与印象组合在一起的记忆元素为我们提供了衡量个体儿童想象力是否丰富的手段。只要想象力的这种组合行为一开始，就表现出一种无法抗拒的冲动力量，因为跟大人的情形不一样，没有限制确切智力结局的理解行为，这种智力结局规划并不抑制想象力观念的自由泛滥。

想象中这种未经检验的观念的关联与结合和意志冲动有关，意志冲动的目的是在直接感知中卫观念寻找一些起点，不论这些起点有多么模糊。这就产生了儿童的游戏冲动。儿童最早的游戏是纯粹想象的游戏；相反，成人的游戏（牌、棋、骰子等）几乎全是智力游戏。只有审美需求施加影响的时候，成人游戏才是想象的产物（戏剧、钢琴演奏等），但即便如此，这些游戏也不像儿童游戏那样无拘无束，而是受到理解力的制约。当儿童游戏自然发展的时候，在不同的发展阶段，在纯粹想象的游戏、结合想象与理解的游戏之间存在中间阶段。出生不久的游戏是手足节奏运动的产物，然后运动转向外部物体，产生听觉或者明亮的色彩。这些运动诞生的时候明显是一些感觉刺激产生的冲动行为，依靠中央神经器官的遗传特征有目的地协同。运动、情感和声音印象的节奏顺序明显产生愉悦情感，很快这些情感又造成自愿重复运动。接下来，儿童逐渐自愿模仿职业和周围的场景。模仿范围变弱，不再局限于所见，还会自由地再现听到的故事。同时，观念与行为的交互开始遵循更加固定的计划。这说明理解行为发挥调节作用，稍大一点的儿童做游戏的时候会设定规则。儿童受到的影响和人为制造的游戏加速了游戏的发展，这些人为游戏一般是成人发明的，并非始终符合儿童的想象力。但是，在所有情况中，这种发展被认为是自然的，受到联想过程和统觉

过程的相互作用的限制,因为这种发展的轨迹与智力功能的总体发展相一致。想象过程逐渐缩短,理解功能用途越来越广,想象过程缩短的原因与其说是在于想象力在数量上的枯萎,不如说是在于抽象思考阻碍了想象。一旦进入这种阻碍过程,再加上抽象思考大量应用,想象行为就失去了用武之地。这种观点有例为证:未开化的野蛮人往往终生拥有类似儿童的想象的游戏冲动。

从这些思考的原始的想象形式出发,理解功能逐步发展。出现在感知中的或者联合想象行为构成的集合观念分成概念成分,即客体及其属性或者客体及其行为,或者不同客体之间的关系。因此,理解功能诞生的决定性特征是概念的形成。另外,从观察者的角度通过逻辑思考加以解释的行为绝对不会证明存在着对行为人身体部位的反思,因为这种行为往往明显来自联想,跟动物一样。同样地,可能出现无须抽象思考的言语的雏形,因为单词最初仅指向具体的感觉印象。但是,直到观念在概念上进行分析、相关联并且置换,语言的应用才更加完善,尽管所有情况中过程完全是具体的并且可感知的。因此,理解功能的发展和言语的发展齐头并进,后者是获得概念和进行思考不可或缺的辅助。

儿童心理学经常遭到和动物心理学一样的误解,就是无法客观地解释观察到的现象。这些观察充满着主观的思考。比如,最早的观念组合实际上是纯粹联合的,但被看作逻辑思考行为;还有最早的表达性运动,比如,新生儿受到味道刺激后的表情动作被当作对情感的反应,尽管最开始分明只是先天的反射。这些反射的确伴随模糊的情感,但是这些情感无法确切展示出来。对于意志和言语的发展的认识存在着错误的概念,最主要的是一种倾向,认为儿童语言是儿童自己创造的,因为儿童语言极其特殊。但是仔细观察就会发现,儿童语言是儿童身边的人所创造的,尽管这样做的时候成人使用儿童自己创造的声音,而且尽可能地同儿童阶段的意识相吻合。如此一来,现代文学中对儿童心理发展的详尽的值得赞赏的描述可以作为客观事实的源头。因为它们立足于大众心理学,所以它们的心理学推论需要沿着上述路线加以矫正。儿童心理学使用一些实验手段,只有当这些手段用于年龄合适的儿童的时候,如学龄儿童,才会取得某种程度的成功,如在注意力的过程和持续、身心疲惫之间的关系等方面取得了一些成果。如果过早,实验手段根本无法使用。在小孩子那里得到的实验结果必须看作纯粹的随机结果,错误不计其数,毫无价值。基于这些原因,会发现这一观点实属谬误:成人的精神生活只有通过分析儿童心理才能完全理解。对立的观点才是正确的立场。经过对儿童和野蛮人的研究,只有客观特征在总体上是可用的,因此,只有立足于实验环境中进行的成人的反思才能对这些特征进行心理学阐释。同样的原因,对儿童和野蛮人进行类似的心理学分析,得到的结果可以作为坚固的基础,针对心理发展的整体本质做出结论。

§21. 心理社区的发展

如同儿童的心理发展是他与周围环境相互作用的结果一样，成熟的意识也与心理社区持续交互，在这个心理社区中，成熟的意识具有被动和主动的角色。对大多数动物而言，根本就没有这种社区。动物的婚姻、动物王国和群落只是心理社区的不完整的前奏，它们相当有限，成果单薄。动物婚姻和名不副实的动物王国存在了很长时间，但实际上不过是交配社区；动物群落相对短暂，比如候鸟成群，它们是出于保护目的的社区。在所有这些情况中有一些本能经过历代沿袭越来越固定，将众多个体集中在一起。因此，社区拥有和本能一样的稳定性，这种社区几乎不会受到个体的影响而改变。

动物社区只是个体存在的扩张，目的在于维系肉体的生存，而人类的进化从一开始就力图将个体与其心理环境结合起来，这就使得整个社区能够满足物质生活的需求，并且追求多种多样的精神生活。因此，人类社会的形式极其丰富。然而，更加高级、更加完善的形式构成历史进化的持续链条，使得连接个体的精神纽带规模越来越大，进而超越了时空距离的边界。这种进化的最终结局就是形成了全人类观念，这是一个巨大的、无所不包的精神共同体，根据生活的特殊条件分成单个的具体的社区、民族、国家、各种各样的文明社会、民族和家庭。因此，容纳个体的精神社区不仅是单个的统一体，更是不断变化的精神统一体的集群，无比复杂地相互纠结，不断演变，规模越来越大。

可以通过具体形式或者总体的相互作用来回溯这些进化，这个问题属于文明史和整个历史，而非心理学。但是，我们在这里必须说明社区生活的

一般精神条件和来自这些条件的心理过程,这些过程将社会生活与个体生活区别开来。所有心理社区刚开始发展的时候,必然需要一个主要条件,这一条件随着社区的进一步发展成为长期的有效因素,它就是言语功能。它使得心理社区在心理学上有可能从个体存在开始发展。言语起源于个体的表达性运动,但是作为发展的结果它成为所有普通精神内容不可或缺的形式。这些普通内容或者属于整个社区的心理过程可以分成两大类,它们是相互关联的社会生活的成分,和个体经验之中的观念和意志过程一样都不是互不搭界的过程。第一类是普通观念,其中包含普通情感和恐惧、希望的情绪,这些是神话观念。第二类是意志的普通动机,对应普通观念、相关情感和情绪,这些是风俗习惯。

A. 言语

通过儿童的个人发展我们得不到关于言语的一般发展的任何信息,因为在儿童那里很大部分过程依靠儿童周围的人而非儿童本人。但是儿童毕竟学会了说话,这一事实表明他具备交流的时候适合接收语言的身心特征。实际上,可以如此设想:即便没有交流,这些特征也会引向一些伴随着声音的表达性运动的发展,这些声音构成不完整的语言。对聋哑人的观察(尤其是成长过程中没有经过任何系统教育的聋哑儿童)证实了这一假设。尽管缺乏教育,聋哑儿童之间也会进行活跃的精神交流。但是,在这些情况中,由于聋哑人只能感知视觉标志,所以交流必须依赖自然手语的发展,这种手语由意义重大的表达性运动的组合构成。情感一般由模仿动作表达,观念由哑剧动作表达,要么用手指指出对象,要么隔空比划观念图像,亦即通过暗示性或者象征性手势进行交流。这些符号可能相互组合,产生一些句子结构,通过这些结构表达出希望和问题、描绘事物和叙述事件。但是这种自然手语从来不会比具体感觉观念的交流及其相互关联更深入,一点没有抽象概念的符号。

口语的原始发展很难被看作与自然手语的诞生不相类似的例外。唯一的区别在于,在口语的发展中,模仿和哑剧动作增加了第三种形式的运动,从而产生了听力。这第三种形式就是发音动作,因为这种发音动作很容易察觉,拥有无与伦比的变化,必然很快就脱颖而出。但是如同手势的清晰度归因于动作特征与其意义之间的直接关系一样,我们必须提前假设最初的发音动作及其意义之间也存在类似的关系。那么,这是不可能的:一开始发音就得到相伴随的模仿动作和哑剧动作的辅助。这一观点的证明如下:野蛮人毫无限制地使用手语,儿童学会说话的过程中手语起到相当重要的作用。因此,口语的发展完全被看作分化过程,在这个过程中发音动作逐渐超越一些不同的最初参与其中的表达性运动,获得永久的优势。就这样,发音动作无须这些辅助性动作就实现了充分的稳定性。在心理学上这个过程必须分成两个行为:第一个是社区个体成员的表达性动作,它们是冲动意志行为,个体与同伴努力交流的时候发音器官的运动占据了优势;第二个是随后发生的声音与观念之间的联想,这些联想逐渐固定下来,随着社交范围的扩大向外扩散。

在第一个行为中从一开始就有其他身心条件参与语言的形成并无休无止地修改语言成分。这些变动分成两类,就是声音变异和意义变异。

发音器官的物理结构逐渐变化,这是声音变动的生理原因。这些变化似乎一部分受到总体变化(野蛮环境向文明环境过渡,在总体身心结构中产生了总体变化)的影响,一部分来自发音实践得到加强后造成的特殊条件。许多现象表明语速逐渐加快是极其重要的一种实践活动。比如,单词只要有关联就能通过直接的心理联想相互作用,尤其是相互关联的口头观念之间的联想,还可以通过声音或者声音与概念内容(所谓的相似的单词构建)之间的相似性来相互作用。

声音的变化修改了单词的外部形式,意义的变化照样修改了内部内容。单词及其表达的观念之间的最初联想被其他的不同观念篡改了。这种篡改过程中同样的单词可能多次重复。因此，单词意义的变化依赖于决定观念复杂化（听到或者说出一个单词的时候会在意识的凝视点中产生观念复杂化）的联想条件和统觉条件的渐变。因此，单词意义的变化可以简短地定义为与发音相关的、复杂观念的观念成分的变化。它有时归因于联想，有时归因于统觉。

这些声音和单词意义的变化共同作用，造成声音与意义之间的最初必需的关系逐步消失，因此，单词最终仅仅被当成观念的外部符号。这个过程相当完整，一些口头形式依然保留着声音与意义的关系，亦即象声词，我们必须在绝大程度上把这些形式本身看作次要的同化过程的相对较晚的产物，这一过程力图重建声音与意义之间最初存在现已消失的亲密关系。

声音与意义的组合行为的变化带来的又一重要后果在于：许多单词逐渐完全失去它们原始的、具体的、可以感知的意义，成为总体概念的符号，与表达统觉相关与比较功能及其产物的手段。这样一来，就发展出了抽象思考。如果没有单词意义的变化作为基础，就不可能出现抽象思考，因此，抽象思考是语言渐进发展所依赖的精神交互与身心交互的产物。

语言或者单词的成分在声音和意义层面持续变化，同样地，单词组合成更大的整体即句子的时候也会发生变化，虽然总体上更为缓慢。单词没有句法的语言是不存在的。因此，句子和单词是思想的、同等基本的形式。实际上，句子出现得更早，因为思想首先作为单个整体出现，后来才分出成分。在语言更加不完整的阶段，句子的单词只能模糊地区分。对于单词的顺序没有统一规则，声音与意义的关系也是如此。逻辑性喜好依照概念之间的逻辑的相互依赖来安排顺序，这种顺序在心理学上不具备统一性。实际上，这种顺序是发展很久之后才出现的产物，一部分是随意约定的产物，只能用句法相对固定的现代语言的散文形式体现出来。单词的统觉联合所遵循的原始规则很明显是与观念序列相对应的单词的顺序。因此，产生情感并且更能吸引注意力的言语部分最先出现。依照这一原则，单词顺序的一些规定在所有特定社区中都能发展。实际上，这一规定只在聋哑人的自然手语中才能发现。但是，很容易理解在这个层面上特殊环境中可能会出现最大的变动。然而，总体而言，联想习惯上越来越倾向于固定特殊的句法形式，因此逐渐地，最常使用的形式吸引了最多的联想，一些规定开始确立自己的地位。

除了讨论统觉组合时提出的一般法则及源自关联与对比的一般心理功能的法则，对句法组合的特征及其渐变的详细阐述必须留给社会心理学，尽管它们在心理学上很重要，因为这些句法组合非常依赖特定社区中特别的文明倾向与条件。

B. 神话

不同行为的基本功能产生了所有的神话观念，这种基本功能是特征分明的统觉，所有原始意识都具有这种统觉，这种统觉有一个贴切的名字——人格化统觉。它通过感知主体的本质完全决定被统觉的客体。主体不仅在客体中发现他自己的感觉、情绪和再现的意志运动，甚至在所有情况中他的暂时的情感状态也能发挥重大作用，决定他如何看待感知到的现象、如何就现象与他的自身存在之间的关系形成观念。这一观点的一个必然结果就是把主体的个人属性赋予了客体。情感、情绪等的内在属性绝对不会忽略。意志行为和其他表达的外部属性一般只有在确实感知到运动的时候才会赋予客体。比如，野蛮人会以为石头、植物和艺术品具有感觉和情感的内在能力，具有接受感觉和情感过程所产生的影响的能力，但是往往只有出现移动物体如云彩、神圣的形体和风的时候才假想出直接行为。所有这些情况中，很容易达到幻想错觉强度的联想同化很青睐人格化。

神话制造的统觉或者人格化统觉没有当作特殊的形式甚或鲜明的统觉子形式。总体上它不过是统觉的开端。儿童体现了它的明显轨迹，部分在于游戏中的想象行为，部分在于这一事实：强烈情绪尤其是恐惧和惊骇容易

引起带有情感特征(类似情绪的情感特征)的幻想错觉。但是在儿童那里，建构神话的倾向很早就被制止了，很快就被环境和教育的影响全部压制。对于野蛮人和只部分开化的人来说，情况就不一样了。周围的影响把乱糟糟的神话观念带给个体意识。这些诞生于个体心智之中，在一些特殊的社区中逐渐固定下来，并且通过语言历代传承，在从野蛮环境向文明环境的转变中逐渐变化。

这些变化的方向总体是由这一事实决定的：主体暂时的情感状态是确定神话制造的统觉的特征的主要因素。为了了解主体的情感状态从古至今的发展方式，我们必须参照神话观念的发展历史，因为根本就没有其他的证据。貌似在所有情况中最早的神话观念指向即将面临的个人命运，这些观念由同伴的死亡和记忆带来的情绪所决定，在很大程度上还为梦想的记忆所决定。这就是所谓的"万物有灵论"的起源，也就是说，在所有形式的信仰中，死人的精神和关系到一些物体的魔鬼、地方或者劳动职业(森林和土地的恶魔、农业和航海的恶魔)都被看作命运规则的制定者，认为会给人类生活带来幸福或者灾难。"拜物教"是万物有灵论的一个分支，它把控制命运的能力属性赋予环境中的一些物体，如植物、石头、艺术品，尤其是由于特征鲜明或者偶然的外部环境而激发情感的物体。万物有灵论和拜物教的现象不仅是神话创造之统觉的最早的产物，而且是延续时间最长的产物。即便其他所有产物都不存在了，它们依然通过各种各样的迷信在文明人中存在着，如信神信鬼、相信魔法符咒等。

意识进入更高级的阶段之后，人格化统觉开始应付更多的自然现象，这些现象不仅通过千变万化而且通过直接影响作用于人类生活，如云彩、河流、风和更庞大的庄严形体等。一些自然现象的规律性，如昼夜交替、冬夏轮回、暴风骤雨等，为诗歌神话的形成提供了土壤，其中一系列相互关联的观念交织成一个统一的整体。通过这种方式，就产生了自然神话。自然神话与更古老的信神信鬼之间的主要区别在于，自然神话涉及的是人格神。

各种各样的神具备丰富的特征，逐渐脱离确定的地点、时间或者行为。它们不过是具有超人能力的神人同形同论的人物。它们作为自然现象和人类命运的统治者而受到顶礼膜拜。随着神的观念发展得更加复杂，小鬼和名不见经传的小神的观念逐渐消隐，或者与神的观念本身相融合，从而看作神的属性或者作为神出现的特殊形式。这些观念和情感的组合与融合过程往往要比诸多人格神的创造更进一步。其中一些神性观念一开始是不规律和模棱两可的，后来更加永固，凌驾于其他的神性观念之上。比如，自然神话在特征上基本上是多神崇拜的，但是在自然神话的原始阶段就出现了鲜明的一神论的趋向。另一方面还表现出相反的方向，也就是把神性观念打碎成非常多的人格神，这种相反的趋向源自神性观念与更早的特殊的小神小鬼的观念的融合。就这样，出现了一些地方神和部落神。这些神具有人格特征，很容易脱离它们所诞生的特殊条件，变成各种各样的英雄神话的主体。历史真相的踪影植入这些人格化的神话或者英雄神话，就出现一种神越来越像人的趋势，这种趋势在一定程度上出现在自然神话中。英雄神话尽最大努力挑战诗人的诗歌天赋，先是变成民间诗歌的成分，后来成为文学诗歌的成分。但是，同时英雄神话在意义上发生了变化，单个神话人物的特征消退，出现在其他新的特征。这种变化反过来造成类似于口头观念变化的渐进性内在变化。随着过程不断进展，单个的诗人和思想家影响力逐渐上升。

就这样，内容完全独创的神话最终区别于科学与宗教而独立门户。神话学得到哲学的支持，这些在早期阶段在观念上一多半是神话。神与英雄的原始观念越来越替换为神性的伦理观念。这种转换部分归因于哲学对宗教的反作用。和自然神话一样，伦理宗教发展到后期出现了回归老形式的趋势，因为创造这些老形式的古老动机继续发挥作用。特别的神鬼和幽灵进入意识前景，有时候维持很长时间，有时候稍纵即逝。这些重生的信仰有时构成一种次要添加物或者成为宗教自身的补充，有时候遭到宗教的明确排斥而以迷信的面目继续独立存在。

C. 风俗

我们可以回溯风俗的历史把它们分成两大类：一类是个体意志的规则；另一类是社会行为的规则。前者主导个体的职业行为和个体与其他人的关系，后者则决定氏族、家庭、国家及其他社会群体的社群生活的形式。因此，个体和社会的风俗习惯法与社群生活密切相关。前者关系到社群中的个体行为，后者关系到实施普通行为的社群成员，通过行为确定他们的集体生活的特征。

成为风俗习惯的个体行为规则一般在开始的时候（实际上往往很模糊）就和神话有关，相关联的方式直接对应外部意志行为与内在动机相关联的方式。只要略微确定这些风俗习惯的源头，我们就会发现，这些风俗习惯是祭仪形式的残余或者变异。一些节日和仪式与特殊的日子、季节变化、耕种、收获有关，都可以回溯至神鬼祭祀和自然神话。欢迎的风俗在诸多形式上说明它直接源自祈祷仪式。

与这些个体实践的需求相对照，从社群生活环境中、从自我保护与部落保护的冲动自我呈现的特殊方式中还诞生了一些必需的要求，作为这些需求的后果，社会风俗习惯得以发展，比如，原始人生活在其中的、决定缝衣造屋的方式的周围环境、做饭的模式、社群细分的特别形式等。在所有这些层面上从野蛮状态向文明状态缓慢过渡的时候会发生变化，这些变化是对实践需求的回应。对此更有价值的解释在于，最古老的社群生活和从这些早期形式中产生出来的或广泛或狭窄的社会单位。比如，一个部落的成员一开始四散居住，随着成员规模的扩大，再加上外部生活条件的逼迫，逐渐分成更小的群组或者子部落。更小的群组或者子部落位于一个整体的保护性联盟之内，相互分离之后往往继续组织。这一保护性联盟引发这一冲动：通过不同部落成员的交往组建笼统的家庭。反过来，这些笼统的家庭又随着文明的进步产生单独的家庭。个体之间的相互关系最开始由于临时原因而产生，后来变成固定的规则，同时部落发生变化，成为部落联盟，进入国家组织的第一个阶段。一部分是这种联盟的结果，一部分是独立方式，在不断增加的寻求保护的驱动下，再加上有必要形成战斗组织，最终出现了构成军事群集的组织，与在血缘关系基础上形成的自然群集形成对比。军事组织又导向各种各样的政治组织。

和语言与神话的发展一样，风俗的发展也受到意义变化的影响而有所变动。作为意义变化的产物，在个体习惯中产生了两种主要的转换。在第一种转换中，原始的神话动机丧失了，并且没有产生任何新的意义。风俗只是作为联想习惯的结果延续着，但是失去了主导特征，在对外展示的时候更加弱势。在第二种转换中，道德—社会目的取代了原始的神话—宗教动机。任何情况中这两种变化都能紧密联合，即便风俗对于特殊的社会目的没有直接作用，比如，行为举止与礼仪的规则、着装和饮食的风格等，也会间接发挥作用，因为针对社群成员的普通规则有利于这些成员的集体生活，从而有利于他们普通的精神社交生活。

社会风俗的变化在方向上与个体风俗的变化方向相反。在获得新意义的时候，社会风俗比起个体风俗保留了更多的老意义。社会风俗的转换要归因于这一事实:风俗的原始目的与后来的动机相结合，社会生活所必需的原始动机早晚要添加宗教——神话动机。比如，行为规范一开始是一些必需的冲动的产物，被看作神的旨意，或者通过一些宗教仪式被神圣化了。例如，日常进餐、盖房子、协议与结盟、宣战与缔结和约及婚约都与神话概念联系起来，或者在很大程度上产生神话创造的统觉，以至于为了操控这些社会风俗而创造出新的神。最终，随着时间的流逝，附于社会风俗的神话观念逐渐消失。继而出现了一种重新转换，在这种转换中，风俗的宗教元素要么消失，要么仅仅作为出于习惯的礼节没有任何确定性意义。

风俗中的心理变化为风俗的三方分化做出铺垫，也就是纯粹风俗、法律和道德这三类。后面两种看作有着社会目的的风俗的特别形式。但是对这些过程的发展和分化的详细研究是社会心理学的任务，而且对法律和道德诞生的研究属于社会心理学、历史学和伦理。

D. 社会心理学所研究的发展的一般特征

言语、神话和风俗具有相对永久的特征，通过它们可以相对容易地识别一般的心理过程，并且通过它们进行一些心理分析，因此，言语、神话和风俗构成一系列紧密联系的主体，对一般心理学有着重要作用。识别一般过程和分析要比个体意识中的瞬时混合物更加容易。实际上，这种瞬时混合物需要初步的社会发展作为必需条件，当混合物无论从哪个方面都与语言紧密关联并且因此依赖在语言中成形的社会思想法律的时候，尤其如此。比如，在早期的段落中，当处理统觉综合分析过程的时候，有必要重视这些过程出现在言语之中的效应。如同个体意识的心理过程在语言中现身一样，在更宽泛的社会发展中，作为被观察到的现象的基础的心理过程的特征及言语表达的观念的变异识别得最为清晰。只能通过研究完整的事件并且在一些已知条件的辅助下才能间接推断相伴随的情感兴奋。

有一些具有基本特征的过程在观念层面上持续地重复出现在语言、风俗和神话的发展中。我们可以指出这三种紧密互连的过程。它们分别是观念的浓缩、观念的模糊和观念的毁灭。许多观念一开始是分离的，随着强烈的情感联想不断重复而结合起来，在统觉中结合成一个单独的整体，这时候观念就会浓缩。但是在浓缩过程中一些元素具有更加强烈的情感影响，可以更加清晰地被统觉出来，因此，情调不强烈的其他元素就没入模糊状态，最终在复杂产物中完全消失。如此一来，观念的毁灭就是其最终阶段，当浓缩和模糊多次反复，每次都影响不同的成分，会形成与作为过程起点的原始观念截然不同的产物，这时候尤其如此。不同形式的浓缩、模糊和毁灭造成所有的单词意义的变化和神话与风俗的所有转换。单词、神话或者风俗有所变化的时候，其他会受到间接影响。比如，一个单词发生了变化，与之相连的神话观念很容易发生变化。神话的变化会反过来影响单词。其他条件有利于单词直接产生神话观念，神话观念在语言的帮助下朝单词注入内容，这种情况是可能的。相反，神话的存在会导致一个名称或者单词的形成。

贯穿所有这些一般社会过程始终的观念是那些最先被留意到的观念。但是，相关心理分析表明，决定观念的原始形成及其逐渐转换的终究还是情感过程和意志过程。比如，最初的不连贯的声音必须当成言语的开端，我们只把这些声音当作简单的冲动行为，这种行为接受强烈的情感印象后发生，并将这种印象传达给听者。这种传达要么只通过声音，要么通过附加手势的辅助。社会思想一旦开始发展，神话观念就毫无疑问地表明情感影响的踪迹。体现在神话中的人格统觉不同于高度发达的意识，这些意识在一种特征上要比在其他特征上表现得更加发达。人格统觉中的主体不仅指向正式属性和感知到客体的感觉内容，而且指向他面对客体时的整个的情感状态和意志状态。例如，一个充满希望的主体在放在他面前的客体中发现了保护神，而充满恐惧的主体在同样的客体中发现的是企图施害的恶魔。在自然过程中，野蛮人所见到的意志符合他对这些过程与他本身的行为的联想，还符合他的情感所造成的影响。浓缩、模糊和毁灭这三种过程能够暗示主体情感状态的变化。情感状态的这些变化首先导致神话和风俗意义的变化，其次还影响语言。

在精神社群尤其是精神社群的语言、神话和习俗的发展中，我们发现与个体意识中心理混合物的相互关联迥然有异的神经的相互关联与交互作用，并且这些社会互连具有和个体意识自身一样的真实。在这个意义上我们可以把观念的互连和社群情感的互连看作集体意识，把普通的意志趋向看作集体意志。这样的话我们就不会忘记这一事实：这些概念表示的不是个体意识过程和意志过程之外的东西，而是社群自身，社群综合了个体联合之外的东西。但是社会联合产生了一些精神产品，只在个体中出现其萌芽，而且这种社会联合很早就决定个体的发展，因此，社会联合与个体意识一样成为心理研究的对象。因为心理学必须对相互作用做出解释，这种相互作用产生了集体意识和集体意志的产物与属性。

精神社区的存在所产生的事实只是最近才纳入心理学的研究视野。这些问题原先要么列入特殊的精神科学（哲学、历史、法学等），要么根据综合特征列入哲学即形而上学。如果心理学不涉及这些问题，它就会跟特殊精神科学一样被大众心理学的思考方法所垄断，这些方法试图尽可能大规模地把社群的所有精神产物都看作起初就用于实用目的的特意的虚构。社会契约主义是这一观点的主要哲学表达形式，根据社会契约主义，心理社群不是原始的和自然的，而是来自于诸多个体的志愿联合。这在心理学上缺乏依据，根本无法解决社会心理学的问题。这种观点的后效应持续至今，依然对集体意识和集体意志这些概念存有简陋的误解。一些人没有将概念简单地看成实际协定和社群中的个体互动的表达，进而怀疑这些概念背后是虚构的本质，至少是虚构的物质。这种观点全是荒谬之辞，不需要更多的论证。显而易见，这些观念本身就是错误地应用概念的结果，这些概念长期主导心理学，通向物质与现实的识别。还有，概念与现实的混淆清楚表明，普通唯心主义与唯物主义之间的实际的内在关系是多么亲密，尽管唯物主义公开抨击这种唯心主义。

Ⅴ. 精神因果律的原理和法则

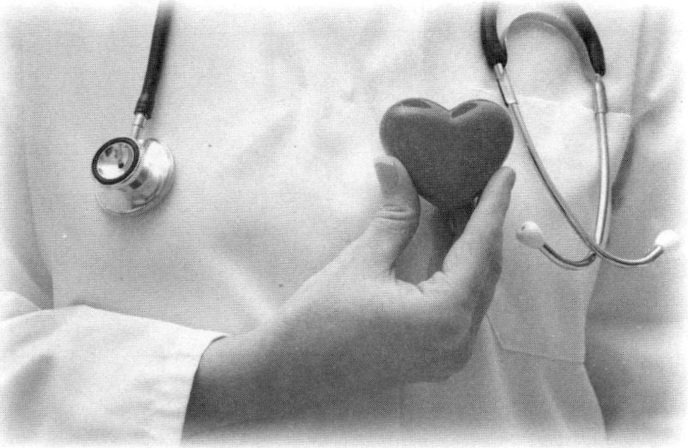

§22. 心理概念

所有经验主义科学都把经验的一些特殊事实作为基本的研究主题，力图研究这些事实的本质和相互关系。在研究这些事实的时候，如果没有全部放弃对它们进行分组，就有必要提出普遍的补充性概念，经验自身并未包含这些概念，这些概念是在对经验进行逻辑分析的过程中得到的。存在于所有经验主义科学中的最为普遍的补充概念是因果律。因果律是这种思想的必然结果，这种思想规定：应该根据原因和结果安排我们的全部经验，我们应该通过次要的补充性概念并且必要的时候通过具有幻想特征的概念来移除所有阻碍依照因果原则构建经验的一致互连的矛盾。在这个意义上我们可以把所有用来解释经验范畴的补充性概念看作因果关系这一普遍原理的应用。只要需要这些概念，它们就是合法的，或者至少依靠因果律是可以存在的；只要它们证明不相干的动机带来对经验的解释毫无裨益的、武断的空想，它们就是站不住脚的。

在这一原则下形成的物质概念是自然科学的基本附属概念。在最普遍的意义上，物质是最永恒的基础，假设它无处不在，就是说它是行为基础，我们必须把所有自然现象都归结为这些行为。在这个意义上物质概念是自然科学的所有解释都必不可少。因此，近期有人试图把能量概念提升到起主导作用的地位，绕开物质概念就不会达到目的，只能为能量概念注入不同的内容。但是，这些内容是通过与物质的因果行为相关联的第二个附属性概念注入的。时至今日，自然科学已经接受了物质概念，物质概念以伽利略的机械物理为基础，使用力这个概念作为次要的附属概念，力概念被定义为质量和瞬时加速的产物。能量物理力图把能量概念全部简化而不是简化力的概念，能量概念采取机械能量的特殊形式被看作质量乘以速度的平方的结果。但是，能量和力一样必须在客观空间中占据位置，在一些特殊条件下具有一些点，从这些点能量开始进行，如同力从一个点发挥作用一样，能量从这些点开始变换空间位置，因此，在能量概念和力的概念中作为基础包含在空间中的物质概念都得以保留。唯一的区别——实际上也是重要的区别在于，当我们使用力的概念的时候，我们假定所有自然现象都能简化为机械运动的形式，而当我们使用能量概念的时候，不仅把能量形式没有变化的运动特性归因于物质，而且把能量的可转换性归因于物质，在能量数量不发生变化的情况下，品质不同的能量可以相互转换。

心理概念是心理学的附属概念，如同物质概念是自然科学的附属概念一样。只要我们需要一个概念来综合表达个体意识中精神经验的整体性，心理概念就必不可少。但是，在这种情况中概念的内容完全依靠详细定义精神因果律的次级概念。在这一内容的定义中，心理学首先分享自然科学的财富。比起对经验进行解释的需要，心理概念和物质概念基本上更多来源于实现虚构主义的努力，这种虚构主义认为所有事情都具有普遍的互连。自然科学已经脱离这种推测性定义的虚构阶段很久了，转而采用一些单个观念（当时这些观念仅用来获取明确的起点，以便严格定义它们的概念），而心理学至今依然受到虚构的形而上学的心理概念的束缚，至少部分受其控制。心理概念不是用作普遍的附属概念（主要用来集中精神事实的普遍的附属概念），仅作为附属来解释精神事实的因果，但是它被用作一种手段尽可能地满足普遍的通用的体系的需要，这一体系涵盖自然和个体存在。

心理实体概念有多种形式，植根于神话学的和形而上学的需要。在这个概念的发展中，不乏从形而上学角度尽可能满足心理学因果解释需求的努力，但是这些努力在所有情况中都是“事后诸葛亮”，并且格外明显的是，独立于所有无关的形而上学动机的心理经验自身永远无法引出心理实体概念。毫无疑问，在对经验进行科学解释的时候，这一概念施加了有害影响。例如，有一种观点认为，精神经验的所有内容都是观念，这些观念是永恒的客体，不经假设很难理解。认为心理实体概念的确无关心理学的观点进一步被心理实体概念与物质实体概念之间的亲密关系所印证。要么认为心理实体等同于物质实体，要么有着本质区别，心理实体可以在最普遍的形式特征上化约为物质元素的一种特殊概念，亦即原子概念。

依照前述形而上学心理学的两种类型（§2）可以分出心理实体的两种形式：一种是唯物主义的，把心理过程看作物质的行为或者大脑元素这样的物质复合物的行为：另一种是唯心主义的，把心理过程看作状态和变化，这些变化位于特殊的唯心主义本质的不可扩展的因而不可划分的永恒存在之中。在这种情况下物质被认为由低等（一元唯心主义或者单子唯心主义）的类似的原子构成，或者特别认为心理原子不同于物质本体（二元唯心主义）。

无论是唯物主义形式还是唯心主义形式，心理实体概念对心理经验的解释没有任何作用。唯物主义完全同心理学无关，把它看作未来的想象的大脑生理学，或者在试图提供正面理论的时候落入大脑生理学的可疑的、不可靠的假想。这样就失去了心理学的本来意义，完全放弃了为精神科学提供任何实践基础的意图。唯心主义认为存在实际经验的心理学完全从属于随意的形而上学假设，通过这些假设阻碍了对于心理过程的无偏见的观察。这表现为对心理学问题的不当陈述，形而上学理论以此为出发点。这些理论认为内在经验和外在经验是全然异质的，尽管表面上相互作用。

前文（§1）已经表明，自然科学研究的经验阶段和心理学研究的经验阶段实际上是同一个经验的阶段，只是从不同角度对经验进行研究而已：在自然科学中，经验是客观现象的互连，是认知主体的抽象的结果，即间接经验；在心理学中，经验是直接的，是不可派生的。

一旦理解了这种关系，心理实体的概念马上就替换为心理事实的概念，用心理事实概念作为基础来理解心理过程。心理学对经验的研究从属于自然科学对经验的研究，但心理学研究经验的直接现实，因而，心理学没有自然科学中所必需（自然科学假设客体独立于主体）的假想的附属概念。相应地，心理事实这一概念无须任何假设像物质概念那样来定义其特殊内容，恰恰相反，心理事实概念从一开始就排斥这种假设元素，而是把心理本质定义为过程本身的直接现实。然而，由于这些过程的一个重要成分即整体的观念客体同时也是自然科学要研究的主题，那么，就有必要把实体和事实看作指向同一个普遍经验的概念，区别仅在于任何情况下都是从不同角度看待经验。如果在研究经验世界的时候我们从认知主体中抽象地认为世界具有实体相互作用的多样性；如果相反，我们认为经验世界是包含主体自身在内的主体经验的全部内容，那么，世界就表现为相互关联的事件的多样性。在前者中，现象被看作外部现象，即便认知主体不在它们也是同样的，因为我们可以将自然科学研究的经验形式叫作外部经验。后者正好相反，认为经验的所有内容直接属于认知主体，因此，我们把心理态度称为内部经验的态度。在这个意义上，外部经验和内部经验等同于间接经验和直接经验，或者是经验的客观形式和主观形式。所有这些术语指称的不是经验的不同范围，而是经验（经验作为绝对的统一体呈现给我们）分析中不同的附属视角。

自然科学对经验的研究方法本应该比心理学对经验的研究方法更早成熟，从实践兴趣角度来看很容易理解这一点，实践兴趣关系到发现被认为独立于主体的、有规律的自然现象。因此，几乎不可避免地，自然科学这种优越性在相当长的时间内造成两种视角的混乱。当我们通过不同的心理实体概念进行研究的时候，也的确存在这种混乱。心理学的基本地位发生革命性变化，不是在心理学的不同本质中而是在对经验的直接现实中的内容的研究方法中通过假设的附属概念一丝未变地确立心理学的特征和问题——当这种革命性变化来临的时候，它不是源于心理学自身，而是源于个别的精神科学。在被心理学接受之前，这种以事实概念为基础的心理过程的观点已经在精神科学中存在了很长时间，且为人们所熟识。心理学的基本地位和精神科学的基本地位之间存在难以承认的差别，使得心理学至今仍然没有成为所有精神科学的基石。

一旦采纳事实概念，马上就遇到一个心理学形而上学体系长期有分歧的问题。这就是身心关系问题。只要身体和心理都被看作实体，它们的关系就必须成为一个谜团，在这个谜团可以通过任何方式定义身体和心理这两种实体的概念。如果它们是实体，那么，自然科学和心理学所研究的经验的不同内容不再能够被理解，别无选择，只能否认这些知识形式的独立性。如果它们不是实体，它们的关系依然是个谜。如果我们从心理事实的理论入手，就可以识别心理经验中的现象的直接现实。另外，心理学里的身体有机体概念不过是心理经验的一部分，通过假设独立于认知主体的客体的存在得到心理经验的这一部分，如同自然科学中所有的其他经验内容一样。间接经验的一些成分可能对应直接经验的一些部分，且无须分解，不必从一种成分获取另一种成分。实际上，由于两种情况中采取的视角根本不同，这种获取也是根本不可能的。这里没有经验的不同客体，而是看待统一经验的不同角度，因此，自然科学的研究方法和心理学的研究方法之间的联系无处不在。与此同时，显而易见的是，自然科学从未彻底研究现实的全部内容，始终存在一些重要事实，它们只能直接触及，或者运用心理学对经验的研究方法才能触及——这些是我们主观意识的全部内容，不具备观念客体的特征，无法直接指向外部客体。只要这个世界完全从其主观意义的视角加以研究，就要涵盖整个情感世界。

一些经验内容同时属于间接的或者自然科学的研究范畴及直接的或者心理学范畴，精神层面的所有基本过程在物质层面都有相对应的基本过程，所有经验内容就这样相互关联，这种原则叫作心身平行论原则。它具有经验主义心理学意义，完全不同于一些形而上学原则，这些形而上学原则有时具有相同的名字，但实际上意义完全不一样。这些形而上学原则都基于精神实体的前提。它们要么假定两种属性不同但是平行变化的真正实体，要么假定一种实体具有两种对应不同变化的不同属性，通过这些方式力图解决身心交互问题。在这两种情况中，平行论的形而上学原则基于这种假设：所有物质过程都对应一种心理过程，反之亦然；或者基于另一种假设：精神世界是肉体世界的镜像，或者肉体世界是精神世界的客观实现。但是这些假设根本无法证明，并且在心理学实践中导向与所有经验相对立的唯智论。另一方面，平行论的心理学原则以这种假设为起点：只有一种经验，但是只要它成为科学分析的主题，就有两种不同的科学研究方法：一种是间接研究，通过观念化客体之间相互的客观关系来研究观念化客体；另一种是直接形式，通过明显特征、通过与认知主体的经验的所有其他内容的关系来研究同样的观念化客体。只要存在两种研究形式都能应用的客体，平行论的心理学原则在所有地方都需要两个层面上的过程之间的关系。这一需要被如下事实证明：一方面，在两种情况中这两种方法分析的的确是同样的经验内容。另一方面，根据不同情况的本质，平行论的心理学原则不适用只有自然科学方法才能分析的经验内容，或者至少仅适用属于我们的主观意识的观念内容的经验内容。再者，这一原则还不适用构成具有特别特征的心理经验的意识内容。后者必须包括心理元素和心理混合物的独特的组合与关系。诚然，有一些物质过程的联合与心理过程平行进行，至少目前为止在物质过程之间必须存在直接或者间接的因果关系，物质过程的有规律的并存或者前后相继由精神互连表示出来，但是，精神联合的独特内容当时绝非物质过程之间因果关系的一部分。比如，进入空间或者时间观念的元素在生理根基中形成有规律的并存或者前后相继关系；或者，构成一个过程（在这个过程中，精神内容相关联或者有所对比）的观念元素具有相对应的生理过程的联合，一发生心理过程这些生理过程就会重复联合。但是生理过程无法容纳构成时空观念特别本质的东西，也不能容纳构成相关联和比较过程的东西，因为自然科学有目的地对所有这些过程进行抽象。精神组合还产生了两种概念，这两种概念和它们相关联的情感元素一起，完全位于能够应用平行论原理的经验范畴之外。它们是价值概念和结果概念。我们在融合过程或者联想和统觉过程中探讨的组合形式，还有它们在心理发展的整体互连中具有的价值，这些只有通过心理分析才能理解，与只有通过精神或者生理分析（通过这样的分析：使用自然科学的附属实体概念）才能掌握重量、声音、光、热这样的客观现象或者神经系统过程。

因此，从具有不可挑剔的经验主义心理学意义的心身平行论原则出发，有必要确认独立的精神心理因果律，这一因果律无处不在地与物质因果律相关，而且与物质因果律从不矛盾，但是，和心理学视角或者直接主观经验的视角不同于自然科学的视角一样，也不同于这种物质因果律：和以前指出的一样，自然科学的视角是源于抽象的间接的、客观经验的视角。只有在适用于所有自然现象的原则中，如惯性原则、力合成原则、能量守恒原理等，才能揭示物质因果律的真谛，与此相同，通过抽象过程对所有的心理过程进行抽象得到精神心理现象的原理，只有这样才能解释精神因果律的特征。此外，通过应用自然因果原理可以从一些复杂的物质现象中获得一些普遍的自然原理，如万有引力定律、落体定律、弹性介质振动定律等，与此相同，精神现象的经验规律可以回溯至普遍的精神原理。在这些普遍规律中，有一些在历史进化中构成精神产品发展的基础，对于精神生活总体特征的定义格外重要。于是，这些规律叫作精神进化的普遍规律。

§23. 心理现象的原理

心理现象的三种普遍原理可以看作基本原理。它们是心理合力原理、心理关系原理和心理比较原理。

心理合力原理表现为:所有心理混合物都具有实际上可以根据混合物元素(只要这些元素呈现出来)的属性来理解的属性,但是混合物的这些属性绝对不能当成这些元素属性的单纯相加。一个混合声音在观念和情感属性上比单个乐音的相加丰富得多。在时空观念中,通过极其有规律的方式,时空安排受到构成观念的元素之组合的限制,但是时空安排自身绝非感觉元素自身的特性。先天论就是如此假设的,将自己置于不可调和的矛盾之中;另外,只要这些理论认为随后在原始的时空感知中发生变化,那么最终不得不至少在一定程度上假定新属性的产生。最后,在统觉功能和想象与理解行为中,这一原理找到了清晰识别的表达形式。被统觉综合联合起来的集合观念在元素组合所造成的集合观念中获得了各自独立时所不具备的意义,不仅如此,而且更为重要的是,元素能够无可否认地把集合观念转变成新的心理内容,但绝对不会被这些元素包含。这在统觉综合的、更加复杂的产物中表现得最醒目,比如,在艺术品或者一系列逻辑思维中。

我们可以用一种原理来表示心理合力,基于这一原理的结果,我们称之为创造性综合原理。较为高级的精神创造中早就确认了这一原理,但是并未普遍用于其他心理过程。实际上,不恰当地将它跟心理因果律混淆,它甚至变得面目全非。混淆的原因在于这样一种认识:心理世界的创造性综合

原理和普遍的自然因果律尤其是能量守恒定律之间存有矛盾。这一矛盾从一开始就是不可能的，因为判断视角和衡量视角在两种情况中是不一样的，而且必须不一样，因为自然科学和心理学研究的不是经验的不同内容，而是从不同角度研究同一个经验（§1），心理衡量必须涉及客观的质量、力和能量。在判断客观经验的时候我们必须使用这些附属概念，如同从经验中产生这些概念一样，从这些概念中产生它们的一般规律，这些一般规律绝没有与任一经验相矛盾。涉及心理成分和心理结果的比较的心理测量必须研究主观价值和结果。相关的质量、力和能量丝毫不变，心理组合的主观价值可以大于其成分价值，心理组合的结果可能不同于并且高于其成分的结果。但是这些能量代表的心理价值和结果在数量上可以大有不同，即便这些能量的量保持不变。

已经发现出来的差别表明，心理测量涉及量值，即价值仅仅在可以测量的量级层面发生量的变化。另外，心理测量在所有情况中在最后时刻牵涉定性价值，即只在品质特征上发生度的变化。相应地，我们称之为物质能量的能够产生纯粹量化效应的能力明显不同于产生性质效应的能力或者产生价值的能力，我们称之为心理能量。

以此为基础，我们不仅能够协调心理能量的增长与自然科学中接受的物质能量的恒定，而且在相互辅助的两种事实中发现对我们的全部经验进行判断的标准。直到作为物质恒定的、保留的主观层面被识别出来，物质能量的增加才清晰可见。因为不同条件下标准各不相同，心理能量的增加很不明确，只有在心理过程持续进行的条件下才能显现出来。与心理能量的增加行相对应的心理事实是，心理价值消失，并出现在我们的经验之中。

心理关系原理是合力原理的补充，它指的不是心理互连的成分与整体价值之间的关系，而是混合物内心理成分的相互关系。合力原理针对意识的综合过程，关系原理针对分析过程。所有对意识内容的分解都是把分析联系起来的行为。连续统觉到整体中的组成部分的时候会发生分解，只有以普遍的方式这种整体才能首先观念化。可以在感觉和联想中发现这一过程，在集合观念中清晰识别出来。同样地，所有统觉都是分析过程，它有两个阶段，强调单个的内容，把这一内容与其他内容区分开来。第一阶段产生清晰度，第二阶段产生统觉的区别。这一原理最为完整的表述体现在统觉分析过程和这种分析所依赖的简单的关联与比较功能中。尤其是在比较中，我们在如下事实中发现关系原理的基本意义：所有单个的心理内容从它与其他心理内容的关系中获得意义。这些关系是数量上的，那么这一原理就采取韦伯定律中的相对的数量比较定律这种形式。

第三种原理是心理比较原理，反过来补充关系原理。和关系原理一样，它表示心理内容的相互关系。根据心理发展的确切条件，经验的直接内容基本上划分为客观成分和主观成分，比较原理本身以这种划分为基础。这些主观成分都分成群组，这些群组由相反的性质构成，这些性质对应愉悦和不快、兴奋和消沉、紧张和放松这些主要的情感维度。这些对立的情感维度相继出现，遵守普遍的对比强化原理。在具体应用中，特别的时间条件始终部分地决定这一原理，因为所有主观过程都需要一段时间用以发展：过程一旦达到最大化就会维持较长一段时间，那么它就失去了产生对比效应的能力。这一事实与其他事实相关联：心理过程的速度变化很大，但是速度均衡，所有情感和情绪的强度都最钟爱这种速度。

比较原理起源于经验的主观内容的属性之中，但其次还用于观念及其元素，因为由于观念内容或者涉及的时空组合的特征的缘故，观念总是伴随显著情感。因此，通过对比得到的强化最明显地出现在一些感觉情况中，如视觉和时空观念。

比较原理与前两种原理关系密切。另外，它可以看作普遍的关系原理在特殊情况下的应用，在特殊情况中，相关联的心理内容在对立的极端之间运动。另一方面，只要环境适合，对立的心理过程就会互相强化，这就进入了比较原理，这一事实同时也是创造性综合原理的特殊应用。

§24. 心理发展的普遍规律

我们拥有的心理发展的规律和心理因果原理一样多，前者可以视为后者在更加综合的心理互连上的应用。这些发展规律首先是心理成长规律，其次是结果的世代交替，最后是趋向对立的发展。

心理成长律和其他心理发展律一样很少用于心理经验的所有内容。它只在适用合力原理的有限条件下发挥作用，即过程持续的条件。但是，相关心理发展涵盖更多的心理综合的时候，所处环境试图阻止这一条件的实现，这种环境要比单个综合自身所处环境更多，因此，心理成长律仅在一些正常条件下的发展中甚至仅在一些限制中体现出来。然而，在这些限制中，如正常个体的发展和心理社群的发展，这些更加复杂的发展明显是作为这一发展的基础的合力基本原理的最佳典范。

结果的世代交替律与关系定理最为密切，但同样基于合力原理，在研究心理发展的更大规模的互连的时候总是要考虑合力原理。实际上，我们可以把结果的世代交替规律看作发展原理，这种发展原理控制在心理混合物的单个部分内容的关系中产生的、作为连续创造性综合的后果的变化。从联合心理过程中产生的合力包含混合物中先前不曾有过的内容，这些新内容反过来与老成分构成一种关系，进而再次改变老成分之间的关系，并且改变新产物。结果观念在特定关系的基础上形成，这时候这种关系持续变化的原理表现得最为分明。在这种情况中，单个因素之间的相互关系被当作手段的互连，其结果是通过互连获得产物。此时，实际效果和观念化结果之间的关系是这样的：总是产生了次要效应，这并非所期待的先前观念的结果。新效应进入新的动机系列，因而修改早先的结果或者增添新的结果。

结果的世代交替规律在最广泛的意义上统治着所有的心理过程。但是在赋予其名的目的论的藻饰中，它主要出现在意志过程的范围内，因为结果观念及其情感动机起着主导作用。在应用心理学的不同范围中，这一规律对伦理学的意义尤为重大。

趋向对立的发展规律是对比强化规律的、在更加复杂的互连方面的应用，这些互连构成一系列的发展。在一系列发展中，依照基本的对比原理，对比情感稳定地发挥作用。首先，开始产生小强度的情感和冲动。通过与主导情感的对比，这些正在产生的情感和冲动强度增加，最终完全占据优势。这种优势保持一段时间，然后换成其他主导情感，甚或如此多次反复。但逐渐地，心理成长律和结果世代交替律如此振荡更替，因此，后面的阶段有着特殊成分，根本上不同于先前的阶段，尽管具有类似的、总体的情感方向。

趋向对立的发展规律体现在个体的心理发展中，部分通过时间较短的纯粹的个体方式，部分通过不同生命时期之间关系中的普遍的规律性。很长时间内认为不同生命时期的主导气质存在一定的对立，比如，儿童时代的兴高采烈几乎都是表面的；后来就是青春期的更为沉稳但是更有记性的气质，并且时不时地多愁善感；再后来就是成年期，性格成熟，一般快速决断、雷厉风行；最后是沉静默思的晚年。心理趋势（在社会和历史生活中出现）的更迭中，这些心理趋势对文明、习俗和社会及政治发展的反应中体现出来的趋向对立的发展律要多于个体。结果的世代交替规律主要用于道德生活领域，因此，这种趋向对立的发展规律的意义主要体现在历史生活的更加普遍的范围之中。